范曾 著

大丈夫之詞

增補本

中華書局

图书在版编目（CIP）数据

大丈夫之词：增补本／范曾著．－北京：中华书局，2016．7
ISBN 978-7-101-12012-7

I．①大… II．①范… III．①社会科学－文集　IV．① C53

中国版本图书馆 CIP 数据核字（2016）第 175459 号

书　　　名	《大丈夫之词》（增补本）	
著　　　者	范　曾	
编　　　者	薛晓源	
篆　　　刻	王玉忠	
策划编辑	申作宏	
责任编辑	孙永娟	
装帧设计	毛　淳	
出版发行	中华书局	
	（北京市丰台区太平桥西里 38 号　　100073）	
	http://www.zhbc.com.cn	
	E-mail：zhbc@zhbc.com.cn	
印　　　刷	北京雅昌艺术印刷有限公司	
版　　　次	2016 年 7 月北京第 1 版	
	2016 年 7 月北京第 1 次印刷	
规　　　格	开本 /720×1020 毫米　1/32	
	印张 9　字数 200 千字	
印　　　数	1-8000 册	
国际书号	ISBN 978-7-101-12012-7	
定　　　价	68.00 元	

目　录

大丈夫之词

——论辛稼轩

由周成王时青铜器（即 1963 年于陕西宝鸡发现之何尊）之"宅兹中或"（唐兰《何尊铭文解释》）铭文，知"中国"一词最晚在公元前十一世纪已然出现，未是国家之名称，居于中而别于四夷而已。彼时以黄河流域为中心的周朝，对周边的民族，一般取鄙夷不屑的态度，往往取名不恭，若猃狁、鬼方等等。那时，周已是名副其实的国家，而周围大体是部落，没有疆界的概念。游牧民族逐水草而居，在他们心目中，哪儿有水草，他们的牛羊便可以去哪。殊不知，骑在马背上的部落首领，却更看重农耕社会的财富。因此，当他们势力坐大，兵强马壮的节候来临时，那会走的马匹牛羊，便不再是他们的生产品，而是他们活动的粮仓。他们永不餍足的贪欲，使他们的战争行为化为流动的劫掠，所到之处烧杀抢夺殆尽，带给农耕社会的是一片狼烟野火。

概言之，古代华夏与四周民族的战争，基本上是荷锄的民族与马背的民族之间的战争。荷锄的民族本想在礼、乐的社会秩序之下过着带月荷锄归的日出而作、日没而息的清静田园生活，他们恋土重迁，热爱和平。马背上的民族的凶狠，来自他们草原上的邻居——狼的楷模，甚至天才的群体战伐，也仿效着狼对巨兽的攻击，那种迅猛的战术、协调的步骤，对蛮貊的人类群族而言，在在有所启发。农业社会的国家，对此是有些招架不住了。包括古代的罗马帝国，对匈奴人也是闻风丧胆的。游牧民族对华夏丝绸的迷恋，那是由于他们自小只看到兽皮的灰褐色，一旦绚烂的花纹呈于目前，他们内心的砰然而动就可以想见了。那么唯一迅捷的办法是：抢。

于是，游牧的民族崇尚火，那是他们行抢的光照、暴虐的徽号（火崇拜在各民族极其普遍，如通古斯各族萨满教之火崇拜、氐羌族之火崇拜等，历史上如"安史之乱"之首领安禄山、史思明皆信仰拜火教之昭武九姓胡）；而华夏自古以来则崇尚水，因为它是农作物的饮料，润物无声，圣洁而宁静。

我们要注意的是辛稼轩是一个爱水的民族的后人，他深深知道马背上的民族善于野战，而不善于攻城；善于速决，而不耐久战；有一时之骁勇，而无长治久安的方略。这在后面剖析辛稼轩的《美芹十论》和《九议》时会详为论述。以天下之至柔，驰骋天下之至坚，以柔克刚的不二战略便是持久战，是辛稼轩万字平戎策的核心。

辛稼轩生不逢时，当他宋高宗绍兴十年（1140年）诞生于济南历城时，宋高宗已渡江，苟活于临安（今杭州）十四年。他诞生的这一年，本应是南宋起死回生之年，南宋名将刘顺昌大捷，岳飞郾城大捷，此时，正宜猛追穷寇，"直抵黄龙府，与诸君痛饮尔"（《宋史》）。然而怯懦的帝王高宗赵构和阴诈的秦桧，坐失时机，以媾和结束了垂成的匡复大业。至此，

楚天千里清秋

岁丙戌

挽冲桥 江东大翼范曾

南宋的猥琐卑怯至于极点。当岳飞及其子岳云、名将张宪于绍兴十一年（1141年）农历十二月二十九日被莫须有的罪名杀害，抗金名将韩世忠兵权被收，主战的张浚、赵鼎诸将被贬逐之后，南宋庸帝和奸相将自己赤裸着奉上了金人的刀俎之下。难怪无力的士子们痛哭于新亭（新亭之泣为晋典。南宋时则多为人道及，如辛稼轩词《水龙吟》："长安父老，新亭风景，可怜依旧。"），对破碎山河和无望的朝廷，他们能做什么呢？

朝廷固然是可恶之至，然则宋代的确所遇的马背上的虎狼之师太多。自公元960年赵匡胤得了天下，到1126年他的八世孙赵佶（宋徽宗）、九世孙赵桓（宋钦宗）"北狩"，被金人掳到黑龙江五国城，前后一百六十七年，边陲无一日平静。然则北宋并非无人，寇准、范仲淹不都曾先后使辽（契丹）和西夏（党项）人望风披靡吗？可恨的是赵匡胤重文偃武以来，竟然有了不成文的自保之模式，打了胜仗反倒输银贡绢，这真是天大的笑话。宋真宗在景德元年（1004年），在寇准的力主下，不得不到澶州（今河南濮阳）督战。宋军不仅打了胜仗，射杀了辽军大将萧挞凛，而且又于辽军背后壁垒森严。辽人在恐骇下提出与宋议和，此时正宜一不做、二不休，乘胜追击，了却北方边患。但宋真宗非其人也，赶快缩回汴梁。派降将、奸贼与求和的辽人谈判，于是订下了历史上十分滑稽的"澶渊之盟"。辽失败了，但宋每年输辽银十万两、绢二十万匹。

这大概就是后来宋高宗赵构与奸相秦桧于岳飞朱仙镇大捷后，求和订约的祖上遗制。

水，当然是地球上最伟大的存在，"天下柔弱莫过于水，而攻坚；强莫之能先。其无以易之"（《老子·七十八章》）。那是不可替代的力量。水有着至善的本性："上善若水；水善利万物而不争，处众人之所恶，故几于道。"（《老子·八章》）水不只哺育万物，而且甘于居卑处微，与世无争。不争则不争矣，可是当其澎湃激荡、震惊万壑之时，我们看出了水的威风，那是摧枯拉朽、势不可挡的伟力。当它再一次复归宁静之时，依旧上下天光，一碧万顷。这种状态，历史上的词人，只有辛稼轩差近，在他的性格中包含了这样的品质。此其所以为大丈夫的根本。所谓能屈能伸者，是因为辛稼轩进也豪，退也豪，屈、伸只是表象，而肺腑高致则不因屈、伸而略有改变。

"大丈夫"一词，于《孟子》一书中有结论性的评述："富贵不能淫，贫贱不能移，威武不能屈，此之谓大丈夫。"而东周也的确是一个需要大丈夫也能产生大丈夫的时代。列国的纷争，改变了对帝王从一而终的观念，产生了诸侯与士的双向选择模式，这就使人才不易淹埋，"于是六国之士有宁越、徐尚、苏秦、杜赫之属为之谋，齐明、周最、陈轸、召滑、楼缓、翟景、苏厉、乐毅之徒通其意，吴起、孙膑、带佗、儿良、王廖、田忌、廉颇、赵奢之朋制其兵"（贾谊《过秦论》）。朝秦暮楚的陈轸，似乎并不曾为人耻笑，选择是士的权利。然而与此同时，那十分遥远的，起于夏、商之世的古老传统，即在士的心目中君王即社稷，忠君即爱国的龙逢、比干、伯夷、叔齐式的"忠君"潜流也已渐渐强烈，它的代表人物便是楚国的屈原。"橘受天命，生于江南，不可移徙。种于北地，则化而为枳也。屈原自比志节如橘，亦不可移徙"（洪兴祖《楚辞补注》）。辛稼轩当然是十分自负的，他有词《浪淘沙》云：

> 古来三五个英雄。雨打风吹何处是，汉殿秦宫？

古往今来，能与他比列的英雄三五个而已，他当然有苏秦、徐尚之智，有乐毅、齐明之谋，有廉颇、赵奢之威，他身上集中了智略、识见和勇气，凛凛然大丈夫也。然而辛稼轩成不了大业的根本原因是南宋是个无耻而偷生的偏安政权。辛稼轩的存在不仅多余，而且扎眼。他没有像岳飞那样作为奉献给金人的鼎脔，已是万幸了。南宋从杀岳飞的那一刻起，就注定了国家的败亡。辛稼轩虽然没有被杀，但比他年长的陆游，在宋宁宗开禧三年（1207 年）辛稼轩死后，题诗当哭：

> 君看幼安气如虎，一病遽已归荒墟。（《寄赵昌甫》）

死后犹有小人倪思上疏弹劾辛稼轩，为的是佞臣韩侂胄为私欲北伐惨败事。辛与韩疏于交往，韩之败与辛何干？昏聩之极的宁宗，竟追削爵秩，夺从宦恤典。此大冤案一直等到七十年后，宋恭帝德祐元年，史馆校勘谢枋得请于朝，才得到彻底平反，然而这种帝王的表面文章，救不了宋的国运，辛稼轩的亡灵也不会因此而含笑九泉。

辛稼轩当然有过轰轰烈烈的青年时代。他出生于金。金完颜亮死后，中原豪杰并起，耿京啸聚山东。少年时代的辛稼轩目击亡国奴之悲哀，毅然加入耿京的部队并鼓动耿京南归。事乃有大谬不然者，关键时刻出了叛徒，第一个是慈眉善目的伪和尚义端，"喜谈兵，弃疾间与之游"（《宋史》）。结果义端偷了耿京的印玺，奔赴金帅。耿京大怒，欲杀稼轩。稼轩于此时方显英雄本色，对耿京说："丐我三日期，不获，就死未晚。"果然辛稼轩手到擒来，叛徒义端讲："我识君真相，乃青兕也，力能杀人，幸勿杀我。"（《宋史》）稼轩斩其首归报，耿京以为壮士。辛稼轩不只腹笥阔大，通经读史，并且膂力过人，万夫不当，是一个文武双全的奇才。

第二个叛徒是张安国。辛稼轩奉耿京之命到建康（今南京）见宋高宗，决定南归时，张安国杀耿京而降金。稼轩乃与王世隆、马全福等径趋金营，"安国方与金将酣饮，即众中缚之以归，金将追之不及。献俘行在，斩安国于市……弃疾时年二十三"（《宋史》）。这是发生在宋高宗绍兴三十二年（1162年）的事，此时辛稼轩二十三岁，而秦桧已死七年，昏聩的高宗如梦初醒，看到北方来的英雄，也不免"一见三叹息"，而久处惕息志忐中的儒士们亦"为之兴起"。辛稼轩的豪气和壮举，使绝望的死水顿生涟漪。这是辛稼轩一生引以为荣的回忆：

壮岁旌旗拥万夫，锦襜突骑渡江初。燕兵夜娖银胡䩮，汉箭朝飞金仆姑。

追往事，叹今吾，春风不染白髭须。却将万字平戎策，换得东家种树书。（《鹧鸪天》）

这首词是辛稼轩第二次被罢官住在信州城北的带湖时写

的,他自称这首词是"有客慨然谈功名,因追念少年时事,戏作"。辛稼轩一腔的热情,在怯懦的偏安朝廷中遇到的是冰冷的回应。自"锦襜突骑渡江初"到辛稼轩殁,在江南四十五年中,只被任职二十五年,且位居下僚,不被重用。1162—1181年(即22岁到42岁)用二十年,1181年被王蔺弹劾落职。1181—1190年(即42岁至52岁),十年间赋闲带湖。宋光宗绍熙二年(1191年)被起用为福建提点刑狱至1195年,遭何澹劾奏,免去辛稼轩秘阁修撰,时年五十六岁矣。五十六岁至六十四岁八年间赋闲铅山瓢泉。宋宁宗嘉泰三年(1203年)起知绍兴府兼浙东安抚使,到宁宗开禧元年(1205年)改知隆兴府,未到任。此年又遭弹劾。综窥其宦海生涯可谓命途多舛,三起三落。

　　南宋的皇帝,既患于得,又患于失。自视力量微薄,不足以御强胡,而又对失去的江山有所不甘,父皇与兄弟在五国城被囚,不能说不有所羞耻与怀想。父皇徽宗本是个不能驾驭天下的糊涂君王。《宋史》称"宋中叶之祸(即靖康徽钦北狩),章、蔡首恶"。这指的是章惇和蔡京。宋的国运,从来就不曾好过,而到了这些佞臣掌权之时,除去谋私之外,更打着变法的旗帜为号召。大可悲叹者,领导变法的王安石辈,心忧天下是不用怀疑的,但刚愎自用,视事易而举措急,竟至虽有改革变法之心,而收天下震动混乱之果,老臣谏士被废逐摈斥;而跃然于新法推行之际的投机者章惇、蔡京辈,则是祸国殃民,他们绝对不管社稷之存亡,人民之死活。王安石之青苗、保甲、均输、市易、水利之法,当然本心无可厚非,而司马光辈之反新法,也是老臣深谋,或有道理。坏就坏在王安石不知道自己周围有小人作祟。

君子在台面上相互指责，小人则在台下乘机行事。作为一代书家的蔡京，留下了一块万古遗臭的元祐党人碑，从此宋书坛之苏、黄、米、蔡四大家，就以蔡襄取代蔡京之位（明张丑《清河书画舫》："宋人书例称苏、黄、米、蔡者，谓京也。后人恶其为人，乃斥去之而进君谟书耳。君谟在苏、黄前，不应列元章后，其为京无疑矣。京笔法姿媚，非君谟可比也。"）。蔡京的小人嘴脸是他第一个拍司马光的马屁反对王安石，取信邀宠，惯伎用尽。而到章惇执政时，他立刻倒戈投靠。徽宗即位后，被罢免。旋又穿梭于佞臣童贯门庭，最后取得徽宗之宠信。可悲这宋徽宗，丢下国事，一头栽向道教，最应务实的帝王一旦谈无论虚，危机就深深埋下了。《宋史》论徽宗之失国："由……特恃其私智小慧，用心一偏，疏斥正士，狎近奸谀。于是蔡京以狷薄巧佞之资，济其骄奢淫逸之志。溺信虚无，崇饰游观，困竭民力。""自古人君玩物而丧志，纵欲而败度，鲜不亡者，徽宗甚焉，故特著以为戒。"宋徽宗不事朝政，而于宣和画院且加意焉。他本人则是一位造诣极高的书画家。中国历史上的亡国之君而为艺术家者有三：其一，南朝之陈后主，诗人也。隋兵已临门下，而诗人仍与宫女于枯井中，饮酒作乐，真够得上"忘怀得失"四字；其二，五代十国时南唐李后主，固词坛之帝王、治国之庸君，赵宋掳其北上，他则"最是仓皇辞庙日，教坊犹奏别离歌，垂泪对宫娥"，苏东坡斥之谓：此时正应痛哭于九庙之外，宜其为亡国之君；其三，赵匡胤之北掳李煜，来报于其八世孙宋徽宗，这位喜欢道士的帝王却真正画得一手高雅的工笔画和写一笔潇洒的草书。以我之见，帝王正应做帝王之事，艺术则是余兴，万万不能当真。

宋徽宗能留给儿孙什么遗产呢？优柔寡断，沉溺虚无，耽迷书画。国之将亡，佞臣朱勔以花石纲媚上。"君臣逸豫，相为诞谩，怠弃国政，日行无稽"（《宋史》），国是亡定了。而在徽宗的遗传中的确是有艺术的基因。高宗赵构的宫中有米友仁陪伴着，他父亲米芾的书法，有宋第一家也，高宗网罗天下米字，这倒和唐太宗网罗天下王字有些像，就是宋高宗不具备唐太宗的文韬武略。绍兴五年（1135年）宋徽宗死于五国城，不是信息时代，两年后消息才传到江南。在北国的九年，宋徽宗是备尝胡人的凌辱了。绍兴十二年（1142年）尊宋徽宗"体神合道骏烈逊功圣文仁德宪慈显孝皇帝"，这十六个形容词大概宋高宗也背不出来，我看除"文"字，徽宗当之无愧外，其他十五个字与他渺不相关。宋高宗，重用奸佞，杀戮名将忠良，这是他平生最可耻的一页。孝宗时追谥岳飞"武穆"，宁宗时追封鄂王，意在凝聚民心，但似乎朝政病在膏肓，气数已尽，急救也无济于事了。

还回到谈《鹧鸪天》，写这首词已是宋宁宗庆元六年（1200年），辛稼轩六十一岁，而词中所云"壮岁"则是指宋高宗绍兴三十二年（1162年）左右南归时，稼轩二十三岁。而向宋孝宗皇帝上《美芹十论》则是乾道元年（1165年）辛稼轩二十六岁时的事。据邓广铭先生之考，写作年代可能推前至隆兴二年（1164年）的秋冬之交，稼轩二十五岁。"但写成之后未必立即奏进，稍有迟延，岁序已更，便已经是乾道元年乙酉了"（邓广铭《〈美芹十论〉作年考》）。《宋史》对孝宗颇有赞词，称他"聪明英毅，卓然为南渡诸帝之称首"，孝宗即位之初，虽称锐意恢复，然而也不过停留于口头，实际上不过借天厌南北之兵，欲休民生为托辞，继续苟且偷安。而对辛稼轩之《美芹十论》不予重视，实所必然。

《美芹十论》即辛稼轩词中所称之"平戎策"。南宋士人善策论之文，其中深入其理，至乎于道者，莫过于朱熹；而纵横捭阖，可践乎行者莫过于辛稼轩。而他们两人都是在孝宗即位之初"诏求直言"（《宋史》）的形势下，忠言直谏，无所忌讳。因之观诸其文，亦叩玉振金、掷地有声，不啻是李斯《谏逐客书》、贾谊《过秦论》之俦。而朱熹以大理学家而论时事，其鞭辟入里，固所宜矣。举其上封事言之一段可见：

> 夫记诵词藻，非所以探渊而出治道；虚无寂灭，非所以贯本末而立大中。帝王之学，必先格物致知，以极夫事物之变，使义理所存，纤悉毕照，则自然意诚心正，而可以应天下之务。
>
> 修攘之计不时定者，讲和之说误之也。夫金人于我有不共戴天之仇，则不可和也明矣。愿断以义理之公，闭关绝约，任贤使能，立纪纲、厉风俗。数年之后，国富兵强，视吾力之强弱，观彼衅之浅深，徐起而图之。（《宋史》）

在辛稼轩的心目中，朱熹是一位可亲可敬的兄长。可亲在其抗金言说既积极而又慎重，不是"元嘉草草"之辈；可敬在朱熹为博学通儒，睿智圆融。比较起来，辛稼轩的策论则是具体实践的大方略，而其文采飞扬，有朱熹所不及者。辛稼轩的万字平戎策毫不夸张，《美芹十论》即在一万五千字以上。更由于他是曾在北方沙场上实刀真枪的剽悍的战士，他在《审势》第一章中就开宗明义地描述了金人"地虽名为广，其实易分"的表面地广势众，实易瓜剖豆分的危卵之势。而其中所述辛巳之变（1161 年，辛巳，宋高宗绍兴三十一年，金世宗大定元年）更有亲历的经验：辛巳之变，萧鹧巴反于辽，开赵反于密，魏胜反于海，王友直反于魏，耿京反于齐、鲁，亲而葛王又反于燕，其余纷纷所在而是（《美芹十论·审势第一》）。其论金人敛财而疏于理，兵众而易于溃，皆言之有据；其更看破金人朝廷杂以契丹、中原、江南之士，"上下猜防，议论龃龉……且骨肉间僭弑成风"。所谓知己知彼，百战不殆，辛稼轩可当之者矣。而于金人之色厉而内荏，辛稼轩更述其三不敢必战：其一，辛巳之变，可谓"商鉴不远"；其二，彼时海、泗、唐、邓等州在宋手中，"彼用兵三年而无成"；其三，"契丹诸胡侧目于其后，中原之士扼腕于其前"，这是金人所畏惧者。而金人并非就此罢手，有必欲尝试者二：其一，生怕宋朝看到金的外强中干而绝岁币，"则其势不得不张大以要我"；其二，"心惟务于侥幸，谋不暇于万全"（《美芹十论·审势第一》），贪欲之心会使金人唐突冒进。因之辛稼轩劝朝廷"心定而虑审，何情不可得，何功不可成"，先给宋孝宗吃下定心之丸，然后辛稼轩继续展开其宏论，若"观衅"，论民心之亲叛向背，以为金人实"为汤武驱民者，桀与纣也"，揭示金人不得民心之由；若"自治"，极言绝岁币、都金陵之急迫待行；若"守淮"，献"聚兵为屯，以守为战"的战略方针；若"屯田"，稼轩议以州郡之卒屯田，"使阡陌相连，庐舍相望，并耕乎两淮之间"，以其监临归正之军民，有以民制民之意；若"致勇"，辛稼轩提出"《兵法》曰'军赏不逾时'"，然须"徐以予之，且欲使之常眷眷然有歆慕未足之意以要其后效"，则收买军心之术也；若《防微》论人性之浮动，欲帝王"不吝爵赏以笼络天下智勇辩力之士，而不欲一夫有忧愁怨怼亡聊不平之心以败吾事"，则笼络天下之道也；若"久任"，则劝帝王之任人、处事宜从长察之，不宜以一胜论其贤，一败论其佞；若"评战"，"评其所战之地也"，稼轩于此则评述山东战略地位之重要。至此，于南宋之局势，可谓剖析透彻，言尽而意永，所谓不忍辍读者，情动于中，不愿释卷也。

《美芹十论》揆诸史乘，验于当世，可谓尽善矣；而其文横绝六合，扫空万古，亦可谓尽美矣。梁任公评辛稼轩于淳熙六年（1179 年）所作之《摸鱼儿》一词云："回肠荡气，至于此极；前无古人，后无来者。"以此评辛稼轩之《美芹》，不亦宜乎？要之，文士谈武，则往往托空词以自炫，于世无补；而英雄之论战，则"大声镗鎝，小声铿鍧"，无一处不指到要处。"大丈夫"之名，舍稼轩其何人？

读《美芹》既毕，复展读《九议》，此文被收录于《永乐大典》，而《稼轩集钞存》所收《九议》为自《永乐大典》中辑录者。邓广铭先生发现其错落疏漏处，曾以文意与逻辑校正推移之，应无大讹。即使，观其豹纹一斑，已足惊叹，更况经邓先生努力，刘克庄所称"辛公文墨议论尤英伟磊落，……笔势浩荡，智略辐凑，有权书衡论之风"，是确乎无疑的评价。又据邓广铭先生之考，《九议》之写作年代应为宋孝宗乾道六年、七年（1170年、1171年）两年之内，亦即辛稼轩三十或三十一岁时，已是《美芹》之后五六年的事。

细审之，"论"与"议"，"论"重论述事态的始末与预测形势之消长，略类沙场主帅之谈战略战术；而"议"重总体谋划与宏观控驭，重形而上之归纳推断，大似军师谋士之运筹帷幄。而其中，朱熹之格物致知之学、天理人欲之辨有之矣。朱熹以为"一念之顷必谨而察之：此为天理耶？人欲耶？果天理也，则敬以充之，而不使其少有壅阏；果人欲也，则敬以克之，而不使其少有凝滞"（《宋史》）。朱熹并特别强调"正心诚意"，谓"吾平生所学，惟此四字"。朱熹误以为孝宗"诏求直言"是真，于是呆鸟般递上疏言，竟有"陛下所与亲密谋议者，不过一二近习之臣。上以蛊惑陛下之心志，使陛下不信先王之大道，而悦于功利之卑说，不乐庄士之谠言，而安于私媟之鄙态。下则招集天下士大夫之嗜利无耻者，文武汇分，各入其门。所喜则阴为引援，擢置清显；所恶则密行訾毁，公肆挤排，交通货赂，所盗者皆陛下之财。命卿置将，所窃者皆陛下之柄"。而且不畏以危言警示孝宗"莫大之祸，必至之忧，近在朝夕，而陛下独未之知"。讵知孝宗大怒："是以我为亡也。"（《宋史》）意思是你朱熹难道竟敢说国家亡于我之手乎？朱熹之不得宠是在所难免了。当然，除去孝宗时的宰相汤思退、洪适辈苟且主和之外，尚有如宁宗之时良臣赵汝愚，不仅首推朱熹，而且当其为相时收召四方知名之士。然而赵汝愚低估了奸佞韩侂胄的力量，历史上迎来了一次大冤案。韩侂胄大兴"庆元党禁"，这时已是宋宁宗朝，宁宗是一个更加庸碌无能的帝王，"汝愚亦以诬逐,而朝廷大权悉归侂胄矣"。不久朱熹去国,韩侂胄声势炎蒸,于是将朱熹之学由伪学而诬为伪党,更诬为逆党,群小之嚣噪有谓赵、朱"窥伺神器"者,有上书"乞斩熹"者。朱熹的门人、学生们有的丑态可掬:"方是时,士之绳趋尺步,稍以儒名者,无所容其身。从游之士,特立不顾者,屏伏丘壑;依阿巽懦者,更名他师,过门不入,甚至变易衣冠,狎游市肆,以自别其非党。"(《宋史》)有无耻之徒如沈继祖者由对朱熹的崇拜,而匐伏于韩侂胄之门下。从容不迫的朱熹,可称威武不能屈者:"而熹日与诸生讲学不休,或劝其谢遣生徒者,笑而不答。"朱熹在从容的应对中去世。他的葬礼十分寂寥,噤若寒蝉的友朋门人们在得知朝中有佞臣上疏"仅防四方伪徒期会,送伪师之葬"后,一个个龟缩不出。此时的辛稼轩,虽未列入"伪学逆党",然而他孤踪独往,从铅山瓢泉到建阳武夷山朱熹简陋的墓前凭吊,挥泪写下了"所不朽者,垂万世名。孰谓公死,凛凛犹生"(《宋史》)的名句。这是庆元六年(1200 年)的事,时辛稼轩六十一岁,朱熹享年七十一岁。愤怒的辛稼轩写下"算不如闲、不如醉、不如痴"(《行香子》)的激越疾俗的词句。朱熹的这段公案,一直等到二十七年后理宗宝庆三年(1227 年),才得以昭雪。理宗淳祐元年,手诏以周、张、二程及朱熹从祀孔子庙。理学濂、洛、关、闽之说,始成定论,朱熹已殁四十一年矣。

再读辛稼轩的《九议》,不难看出辛稼轩之议,与朱熹的学说有着血脉之关联,其所谓"气"者,正朱熹"理"之运行。稼轩认为以言与貌而为勇者,其实为欺世求售,而以"气"为勇者,是为公而不为私也。他认为恢复中原,这是"为祖宗、

大丈夫之词

015

为社稷、为生民而已，此亦明主所与天下智勇之士所共也，岂顾吾君吾相之私哉"（《九议》）。又说："论天下之事者主乎气，而所谓气者又贵乎平。气不平则不足以知事之情，事不知情则败。今事之情有三：一曰无欲速，二曰宜审先后，三曰能任败。"（《九议》）这三点都是宋宁宗和韩侂胄所做不到的。韩侂胄以奸佞之私心，作尽表面的虚饰，若请宁宗追封岳飞为鄂王，若改秦桧之"申王"，谥"谬丑"。然韩侂胄之"谬丑"岂在秦桧之下？为一己之功名，草草出兵攻金，败绩，金人论罪于首谋，宁宗竟割下韩侂胄之首级函奉金廷，其于国体可谓荒谬绝伦。以朝廷重臣、位在左右丞相之上的韩佞头颅去换取金人的见谅，朝廷之卑下可见。正不如以韩佞之头供奉于朱熹的亡灵前，还不失帝王的威仪。"无欲速"即对金要取持久战，亦如朱熹所谓的"徐起而图之"。因为宋的对手不是以言、貌为勇者可抵挡的，在此辛稼轩以朱熹一分为二之法辨析主客观之条件，以论敌我之短长。他说："今土地不如虏之广，士马不如虏之强，钱谷不如虏之富，赏罚号令不如虏之严，是数者彼之所长、吾之所短也。然天下有急，中原之民袒臂大呼，溃裂四出，影射响应者，吾之所长，彼之所短。"（《九议》）他看出决定战争的胜负在于民心之向背。"既知彼己之长短，其胜在于攻其无备，出其不意而已也，故莫若骄之，不能骄则劳之。"（《九议》）此骄兵必败，以逸待劳之谓也。而兵不厌诈，正义之所在，虽诈何妨？"某以谓今日阴谋之大者，上则攻其腹心之大臣，下则间其州府之兵卒，使之内变外乱"（《九议》）。大阴谋中藏大忠烈、大智慧，非可以稼轩之字面误解也。稼轩以兵家深知伤其十指不如断其一指的意义，故曰："故凡强大之所以见败于小弱者，强大者分而小弱者专也。"（《九议》）集中优势之兵力，各个击破，正用兵之大略也。以弱小而胜豪强，则"其要在为之以阴，行之以渐，使敌人莫吾觉耳"（《九议》）。在当时从临安而迁建康当然是稼轩梦寐以求的。然而这"渐"的步骤则极重要："异时兵已临淮，则车即日上道，驻跸建业以张声势；兵已渡淮，则亲幸庐扬以决胜负。"（《九议》）而当此时，万众一心，众志成城，则绝对是必胜的根本。武王伐纣，"武王曰'受（纣）有臣亿万惟亿万心，予有臣三千惟一心'，胜商杀受（纣），诚在于此"（《九议》）。在逆境中辛稼轩力劝孝宗不要"怀千金之璧（指民心）而不能斡营低昂，而俯首于贩夫（指金），惩蝮蛇之毒（指金），不能评核真伪（金人之外强中干）而褫魄于雕弓"（《九议》）。对金人屈膝投降、杯弓蛇影是南宋帝王的一贯猥琐之状。辛稼轩行文至此，可谓居高训斥矣，其非大丈夫而谁何？有云封建时代之"大丈夫"于帝王前乃为弱者，略类"臣妾"，视辛稼轩之所为作，余不敢同之也。

我们再一次回到前文相隔遥远的《鹧鸪天》。在辛稼轩渡江之初，可谓豪情万丈。对于一个卓越的英雄，战场别有其审美价值。那托生死于鸣镝丛中的险恶，在他则有一番绚烂的描述："燕兵夜娖银胡䩮，汉箭朝飞金仆姑。"同样的描述见于辛稼轩的《破阵子》："八百里分麾下炙，五十弦翻塞外声。沙场秋点兵。""马作的卢飞快，弓如霹雳弦惊。"健康而年轻的生命，在正义之战中只会生发出如此壮丽而无畏的火花，烈火中能飞出的必是凤凰而非燕雀。然而当迟暮之年来临时，朝政每况愈下，那"追往事，叹今吾，春风不染白髭须。却将万字平戎策，换得东家种树书"的悲叹，不是无聊者的苦语唱酬，不是怯懦者的喁喁低吟，那是英雄椎心泣血的浩叹，烈士大木飘零的感喟；以极平淡萧瑟之句，令人不禁感极而悲，正应奔赴江西铅山稼轩墓前，抚茔大哭。

历史固不可假设，然我们不能不叩问一下，倘然孝宗初年果真锐意进取，果真听取忠谏之士如朱熹、辛稼轩逆耳之言，历史的进程将会如何？亡宋者非金也、非元也，宋也！

八百年过去了，如梦幻泡影，如露亦如电。金剑沉埋，壮志蒿莱。然而这"万字平戎策"却于中国战史和文学史上熠熠生辉。而"却将万字平戎策，换得东家种树书"两句词也成为千古之绝唱，不朽之咏叹。其间感人肺腑的力量从这十四个字中摩荡控抟而出，使后来者心旌风动，一唱三叹。

被誉为词史压卷之作的《永遇乐》是辛词之冠冕。心血来潮的宁宗忽然想起了辛稼轩，然而辛稼轩早生华发，垂垂老矣。这是对他的第三次起用，时在宁宗嘉泰三年（1203 年），辛稼轩六十四岁。虽然宋廷光复大业已经完全无望，但对于这次出山，辛稼轩隐然感到有一线的光照在前，于是熄灭的火焰又在胸中复燃。宁宗开禧元年（1205 年）稼轩六十六岁，他来到京口（今镇江）的北固亭，发出了烈士暮年的最后一次慷慨长啸：

千古江山，英雄无觅，孙仲谋处。舞榭歌台，风流总被、雨打风吹去。斜阳草树，寻常巷陌，人道寄奴曾住。想当年，金戈铁马，气吞万里如虎。

元嘉草草，封狼居胥，赢得仓皇北顾。四十三年，望中犹记、烽火扬州路。可堪回首，佛狸祠下，一片神鸦社鼓。凭谁问，廉颇老矣，尚能饭否。

伫立于北固亭上，这"千古江山"一词正差不多言中，三国孙权到辛稼轩果是一千年。青山依旧在，几度夕阳红。那当年坐断东南的孙权式的人物，只今不见矣。孙权了不起的地方是，他的对手一位是刘备，自是汉的皇族后裔；一位是挟天子以令诸侯的曹操。唯一无所依恃的便是孙权，他联刘备而败曹操于赤壁，稳定了三国鼎立之势。辛稼轩又想到那八百年前出身寒微的宋武帝刘裕，他带兵北伐，灭南燕、收巴蜀、入关中、灭后秦，固一世之雄也。年四十二掌握东晋大权，最后代晋称帝。年轻时"金戈铁马，气吞万里如虎"，何等气派。然而到了他的儿子宋文帝刘义隆，对北魏作战不力，于元嘉二十七年（450 年）瓜埠一战大败，国势顿衰。北伐，苟无朱熹的"徐起而图之"，无辛稼轩的"无欲速"，草草从事，是必败无疑的。虽有霍去病"封狼居胥"的雄心，只不过是镜花水月，瞬间破灭。辛稼轩二十三岁渡江南归，至此时六十六岁，四十三年过去，那金主驻跸的扬州，在金兵撤退时的烽火连天犹在记忆之中。而今日竟如何？南宋的孤忠之臣依旧在回忆着靖康之耻，有志之士仍谋图着北伐申雪。但在金人统治下半个世纪过去，那愚昧的土人是甘做顺民了吗？为什么在立春或立秋之日，那么欢乐？——"一片神鸦社鼓"，娱神亦以自娱。啊！忘却，是苟活者生存的前提，辛稼轩看到这样的情景是何等的悲哀、何等的凄凉？然

千古江山英雄無覓孫仲謀處舞榭歌臺
風流總被雨打風吹去斜陽草樹尋常巷
陌人道寄奴曾住想當年金戈鐵馬氣吞
萬里如虎　元嘉草草封狼居胥贏得倉
皇北顧四十三年望中猶記烽火揚州路可
堪回首佛狸祠下一片神鴉社鼓憑誰問廉
頗老矣尚能飯否

辛稼軒永遇樂　右錄
咸丙戌　范曾

而，一生为恢复中原身心备受煎熬的辛稼轩，依旧此心不死。他以廉颇自比，说明烈士暮年，壮心不已。然而这句问话中，也隐伏着他莫名的忧虑。会不会有郭开多之类的小人作祟，而在帝王面前称"廉将军虽老，尚善饭，然与臣坐，顷之三遗矢矣"（《史记》）一类的谤词，使他生命最后一次可能的腾飞折翅？"世溷浊而嫉贤兮，好蔽美而称恶"（《离骚》），所有杰出的人，一生中无一例外地受到这样的妒恼和怨恨。

同一年辛稼轩又作《南乡子·登京口北固亭有怀》一词，怀古之情依旧，而豪情更有胜于《永遇乐》：

何处望神州。满眼风光北固楼。千古兴亡多少事，悠悠。不尽长江滚滚流。

年少万兜鍪，坐断东南战未休。天下英雄谁敌手？曹刘。生子当如孙仲谋。

辛稼轩晚年之词老辣跌宕，气宇高迈，显为斫轮老手。信笔挥洒而不失周赡；激越之中蕴有冲融；刘勰所谓："纷哉万象，劳矣千想。元神宜宝，素气资养。水停以鉴，火静而朗。无扰文虑，郁此精爽。"（《文心雕龙·养气》）这"精爽"二字，谈何容易？为艺如作画、书法、戏剧、舞蹈；为文如诗、如词、如赋、如文章，哪里容得拖泥带水，邋遢醒酲？有自以为天才横溢者，必使其艺奇丑极陋而后快，不亦荒诞可笑之至？询诸当代大数学家陈省身、大物理学家杨振宁论科学家心目中或微观世界之美，皆简洁合度，恰到好处。诚如天体物理学家开普勒所云，宇宙是六声部的大交响。其中有数、有律，这就是秩序，而秩序则必以和谐为其前提。在混沌中放出光明，乃是科学巨人和大艺术家之本分。我曾在所描绘的陈省身与杨振宁先生一画"奇文共欣赏，疑义相与析"中题七律一首：

> 纷繁造化赋玄黄，　宇宙浑茫即大荒。
>
> 递变时空皆有数，　迁流物类总成场。
>
> 天衣剪掇丛无缝，　太极平衡律是纲。
>
> 巨擘从来诗作魄，　真情妙悟铸文章。

杨振宁先生激赏此诗，以为方之英国大诗人蒲柏（Alexander Pope）或无多让。今以谈及辛稼轩晚年之诗《永遇乐》与《南乡子》，可以看到凡至极境，古今中外、科学、文艺必有相通之处。亦有以告于当今之从事者，万勿侥幸以求捷径。终南之下有卢藏用而北山有周颙者，皆以其伪而为世所不屑，能不自警欤？

辛稼轩作词以赋入词、以诗入词、以散文入词，甚至以俚语入词，有无所不可入词者。"辛稼轩别开天地，横绝古今。论、孟、诗小序、左氏春秋、南华、离骚、史、汉、世说、选学、李杜诗，拉杂运用，弥见其笔力之峭"（吴衡照《莲子居词话》）。这"拉杂运用"四字看似贬词，其实有前边"横绝古今"，后边"笔力之峭"，知道这不是任什么人都能"拉杂"得起来的。于此我们也不妨一听反面的意见：一、"微觉用事多耳"（岳珂《桯史》）；二、"放翁、稼轩，一扫纤艳，不事斧凿，高则高矣，但时时掉书袋，要是一癖"（王弈清《历代词话》）。此等评述，窃不敢苟同者，以诗词一道，倘平白说去，虽有亲切感，而往往不足供回思咏叹，且也中国诗统自《诗经》六义中之赋、比、兴开始，必有所铺陈、有所比列、有所兴起。楚辞《离骚》苟无典章故实，则非屈子之作矣。故必有宓妃、有有虞之二姚、有有娀之佚女、有女嬃，然后有美人；有木兰、秋菊、宿莽、留夷、揭车然后有香草。有美人香草矣，故司马迁有"其志洁，故其称物芳"之赞，此中故实多矣。至于论三后之纯粹、桀纣之猖披、宁戚之讴歌、彭咸之所居，此中人物多矣。未有称屈原掉书袋者。要在用事准确，则意蕴丰厚。且也诗词本非必待人人解透而后知其佳作。杜甫之《秋兴八首》中有句"匡衡抗疏功名薄，刘向传经心事违"，但感杜甫之抑郁不得通其道，而未必问匡衡家在何处，刘向年龄多大，唯知其为朝廷命臣、经学大家则足矣。再说辛稼轩用典最多之词如《水龙吟·登建康赏心亭》：

　　楚天千里清秋，水随天去秋无际。遥岑远目，献愁供恨，玉簪螺髻。落日楼头，断鸿声里，江南游子把吴钩看了，栏干拍遍，无人会，登临意。

　　休说鲈鱼堪脍，尽西风季鹰归未？求田问舍，怕应羞见，刘郎才气。可惜流年，忧愁风雨，树犹如此。倩何人唤起，红巾翠袖，揾英雄泪。

　　这里用了张翰、刘裕、桓温等人故实，但觉其美不觉其赘。倘"季鹰归未"改"贱子来归"，"刘郎才气"改"高人奇才"，"树犹如此"改"树竟长大"，那便成恶札而不为诗矣。有"树犹如此"即可想到"人何以堪",想到北伐将士的苦辛,其中的意味既深且长,令人拍案叫绝。嫌掉书袋者,读书少耳,正应责诸己,不当苛求人。

我们进一步知道这《水龙吟》作于宋孝宗淳熙元年,辛稼轩三十五岁之时,这已是他上书《美芹十论》十年、《九议》五年之后的心境了,当初孝宗的"诏求直言"告示早已发霉,辛稼轩虽年富力强,却已预后不佳,本想南归之后一展宏图,讵料已成幻梦,这是何等的悲切,正值得一挥英雄之泪,他在犹豫中选择,做张翰?不甘;比刘裕?不如;即使桓温,虽年华过尽,终有在北伐中一展身手的经历。比谁?如何比?都使辛稼轩无奈而无援,但有谁能理解他无可慰藉的悲哀?

君子无所不能而有所不为。"用事多"、"掉书袋"之类贬词之不足道,已有以之辩诬。

那我们再看一看辛稼轩完全不用事、忘掉书袋的词,和那些直白说去的恶札亦大异其趣。天才在任何地方都不同凡响。宋孝宗淳熙十三年(1186年)他赋闲带湖,写了一首《丑奴儿·书博山道中壁》:

少年不识愁滋味,爱上层楼。爱上层楼,为赋新词强说愁。
而今识尽愁滋味,欲说还休。欲说还休,却道"天凉好个秋"。

四十七岁的辛稼轩如此淡淡说愁,更足见其愁之深。对愁的淡化述说,丝毫无法抹去那深不见底的连绵愁绪。亦若痛定之思痛,其痛楚之剧,应不会在痛苦当日之下。回忆,是个奇妙的、已经消逝但非虚拟的人生历程。也许不少事已然忘却，而那最不应忘却的则是那刻骨铭心的往事，那改变了一生命途的历史。一旦触及，便不能自拔。如托尔斯泰《复活》中的玛斯洛娃，她在狱中经常回忆那苦多乐少的、情窦初开的时节，唯有一个人——涅赫留道夫，她不会想起他。辛稼轩的"欲说还休"，正是这种违心自制状态。这儿不须用事，因为辛稼轩不能找到比自己身受的悲切更甚的事物来比列自己。那"壮岁旌旗拥万夫"、那"把吴钩看了，栏干拍遍"的年华，正是他最有作为、也最爱说愁的锦瑟时节。那时他有泪水。人生最怕的是泪水的枯涸，最怕百无聊赖的平淡。

辛稼轩的性格最易遭妒，因为他集才情、壮烈、柔情、慷慨于一身，已如上文所述：1181 年台臣王蔺诬其"用钱如泥沙，杀人如草芥"。前者可视为李白式的"千金散尽还复来"；后者则当其处乱世，盗贼蜂起，则用重典也其宜。真所谓欲加之罪何患无辞；1195 年御史中丞相何澹劾奏辛稼轩，谓其"酷虐哀敛，掩帑藏为私家之物，席卷福州，为之一空"。深文罗织，并未证实。"众女嫉余之蛾眉兮，谣诼谓余以善淫"；1205 年又遭劾奏，谓其好色、贪财、淫刑、聚敛、滥杀。好色可算是英雄末事，毋庸为辩。好色矣，又如何？历史上还少英雄美人的故事吗？其独稼轩不可？而其他的事，苟有一件着实，则《宋史》不会记录他鼓励廉洁的事件："同僚吴交如死，无棺敛，弃疾叹曰：'身为列卿而贫若此，是廉介之士也！'"（《宋史》）足见稼轩以为美德者"廉介"也，廉洁而耿介也。其为人也廉介，必不曲逢阿时，必"临财廉"而"取予义"，其必是大丈夫无疑。而辛稼轩以"稼"名轩，亦以标示己所崇者稼穑也，勤劬也。而稼轩的二斋室名为朱熹所题"克己复礼"、"夙兴夜寐"，固有劝勉、表彰之意在焉。从辛稼轩的词里，我们时时看到他无瑕的童心，那种天籁自发的快意、任情恣肆的意态。那是只属于天才卓绝的人的本性。他的词如陈廷焯云，大部分是"气魄极雄大，意境却极沉郁"（陈廷焯《白雨斋词话》），如惊雷怒涛、骇人耳目，洵天地钜观也。而一旦这排空浪涛过去的时候，那清澈如镜的碧水，天光云影在其间徘徊，是那么沁人心脾。作于宋孝宗淳熙十四年（1187 年）的《清平乐》，那是兴风狂啸者的怜子柔情。有着这样一双慈爱的眼睛的人，是不会滥杀无辜的。甚至可以断言，辛稼轩以他的吴钩所驱赶者，正是伤害人类至亲至情生活的魔鬼。

> 茅檐低小，溪上青青草。醉里吴音相媚好，白发谁家翁媪。
> 大儿锄豆溪东，中儿正织鸡笼，最喜小儿无赖，溪头卧剥莲蓬。

这是一幅农家乐的和平图景。"茅檐低小"，清贫不意味着痛苦和烦恼，而安其居、乐其俗、美其服、甘其食则是农耕社会的追逐；"醉里吴音相媚好"，从北方来的大汉、操着一口山东话的辛稼轩，是很可以将吴语当做音乐来欣赏的。当纳兰容若刚入关内，到吴地时写下了："山水总归诗格秀，笙箫恰衬语音圆。"在北方人听来，吴语是亲和而圆润的。而当吴语溶解于美酒中的时候，那妩媚感人，更非北方人可梦见。这是一对相濡以沫的农家翁媪。词人对那被娇宠惯了的"无赖"小儿，更倾注了无限的爱心。这是夏末时节，芙蕖香销而莲蓬果熟的时候，大儿锄豆，已担负了主要的农事；中儿编笼，主管着家庭的饲殖；而只有浑浑沌沌的小儿，纯任自然，享受着这清贫之家的珍果。最平凡的、毫无用事的语言却是那么清新、那么迷人，这就是大手笔不同凡人的地方。这种词，无酬酢之痕迹，"使吾人忘利害之念，而以精神之全力沉浸于此对象之形式中"（王国维《古雅之在美学上之位置》）。因之爽籁发而清风生。你能想象这是那以"整顿乾坤"（辛稼轩寿韩南涧有"待他年整顿，乾坤事了，为先生寿"）为己任的辛稼轩写出的吗？人性的多面性，往往于天才之身标著最烈。

英雄之解愁，远取诸高山大水，急雷灼电；近取诸美人名酒，宝剑骏骥。酒，陪伴着辛稼轩度过了带湖十秋、瓢泉八载的苦闷生活。酒，把愁云驱散，把豪兴激发，它是词人放浪形骸的催化剂。在酒的沉醉中，辛稼轩发现了另一个快意的人生。它不同于现实生活，在迷糊的半醒中，英雄自有英雄的作为，词人自有词人的眼力。当愁云铺天的时候，辛稼轩以"放下"二字自解。作年不详的《丑奴儿》即是：

> 近来愁似天来大，谁解相怜？谁解相怜，又把愁来做个天。
> 都将今古无穷事，放在愁边。放在愁边，却自移家向酒泉。

在陇西的酒泉，那儿俯饮即可的滔滔泉流，都是浓醇芳香的酒，那是词人的理想国、极乐天。那儿没有君王的天下事待我了却，没有乾坤的无穷业待我整顿，那儿只有一块青石板待我醉卧。形骸算什么？而精神正脱却形骸的羁束，得以自在地升腾。作于宁宗庆元六年（1200年）的《西江月》更是老夫醉后的狂态：

　　醉里且贪欢笑，要愁那得工夫！近来始觉古人书，信着全无是处。

　　昨夜松边醉倒，问松："我醉何如？"只疑松动要来扶，以手推松曰："去！"

　　对现实的失望，引发出对历史的虚无。古人的书中有英雄的大自在吗？我稼轩的平戎策又有谁来相信？那么我为何还去信奉古人的书？这首词最妙处在问话、行为都是醉人的状貌。然而英雄不待他人扶持的心胸，即使在醉中，也大别于俗子。我自醉卧于松下，干松何事？非胸罗万象者不会作如此想，不会作如此说。然则其天真痴迷的状态，令人击节三叹。微斯人，无此醉后之豪。这时他已是六十一岁的老者。另一首作年不详的《浪淘沙·山寺夜半闻钟》，写醉后惊梦：

　　身世酒杯中，万事皆空。古来三五个英雄。雨打风吹何处是，汉殿秦宫？

　　梦入少年丛，歌舞匆匆。老僧夜半误鸣钟。惊起西窗眠不得，卷地西风。

晚年的辛稼轩看人类历史不过如蜗角蛮触（《哨遍·秋水观》："蜗角斗争，左触右蛮，一战连千里。"）。他被庄子"齐一"说所动，既然是非难判，"齐一"便是最圆融的解释。在梦中他似乎见到了庄子："庄周吾梦见之。正商略遗篇，翩然顾笑，空堂梦觉题'秋水'。"（《哨遍·秋水观》）辛稼轩的醉中之梦，颇值得一谈。这不是乡愿之醉生梦死而是英雄的醉后无奈。梦与醒，难道能够是"齐一"的吗？——"身世酒杯中，万事皆空"。辛稼轩作了肯定的回答。功名竟如何？"从来天地一稊米"（《哨遍·秋水观》）、"万事皆空"，可谓怨而不诽的繁华过尽、红尘看透的浩叹。那么就寻找梦境的欢愉吧！然而那不知趣的老和尚，偏偏在他"梦入少年丛，歌舞匆匆"的时候，误将月色当朝暾，敲响了深山古钟。关键在最后两句："惊起西窗眠不得，卷地西风。"辛稼轩做不到酒不醉人人自醉，一旦清醒，为何而"惊"？惊岁月之流逝、时不我予。为何"眠不得"？往事如潮，又注入心头。这"卷地西风"，不唯卷去了虚幻的梦境，更描述了心头的荒寒。

在瓢泉，辛稼轩的嗜酒渐渐损伤着他垂老的身体。他决心戒酒，但决心不大。可能旧瘾复发之后，倍饮于前，把损失的追回来。连他自己也觉可笑，于是作《沁园春·将止酒，戒酒杯使勿进》自嘲：

杯汝来前，老子今朝，点检形骸。甚长年抱渴，咽如焦釜；于今喜睡，气似奔雷。汝说刘伶，古今达者。醉后何妨死便埋。浑如此，叹汝于知己，真少恩哉！

更凭歌舞为媒。算合作平居鸩毒猜。况怨无大小，生于所爱；物无美恶，过则为灾。与汝成言，勿留亟退，吾力犹能肆汝杯。杯再拜，道麾之即去，招则须来。

这酒杯是遭不白之冤了。可以看出，辛稼轩的霸气。明明是你自己饮酒无度，却迁怒于酒杯，酒杯敢在你面前如此说吗？——你喝吧，像刘伶那样命童子背上酒甏和一把锄头，喝死后就地掩埋。这全然是辛稼轩嫁祸于酒杯。不唯如此，还说饮者与你本是知己，何以寡情薄义如此？叫酒杯走还不解恨，还要砸碎酒杯。那受了一肚子窝囊气的酒杯只有唯命是从说："麾之即去，招则须来。"知道你辛稼轩戒不了酒，别装模作样，过两天叫我，我敢不来吗？这真是一则老人的童话。其中的幽默，还隐含着哲理："况怨无大小，生于所爱；物无美恶，过则为灾"；还推测着人间的阴谋，是否"更凭歌舞为媒"，准备害死我。文字之开阖张弛，至此达于极致。虽为戏作，但辛稼轩用笔疏宕奇幻，不可思议；而其韵态天成，不事雕琢，开前人所未见之境域。袁弘道所谓"本色独造语"，不只宜论苏东坡，论辛稼轩也宜。

刘熙载评北宋、南宋词之辨，云："北宋词用密亦疏，用隐亦亮，用沉亦快，用细亦阔，用精亦浑，南宋只是掉转过来。"（《艺概》）以此参阅辛词，可知熙载只眼。辛词于疏放处，当知其缜密；于明白处，当识其内蕴；于激越处，视其沉稳；于阔大处，辨其精微；于浑沌处，悟其光明。以此眼力而读辛词，事过半矣。即以此戒酒戏作论，潇洒中是何等功力，阅诸古今词人不作第二人观。

老境确乎来临了，当他最后一次为国效力的梦破碎之后，他是悲莫大于心死了。他对朝廷的失望，见于他的一则跋文，题于宋高宗的绍兴间诏书之后：

> 使此诏出于绍兴之前，可以无事仇之大耻；使此诏行于隆兴之后，可以卒不世之大功。今此诏与仇敌俱存也，悲夫。《宋史》

亦即倘高宗赵构南渡之初三四年间，有志匡复北伐，则不会发生此后向金称臣、纳岁币的大耻；倘孝宗赵昚接位之后能中兴帝业，那么北伐当可成功。遗憾的是，这种徒托浮词而不付实践的诏文，既不在前，又不在后，坐失先机之兆，则失不再来，它将与仇敌俱存于世，予我无益，予敌无害，实在可悲得很。

朝廷对年老力衰的辛稼轩似乎又生起用之意，而且授命他为兵部侍郎，稼轩恳辞。接着授予"龙图阁待制在京宫观"，此后又给予稼轩叙复朝请大夫，继又授叙复朝议大夫。不久，又进为枢密都承旨。身患重病的辛稼轩看着这雪片似飞来的廉价的虚誉，无动于衷，1207年9月初十辞世，结束了充满风涛和危机的生命。"天以百凶，成就一词人"（王国维《人间词话手稿》），信然！

辛稼轩殁后一年，即宋宁宗嘉定元年（1208年），有恶人倪思者上疏弹劾辛稼轩，以为辛迎合韩侂胄开边。辛与韩在政治上绝无瓜葛，愚以为，可能韩侂胄被杀前作的一些表面文章，如主张北伐、追封岳飞、贬谥秦桧，颇掩盖了他在大兴"庆元党禁"时罢斥赵汝愚、罢逐朱熹的丑行。而辛稼轩以词人之性，颇易上当受骗，对韩侂胄之北伐，或有稍稍同情。至于世传之辛稼轩寿韩侂胄词有：

　　堂上谋臣尊俎，边头将士干戈。天时地利与人和，燕可伐欤曰可。今日楼台鼎鼐，明年带砺山河。大家齐唱大风歌，不日四方来贺。（范注：此词见刘过《龙洲集》。刘过年轻易上当，又效稼轩豪词，眼钝者误为辛作，不亦冤哉。）

　　词鄙俗不可读，对韩侂胄草草北伐，与朱熹、辛稼轩一向主张显然不侔，辛稼轩断不会对昔日之仇人，献今日之谀词。少时偶读此词，便觉非出自稼轩辈豪杰之手。缘其"豪"中有伪态、有酸气。稼轩之用俚语则有奇趣、有真情，岂会出"天时地利与人和"、"大家齐唱大风歌"之类令人生厌之句？

　　倪思之疏是否得宁宗之诏准，则据邓广铭先生之考，是肯定的，即对稼轩追削爵秩，夺从官恤典。不仅如此，据《铅山辛氏家谱》所载，辛氏后人还遭封门抄家之祸，四散潜逃，竟有改姓辜者。宋理宗绍定六年（1233年），即稼轩死后二十六年，朝中已以为对稼轩处置不当，赠光禄大夫；稼轩死后六十八年，即宋恭帝德祐元年，史馆校勘谢枋得为辛稼轩冤案事请于朝，得以彻底平反，追赠少师，谥忠敏。也许谢枋得为此事颇造舆论，假天意以谏宋恭帝：

咸淳间，史馆校勘谢枋得过弃疾墓旁僧舍，有疾声大呼于堂上，若鸣其不平，自昏暮至三鼓不绝声，枋得秉烛作文，旦且祭之，文成而声始息。(《宋史》)

我愿信其为真，"惊天地、泣鬼神"，本来是诗意的判断。然以精神现象判断，谢枋得之幻觉乃如伯格森之说：记忆及心灵独立于身体，利用身体达到其目的。而谢枋得之记忆乃辛稼轩平生浩然之气、壮烈之举，其心灵固与辛稼轩相通。耳中所闻僧舍中呼号因以出之矣。这是一则既壮而且悲的、带有神秘主义色彩的故事，这则故事的意义，不在其真伪，而在其最能沁浸于心灵，唤起对英雄的无限同情。

人以群分，南宋朝亦并非无人，如叶衡、韩南涧、郑舜举、傅安道、虞允文、汤朝美、李正之，或官至卿相，或为地方大吏；如陈亮、朱熹、陆放翁、刘过，或为鸿儒文宗，或为剑客谈士，都与辛稼轩有着深厚而诚挚的友情。郑舜举被朝廷召举，辛稼轩以平日交游甚笃，别离寄语，感人至深：

湖海平生，算不负、苍髯如戟。闻道是、君王着意，太平长策。此老自当兵十万，长安正在天西北。便凤凰、飞诏下天来，催归急。

车马路，儿童泣。风雨暗，旌旗湿。看野梅官柳，东风消息。莫向蔗庵追语笑，只今松竹无颜色。问人间、谁管别离愁，杯中物。

(《满江红·送郑舜举郎中赴召》)

是有治国平胡之厚望于郑舜举也。与韩南涧相互激励，韩

大丈夫之词

033

有"使君莫袖平戎手"句，辛稼轩则回赠长词：

> 渡江天马南来，几人真是经纶手。长安父老，新亭风景，可怜依旧。夷甫诸人，神州沉陆，几曾回首。算平戎万里，功名本是，真儒事，君知否。
>
> 况有文章山斗。对桐阴、满庭清昼。当年堕地，而今试看，风云奔走。绿野风烟，平泉草木，东山歌酒。待他年整顿，乾坤事了，为先生寿。（《水龙吟·为韩南涧尚书寿甲辰岁》）

辛稼轩即使在带湖、瓢泉，凡遇至友之迁升，心中必涌动起对友人建功立业的期盼，于是由离怀忧伤升腾到把袂壮别。如《满江红·送李正之提刑入蜀》有上阕云：

> 蜀道登天，一杯送、绣衣行客。还自叹、中年多病，不堪离别。东北看惊诸葛表，西南更草相如檄。把功名、收拾付君侯，如椽笔。

读之令人热泪沾襟，深为稼轩之期许所感。

不可抗御的岁月流逝，使辛稼轩情绪渐趋恬澹，然而这与陶渊明就大有轩轾了。在辛稼轩心目中最欣赏的诗人只有陶渊明，他爱渊明，但不愿做一个彻底的陶渊明，他对社稷的用情太深，而陶渊明也确实没有辛稼轩的一身文治武功。辛稼轩把陶渊明作为异代知己，南朝王、谢诸子是断断不在辛稼轩眼中的。他的《贺新郎》一词，最是对陶渊明的怀想与冥谈：

甚矣吾衰矣。怅平生、交游零落，只今余几？白发空垂三千丈，一笑人间万事。问何物、能令公喜。我见青山多妩媚，料青山、见我应如是。情与貌，略相似。

一尊搔首东窗里。想渊明、《停云》诗就，此时风味。江左沉酣求名者，岂识浊醪妙理。回首叫、云飞风起。不恨古人吾不见，恨古人、不见吾狂耳！知我者，二三子。

　　辛稼轩的性格跌宕不羁，即使本来想平澹一下，忽而兴起，却又恣纵无状，其老成却总被天真所冲破，这首词简直是从低谷到峰巅的飞云直上。而这首词也不啻是辛稼轩对自己的词抱负着神圣之自尊的总结，而且我以为是再准确不过的评语了。"古来三五个英雄"是辛稼轩对千古英雄的傲视，"知我者，二三子"则是辛稼轩对自己词章成就的无上评许。

　　窃以为词之有婉约与豪放两宗，多是后之评家为方便计，其实这方便是多余的，往往塞人视听而入迷雾障。余以为词只有好、坏之别，这才是论者正道。以苏东坡、辛稼轩之才，本无意于开宗立派，只有意于万古盛名。以婉约豪放论，陶婉而辛豪；以好坏论，则伯仲之评在焉。明辨苏、辛之别，亦不在门户，而在苏旷而辛豪，苏东坡旷宕、疏放、散淡、通达，有高士之气，总评之曰：恢宏而高远，不失之颓；辛稼轩豪放、恣纵、磊落、任侠，有英雄之气，总评之曰：慷慨而恣肆，不失之粗。而辛稼轩深层的悲凉，苏东坡或缺。前面所引刘熙载之评，述之已详，兹不赘矣。

　　"大丈夫"是中华民族自周秦以还民族脊梁的符号，也将是我们新时代民族性的灵魂。二十一世纪神舟六号载人飞船之上天，民心大振。微吾老书生，竟夕不眠，以待聂海胜、费俊龙之回归。至陈炳德将军宣布胜利完成之时，不禁老泪纵横。此无他，以十九世纪中叶以还，中华民族备受宰害凌辱，十九世纪末至二十世纪初中国知识分子热切期望西学东渐，然则西学之于武器而秘藏者，其渐可乎？鲁迅先生有云："中国自古以来就有埋头苦干的人，有拼命硬干的人，有为民请命的人，有舍身求法的人……这就是中国的脊梁。"我深为祖国之前途祷，为生民之幸福祷！扫荡民族的劣根性，亦即鲁迅先生当年"哀其不幸，怒其不争"的所有品性，正是当代青年所深应痛绝者。子曰："好学近乎知，力行近乎仁，知耻近乎勇。知斯三者，则知所以修身；知所以修身，则知所以治人；知所以治人，则知所以治天下国家矣。"（《中庸》）此中"知耻近乎勇"，则大丈夫立于世之根本。"知耻"二字应为当代青年心目中的警言。

郭沫若先生于辛稼轩墓前，曾有联焉："铁板铜琶，继东坡高唱大江东去；美芹悲黍，冀南宋莫随鸿雁南飞。"谨以此佳联，为本文结。

岂曰无衣，与子同袍

——谈战争与《诗经》

　　战争无疑是残酷的，古往今来任何战争都是极端的暴力行为。它是死亡的信号，而不是欢乐的节日。人类的历史，悲剧多于喜剧，而悲剧的主要内容则无疑是战争。《战国策》上有一则《唐雎不辱使命》的故事。当时凭恃着虎狼之师的秦王想以五百里之地易安陵，安陵君不许。秦王对安陵君的使者唐雎说："公亦尝闻天子之怒乎？"唐雎说："臣未尝闻也。"秦王勃然，说："天子之怒，伏尸百万，流血千里。"这在当时，他说得出，做得到。据《秦本纪》与《秦始皇本纪》所载，自秦献公至秦王政（秦始皇），前后屠杀晋、魏、韩、赵、楚诸国的士兵，总一百四十余万。二千三百年前没有热兵器、没有爆炸，那是排头砍去或者活埋。

　　"纸上谈兵"的赵括四十万将士一下子全被秦军活埋。农民战争的残酷性也不例外，那作诗述怀"飒飒西风满院栽，蕊寒香冷蝶难来。它年我欲为青帝，报与桃花一处开"的黄巢，杀人逾八百万（《新唐书》）。那是远远超出阶级斗争的观念范围的，是一种大恐怖。这样的残酷性，中、西皆然，公元前三世纪古罗马之消灭迦太基，那是灭绝迦太基种族的大杀戮。大概相当于中国的夏代，在地中海曾盛极一时的苏美尔人的文化，因为塞姆人所建的巴比伦王国的胜利，不仅这优秀的文化被灭绝，这个人种也不复存在，其间战争的血腥可想而知。随着苏美尔人在地球上的消失，那唯一可与中国古代象形文字比美的一种文字——楔形文字，成为远古遗存的一个令人哀伤的哑谜。对那无数生灵死亡前的哭号，这哑谜只是无声的回应。自上古至近代最残酷的战争当然是第二次世界大战。人们读过希特勒的《我的奋斗》，此书中的每一个字，就使一百二十五人失去生命。这是人类有史以来最血淋淋、最残酷暴虐的一个统计数字。

战争当然是破坏性的。"师之所处，荆棘生焉；大军之后，必有凶年"（《老子·三十章》）。这是二千五百年前中国大哲老子的谆谆言教。战后十室九空，赤葵依井、崩榛塞道。饥荒之后继之瘟疫，饿莩横陈于沟壑，豺狼奔突于郊野。西晋永嘉之乱时，"长安城中户不盈百，墙宇颓毁，蒿棘成林。朝廷无车马章服，唯桑版署号而已。众惟一旅，公私有车四乘"（《晋书》）。

战争的破坏性为人类的文化遗产带来永远无法弥补的损害，从古希腊巴底隆神庙（公元前五世纪）到中国清代被称为"万园之园"的圆明园的毁灭（1860 年为英法联军所劫掠焚毁），所留下的庞大的残骸，无不使人对昔日繁华的一朝毁隳，发出怅然的浩叹。

唐代李华的《吊古战场文》所描述者非指一地，是诗人的意象之作，而所刻划者有非军旅诗人可达的惨烈：

尸培巨港之岸，血满长城之窟；无贵无贱，同为枯骨，可胜言哉？……魂魄结兮天沉沉,鬼神聚兮云幂幂。日光寒兮草短,月色苦兮霜白。伤心惨目,有如是耶?

　　这无穷极的灾难根源何在？这种地狱变相的人间世有无尽头？有什么办法使古战场不复出现？诗人提出了一系列的叩问。然则他的回答不能使人满意,对战争的源起,诗人没有可能作入木三分的判断。他说"周逐猃狁",对;而"秦筑长城",错。这真是浮泛浅陋之判。

　　当人类石斧相向的时候,那是人文未开时的争夺,远非今天我们所谓战争的涵义。那时的氏族或氏族联盟甚至此后的部落联盟之间的战伐,都只是弱肉强食、优胜劣败的自然淘汰率在起作用。黄帝和蚩尤之战、黄帝和炎帝之战都没有国家和民族的概念,也没有效忠君王的伦常。我想象那时的黄帝一定孔武有力、智商超群,力足以斗群雄,智足以伏诸夷,绝对是从荒蛮中砍杀出来的强者。那时的人群还没有道义的框架左右他们的思维,也没有伦理的绳索制约他们的行动,他们要保卫的乃是生命赖以存在的土地和食物。《三才图会》上画的黄帝已带着帝王的冕旒,那真是荒谬有趣。那是后代的画家据《周礼》凭空杜撰出来的偶像,似乎华夏的初祖不应披着兽皮麻葛,正应穿着这种天子的礼服接受万国来使的朝拜。古代也没有天子的概念、禅位云者,不是由于尧舜有着高尚的品德,只是那时私有制观念淡漠,因之部落联盟族长的传承,与血统关系不大。战争成为一个涵义确凿的词汇时,国家必已形成。在中国历史上战争以道义和伦理为其后盾并以为号召,那应当是从商汤伐桀时开始，中国诗的源头《诗经》也正可以上溯至此时。对人类历史存有总体性怀疑主义精神和对战争抱着彻底悲观主义精神的最具代表的诗人，应属明末清初的归庄。他有着国破家亡之痛，对民族的深爱而转变为深恨，诗中所隐含的激烈的愤怒，化为了表面的嬉笑怒骂。从天地开辟、三皇五帝开始，他一个也不轻饶：

> 太极混沌元苞，却被那盘皇无端啰唪，生剌剌捏两丸圆弹子，撮几粒碎尘硶，云是乌飞兔走，岳镇也江朝。更蛀几条儿疥虫路，挖半掌儿蛙涔道。到如今，昆仑万仞撑天柱，江汉千支入海潮，弄这虚嚣。那女娲氏，你断甚么柱天？那有巢氏，你架甚么避风巢？那不识字的老包羲，你画甚么奇和偶？那不知味的老神农，你尝甚么卉和草？更有那惹祸招非的老轩辕，弥天摆下鱼龙阵，象意装成虎豹韬，便留下一把万古杀人刀。(归庄《击筑余音》)

好一把"万古杀人刀"！

他知道从此人们不复太平。这一把杀人刀，只是人类在远古生物状态时那种物竞天择、适者生存、自保残它的遗传基因的物化。生命都有弱肉强食的一面，又有畏生怖死的一面。而到了高级生命的人类会把这种相反相成的本性、潜藏的凶残和怯懦发挥到极致。

人类社会在前进，当物质生产非止只供果腹而有剩余时，私有制应运而生，国家的萌芽乃成为早晚的事。上古大禹，一改尧舜禅位之制，把帝位传给自己的儿子启，奴隶制国家形成，而且有了国都，竟然一统五百年之久。此后由商而西周而春秋战国，由奴隶制而封建制，为维护一统国家和中央权威的伦理、道义的观念方才出现。至少在公元前 500 年至 300 年间，也就是春秋末至战国后期，维系封建社会的最重要的概念、思想和学术派别等业已形成。

对于这一切，归老先生都给以过激的抨击，他说：

> 最可笑那弄笔头的老尼山，把二百四十年（《春秋》载自鲁隐公元年（前 772 年）至鲁哀公十四年（前 481 年）计二百四十年历史）死骷髅提得他没颠没倒。更可怪那爱斗口的老峄山（指孟子。峄山地处邹邑，孟子家乡），把五帝三王的大头巾磕得人没头没脑。还有那骑青牛说玄道妙（指老子），跨鹏鸟汗漫逍遥（指庄子）。也记不得许多鸦鸣、蝉噪。秦关楚峤、兰卿鬼老，都只是扯虚脾斩不尽的葛藤，骗矮人弄猢狲的圈套。（归庄《击筑余音》）

痛快，骂得痛快！庄子是应了佛家的果报了。当初他恣纵不傥的无端涯之词，骂得儒、名、墨诸家无地自容，只今竟如何？还有骂得更凶的。痛快之后又如何？归老先生似乎缺少了"生年不满百，常怀千岁忧"的责任感。他骂够了，"俺老先生摆尾摇头再不来了"。他去"望云涛海涛"、"倚梅梢柳梢"，过他"没些个半愁半恼"的日子去了。果真无愁无恼了吗？归庄是封建社会里第一个敢于对社会历史和社会陈见全面地提出正面劝忭的叛逆者。他不可能有理性的判断，这《击筑余音》是一阵生

岂曰无衣，与子同袍

命剧痛的宣泄。"诗意的判断"与"理性的判断"之不同，就在于"诗有别趣，非关理也"（严羽《沧浪诗话》）。我们当然不能从归庄的长曲中识得历史的真面，但是他的长歌当哭、他的彻底的战争悲观论来自人类战争本身的悲剧性，加上归庄的泉飞藻思，其感人至深，堪称沁人肺腑。

战争绝对能激活人类生命中好斗的因子，也许这在太古之世是人类从万物生灵中脱颖而出的原因。然而当私有制产生后，好斗就包含了更多的占有欲的驱使。蒙古草原已够辽阔，匈奴人一定要到塞纳河（四世纪）、蒙古骑兵一定要到波兰的维斯托拉河饮马吗（十世纪）？毡裘之君长和农耕社会的帝王同样有着难填的欲壑。而人类往昔的一切过错之根源无非佛家指出的贪、嗔、痴三字。秦始皇他占有着一切荣华："今陛下致昆山之玉，有隋和之宝，垂明月之珠，服太阿之剑，乘纤离之马，建翠凤之旗，树灵鼍之鼓。"（李斯《谏逐客书》）还有"夜光之璧"、"犀象之器"、"郑卫之女"、"骏马駃騠"、"江南金锡"、"西蜀丹青"。名相李斯以为这些还不重要，希望秦始皇不要驱逐异国的贤才如穆公时之百里奚、孝公时之商鞅、昭王时之范雎，有类似这样的人才，方可使无敌于天下。

历史的偶然性所描绘的画图，完全非所逆料，被南匈奴和汉人击败而遁逃的北匈奴人转麾西向，在几世纪的迁徙中发现了极其富庶的西欧。强悍的匈奴人使欧洲的君王直至教皇闻风丧胆，匈奴人得到了在东方失去的一切。古代的战争包含着奴隶制社会所特有的蛮干精神和封建主的霸悍之气，那时掠夺和占有是唯一的目的。而"力"，是决定胜利的唯一原因。"力"

有着一种特殊的象征性，在上古，斯巴达人正是凭着"力"，写过他辉煌的历史。因为在彼时胜利属于"优秀民族"，"力"是他的徽号。而憎恨祖国贫穷和衰弱的近现代中国文化启蒙者梁启超和鲁迅都曾是斯巴达精神的鼓吹者。然而在斯巴达人"力"的背后，没有太多的道德和伦理的说辞。东方也不例外。当成吉思汗的部将问军队打向何方时，成吉思汗用他的马鞭指着远方讲："天边！"那也是绝无道德和伦理可言的。即使成吉思汗已死多年，但余威依然震于殊族，他的孙子拔都统帅的铁骑和手中的火器足以使条顿武士的利剑黯然失色，杀得它片甲不留、流血漂橹。这些威武壮阔的战争用血和火翻开着人类历史的沉重篇章。当时的西方似乎在武力上并不占绝对的优势。

中国作为一个农业大国，在大一统的王朝已然形成的时期，对外的扩张不是当务之急。汉武的开边为的是把匈奴人驱赶得更远，以保自身的安全。农业社会须要日出而作、日没而息，须要四时运转，春播秋稇，夏耕冬藏。因之相对的安定是农业社会生存的基本条件。于是，自卫性成为古代中国上自君王、下至百姓的共同要求。"胡人不敢南下而牧马"虽然是暴秦为巩固子孙帝王万世之业而北筑长城的目的，却也是老百姓的期望所在。暴秦的"暴"主要是对付国内的"弯弓而报怨"的起义和六国君王的复辟，维持大一统是秦代的绝对命令。

远在孔子提倡六艺（礼、乐、射、御、书、数）的时候，其中射、御两项便成为士人的功课，可作为中国人崇尚孔武精神的体现。在此，孔子是将其置于礼乐之后的。孔子之思，首先还是"尚文"。至战国之世，各国名将辈出，"吴起、孙膑、带佗、儿良、王廖、田忌、廉颇、赵奢之伦制其兵"（贾谊《过秦论》）。此举其大者而已，秦国的白起更是诸将的劲敌。春秋时的管仲、孙武之属则可称杰出的军事学家。自东周而汉、晋、唐、宋，武力的职能主要是两方面，对内平叛、对外御胡。历史上对华夏以外的民族统称胡。元代比较特殊，成吉思汗建立蒙古汗国，时在1206年。1216年西征灭花剌子模与钦察，其间的残酷屠杀是世所罕见的，其血腥染遍了一部《元朝秘史》，因为察合台之子莫阿都平的阵亡，惹恼了祖父成吉思汗，这大汗之怒是足以使天地变色的。他将整个花剌子模的巴米安城杀得精光，这笔账实在不能算在中国人的头上。成吉思汗在中亚施暴，距他的孙子忽必烈建立元代，定都大都还有五十五年，那时成吉思汗已死了二十二年。我们无法回避的是历史，元代毕竟在中国完成了大一统的局面，结束了辽、金、西夏在北方和西南大理的政权，因为强悍，幅员广大，边疆不再有侵扰。二十五史中有元史，我们必须承认这是中华民族史的一部分。至于成吉思汗被追认为元太祖，那是忽必烈的事。这位天可汗与我们的关系比蒙哥汗、忽必烈遥远得多。尚武自卫而带有侵略性的拓疆还有最著名的唐代高仙芝，以塞外雄风著称的军旅诗人岑参当时正在他的麾下。

任何民族从它们的童年开始，便知道尚武是民族得以存在的根本。每个民族都有英雄崇拜的情结。战争所保卫的主要是该民族的文化。而不同的民族由于有着不同的生存条件和人文传统，每一个民族对英雄人物的价值取向是不同的。歌颂本民族的辉煌历史（主要部分应该是战争史）和英雄人物，在上古历史的诗歌中尤为突出。希腊荷马史诗或中国《诗经》中的商颂、鲁颂、大、小雅都是如此。荷马史诗和《诗经》创作者的区别在于前者相传是诗人个人的创作，而后者则是殷、周以降无名氏的集体创作；前者未经别人删选，而后者却是由孔子删选的，这其中必注入了孔子个人的价值判断与审美判断。"诗三百，一言以蔽之曰：'思无邪。'"（《论语·为政》），这是孔子对《诗经》结论性的名言；"诗言志"（《尚书·舜典》，《尚书》传为孔子所编），是孔子对诗的艺术本性的要求；而"诗可以兴、可以观、可以群、可以怨"（《论语·阳货》），则是孔子对诗的社会功能的要求。这些论述要言不烦、切中肯綮，表现了孔子先贤大哲的胸怀。然则孔子作为中国封建社会全部伦理观、道德观的创说者和捍卫者，他首先要维护的是封建社会的大秩序，也就是"克己复礼为仁"（《论语·颜渊》）的社会理想。而他所处的时代又与他的社会理想相龃龉，那是周天子形同虚设、群雄并起的时代，一个礼崩乐坏的时代。《诗经》在孔子看来几乎是可作为内政外交的必读书。"诵诗三百，授之以政，不达；使于四方，不能专对；虽多，亦奚以为"（《论语·子路》），既已诵诗，所求在用，学而不用，"亦奚以为"？读诗是为了从政可以顺畅，出使列国善于应对。显然孔子把诗是作为实现他社会理想的工具了。孔子从三千余首中遴选三百零五篇，《史记·孔子世家》："古者《诗》三千余篇……取可施于礼义。"无疑有着他的伦理、道德标准。删去的、不可"施于礼义"者，果真就都"邪"吗？不一定。甚至桑间濮上之音，或者正是真诚的爱情之歌。在孔子，决不可理喻希腊的《伊利亚特》中阿迦门农与特洛伊王子为美

思无邪

诗三百 一言以蔽
之思无邪
丙戌 范曾

人而战的精神。因此，我们对孔子所选的有关战争的诗歌必须清楚，这些作品应与孔子的"礼"和"仁"相契合。当然，这些诗早于孔子，那么孔子以后，受孔子影响那是不可避免的了。在诗意的判断背后有着伦理的判断和道义的判断，这是不足为奇的。甚至最天才杰出的诗人，也自觉不自觉地在作品中流露这种理性。完全超越这种理性的诗也有，但很少，或许说不是战争诗的主体。

在《论语》中孔子提出了"仁"和"礼"两个巨大的思想符号。"仁"作为孔子心灵层面的理想境界，那是至高至极、至美至善的存在。在《论语》中，"仁"字出现凡一百零九次，其中包括有孔子的夫子自道、有同问异答的师生对话、有弟子之间的相互应答。"仁"字望之弥高，即之则温，它是那样平和地存在着，质朴得宛如宇宙本体的存在。它虽然崇高，但非不可及，人人可以去追求。孔子的"有教无类"（《论语·卫灵公》），倒不是他在阶级意识上的平等不二，而是针对不同的人，他有不同的期求。但每个人必须躬身力行。"仁远乎哉？我欲仁，斯仁至矣"（《论语·述而》）。这"欲仁"二字，宛若佛家之"得悟"，它们都不是可以一劳永逸的，不是做了一件事便可永为"仁人"，永远成佛。此时得悟，此时为佛；彼时迷障，彼时为众生。"仁"亦然，依仁得仁，不厌不倦，方可"斯仁至矣"。"仁"，虽不是高不可攀，近在咫尺，然而达到"仁"并不容易。连颜回那样的最得意的弟子，能做到"其心三月不违仁"（《论语·雍也》），孔子也就十分满意了。

《论语》中的"礼"，则是现实层面的最高境界。如果说"仁"

是至美至善的终极目标，那么"礼"则是依伦依常的高度准则。"礼"乃为实现"仁"的手段和规矩，即所谓"礼义以为器"（《礼记·礼运》），俗谓之游戏规则。而孔子的"礼"当然指周初之礼，在他的心目中，有着一个被他理想化了的，完全符合封建伦常的时代，那就是周公的时代。周公是孔子的偶像，而他毕生的奋斗则是希望在"子杀其父，臣弑其君"的礼崩乐坏的乱世，回归那遥远的古代。

孔子所推重的周初之礼，见于《论语》和孔子或其他儒家所编的《尚书》《周礼》《礼记》《左传》《国语》诸经典。其中所论自天子、诸侯、卿、大夫、士之颁爵授禄、祭祀、养老之法度，皆是封建社会必须遵循的大秩序，而破坏礼制的人，则必然是乱臣贼子。至于中国、夷、蛮、戎、狄"皆有安居、和味、宜服、利用、备器"。"五方之民，言语不通，嗜欲不同"，则皆应各安其分，"民咸安其居"，"不可推移"（《礼记·王制》）。对这种和平融洽、相安无事的生活的破坏，当然是非礼的不仁之行。

周公本人为民立极，以自己的道德，使人知道父子、兄弟、君臣、长幼之道。武王与成王是父子，武王与周公是兄弟，武王死而成王年幼，周公辅之是君臣，而周公乃成王之叔父是长幼，其间封建的伦常，周公表现出无私秉公的典范，可称圣人之行。礼，成为做人的根本，"礼，人之干也。无礼，无以立"（《左传》）。孔子所谓"兴于诗，立于礼"（《论语·泰伯》）。孔子希望通过"礼"，而使"天下有道"，"天下有道"则可行"仁"，这首先得有"仁君"。季康子问政于孔子，说："如杀无道以就有道，何如？"孔子回答道："子为政，焉用杀？子欲善，而民善矣。君子之德风也，小人之德草也，草上之风，必偃。"（《论语·颜渊》）统治者的表率是仁政的根本。"善人为邦百年，亦可以胜残去杀矣，诚哉是言也"（《论语·子路》）。这一方面是孔子替自己任鲁司寇"三月而诛少正卯"辩护，也同时说明"胜残"——残暴的人不再作恶、"去杀"——废除刑罚杀戮，也不是一朝一夕的事。

而个人达到"仁"的最高境界是以身殉仁。生死亦大矣！生与死乃是人生的最终选择，真正的、完美的人，孔子称之为"仁人"、"志士仁人"。他说："志士仁人，无求生以害仁，有杀身以成仁。"（《论语·卫灵公》）同样孟子以为："仁，人心也；义，人路也。"（《孟子·告子》）"义"是完成"仁"的忠信壮烈之路。依"仁"之义也是可以"以身殉之"的最高境界："鱼，我所欲也。熊掌，亦我所欲也。二者不可得兼，舍鱼而取熊掌也。生，亦我所欲也。义，亦我所欲也。二者不可得兼，舍生而取义者也。"（《孟子·告子》）君子能直面死亡而最后完成崇高的不朽人格，这就是死得其所，就是重于泰山的英雄人物之死。

以上所述一切，对华夏民族的成长、对仁义之师的战争、对战争中英雄人物的出现、对战争诗歌的形成都有着伦理与道德的潜在意义，构成了华夏民族的心灵的命令。

战争是残忍的、是破坏性的；战争是雄阔的、有激励性的。每个民族在历史上为求生存，必须主动或被动地投入战争，人们知道尚武的对立面是怯懦，前者生存，后者死亡。而在古代，正义与非正义则是用"仁"、"至仁"与"不仁"、"至不仁"来判断。战争之成为审美对象，不是由于它的血腥和屠杀，中国古典诗歌自上古以来就有着言志述怀、依仁见义的传统，这其间可大致分为下列类型：

一种是基于战争的合理性和合法性的理性判断，这样的诗大部分是对胜利的君王将帅的讴歌，对舍身捐躯的英烈的缅怀，场面宏阔、气势壮烈，但缺少精微的心灵内省，这些作品的作者有军旅中的文人、朝廷的命官或者君王本人。

一种则是基于对战争本身的深切体悟而不失赤子之心的个人心灵判断，这类虽属纯粹的个人感怀，但往往战争带给他们无限的创伤与哀痛，所摧毁的曾是他们生命的一部分。这些诗有着浓厚的悲剧气氛，往往由此引发出人性中的深沉忧伤，其中如大量的征愁闺怨之诗，感情真挚而动人。

还有一种是上述两种兼而有之的，这类诗词大体出于有深厚文学修养、道德修养而且亲自加入攻城野战、斩将搴旗的战斗的杰出人物，他们的诗悲壮激越、震撼人心，不愧英雄本色。当道义、伦理与个人灵魂化为一体的时候，当这一切又化为他们的诗篇时，他们就带着光环走进了"仁人"的殿堂，堪称华夏之脊梁。不易归类，但决不可忽视的，是格高境大不写战争的战争诗，譬如南唐李后主北狩后的某些名篇，由于他从现实的帝王而成为囚徒，其间的落差真可谓"天上人间"，然而他的卓越之处在于他回避一切对战争的直接描写，一转而为超验的心灵叩问，任何人读他的词都会有一种广大无边的悲怀。这是李后主作为词人内心忏悔意识的诗化。王国维谓："后主则俨有释迦、基督担荷人类罪恶之意。"（王国维《人间词话》）即是指此。

由于中国历史上的战争极少侵略、掠夺性，而防御自保成为战争正义性的前提。于是激于理义乃是中国古代战争"道德"、"伦理"的正义之旗。

"中国"一词所从来远矣。据《礼记》所载，最晚在周代已然流行。"中国"——华夏民族，当然是相对于四周的蛮貊之邦所自称的。然则夷夏的区别，不是恒居而不变的，至战国之世，被称为荆蛮的楚国三闾大夫屈原已自谓"帝高阳之苗裔"，和三皇五帝挂上了直接的血缘关系。但"中国"亦即主要在黄河流域发展起来的华夏族，一直是主流文化的承担者，那是不争的事实。直到三国建安诗人王粲还在从军诗中称"从军征遐路，讨彼东南夷"，在诗人心目中，连孙权还是夷人。以华夏为中心的思想有着历史的、文化的渊源。历史告诉我们，自殷、周以降，猃狁、羌戎、鬼方，汉代匈奴，南北朝五胡，唐突厥，宋契丹、女真、党项，然后元蒙古，清女真，直至近代西方各国列强的入侵和骚扰，真所谓边患孔亟，略无间日。华夏的物质富庶和文明昌盛，成为他们侵掠的不二目标。中国不是一个甘受欺辱、宰割的民族，自虞舜、商、周、汉、唐之季，似乎卓有余力对付边患。也就是在冷兵器时代，中国的武器在彼时当属先进。而使用武器的人本身不是羸弱的群体，所以不致因侵凌而屈辱。加上传统的道德力量，历史上的确形成过"万国衣冠拜冕旒"的盛世。在承平之世，华夏民族与西方之以暴制暴不同，往往以柔克刚，怀柔之、联姻之、封赏之，希望以夏变夷。

由石斧、石刀到剑戟铩钺，在战史上称冷兵器。殊不知由"冷"而"热"的转化的肇始者却是中国。当八国联军的洋枪、洋炮对准义和团勇士们"刀枪不入"的肚皮时，谁知道这些火器的祖先是深知刀枪能入的中国先觉者。宋代发明火药，即有突火枪之面世；元代金属管形火器炮、筒、铳的出现，则是彼时世界最先进的武器，其地位略类我们今日之视巡航导弹。当火药的配方由宋而金而元、而阿拉伯人而欧洲人，存有机心、谙于机事的欧洲人却在兵器上利用东方的发明，在几百年内将冷兵器全部转换为热兵器。当西方人刀剑入库的十八世纪来临时，中国的厄运也就不远了。兵器完全改变了西方和东方的战争格局和力量的对比，其强势一直绵延至今。

早在《韩非子·有度》（公元前三世纪）中便有指南针——"司南"之记载，而在欧洲指南针的发现则瞠乎其后久矣。当欧洲人利用它发现新大陆和新航线而殖民主义猖披全球的时候，在指南针的最早诞生地——中国的阴阳术士们却发明了测算命运的转盘。悲剧啊！历史上多少死忠死节的英雄豪杰，无法挽救一个鄙夷机事机心的民族。古哲庄子反对机事机心，那是伟大的超越时空的思索。他是第一个预言当人类的小智慧挑战宇宙的大智慧时，人类将面临灭亡。这当然是不错的，而且历史正在进一步证明着庄子的形上之想。然而庄子想不到他的理论会掉落在愚蠢的泥淖。如果在战国之时的名家——最早的逻辑家们，能发展逻辑学，并将其应用于数学，中国的数学就不会仅仅停留于经验主义的《周髀算经》和《九章算术》，与此同时发展物理学，那境况就大不相同了。若然，倘没有中国伦理观、道德观，一味地霸悍，又哪会有中国的战争史和中国的诗？历史不能假设，闲话少说，让我们回到战争的诗歌上来。

中国诗的源头《诗经》是一部圣人认定的儒家经典，其中有关"征伐自天子出"的战争诗歌分别见于十五国风、雅、颂之中。其见于"颂"者有《鲁颂》中之《閟宫》、《商颂》中之《玄鸟》《长发》《殷武》等，这些诗歌的内容基本上是颂扬帝王战伐之正义和威严、军队之孔武和整肃，是"王者之师"行"仁"的战伐。主张慎战的孔子和以为战争会导致杀人盈城、盈野的孟子，其内心最深层的主张是非战。而非战的思想即尚文的思想。这一点与大哲老子"兵者不祥之器，非君子之器，不得已而用之"（《老子·三十一章》）的观念完全相同。下面为说明本文之观点，重点节选《诗经》中颂、大小雅、国风之诗移译之，译的目的是《诗经》渺远，语言之阻隔往往使我们不容易直译，不如改为现代之韵语，俾使读者有亲切的感受。

《鲁颂·閟宫》节选　　　　　范译

后稷之孙，　　　　　　后稷有他的裔孙，
实维大王。　　　　　　这就是周太王。
居岐之阳，　　　　　　住在凤鸣呈祥的岐山，
实始翦商。　　　　　　开始大业，便是剪除殷商。
至于文武，　　　　　　到了周文王和周武王，
缵大王之绪。　　　　　太王的遗绪得以发扬。
致天之届，　　　　　　奉上帝之命讨伐殷纣的张狂，
于牧之野。　　　　　　在牧野摆开了雄阔的战场。
无贰无虞，　　　　　　不要二心，不要彷徨，
上帝临女。　　　　　　上帝的巨眼把你张望。

敦商之旅，	俘获殷商的败旅，
克咸厥功。	这大功告成，何等的辉煌。

武王伐纣是顺应天帝之命的"天讨"，当然有着神圣的使命感。传说后稷是周族的始祖，他的母亲是有邰氏之女。她在荒野踏到巨人的足迹，怀孕而生后稷，这巨人我以为就是天帝，这一富于想象力的神话，使后稷为天帝之子，具有了统治的合法性。后稷的裔孙便是周太王，传说凤鸣岐山，周代以兴。传到周文王、周武王，承先烈遗业，又适逢其会，商纣暴虐无道，因之武王之伐纣具有了正义性即道德伦理的优势。

上溯五百年便到了《商颂·玄鸟》的时代。

《商颂·玄鸟》节选　　　范译

天命玄鸟，	燕子飞来，奉命于天，
降而生商，	含卵而降，生契大贤。
宅殷土芒芒。	这殷土广漠无涯，芳草鲜妍。
古帝命武汤，	上帝授命勇武的成汤，
正域彼四方。	征服了四方，天下毗连。
方命厥后，	命令各部族的君长臣伏，
奄有九有。	统一九州，殷商的威名赫赫无前。
……	……
邦畿千里，	幅员广大，无际无边，
维民所止。	人民安居，不移不迁。

肇域彼四海，	开始征服，占据了四海。
四海来假，	四海的臣子都来朝拜天帝，
来假祈祈。	来朝拜的人接踵而比肩。

前一段写商初太乙（自号武汤）伐桀的丰功伟绩，后一段写汤的二十三世孙武丁更能弘先帝之基业至于邦畿千里、四海来朝。他们共同祭祀天帝，形成天下归心的统一王朝。关于商代的祖先也有一则神话作如是说："契母简狄者，有娀氏之长女也，当尧之时，与其娣浴于玄邱之水。有玄鸟衔卵过而坠之，五色甚好，简狄与其妹娣竞往取之，简狄得而含之，误而吞之，遂生契焉。"（《列女传·母仪传》）契为商祖，正与后稷为周祖同样是无父生子的故事，这或与当时母系氏族社会"只知其母，不知其父"的传统有关。这倒成了"天子"的来源。在这些诗中，歌颂先人、歌颂英雄和歌颂天神是浑然一体的。桀、纣无道，成为暴虐之君的代表。

《商颂·长发》节选	范译
帝命不违，	上帝的使命不可违拗，
至于汤齐。	直到成汤，遵循大道。
……	……
上帝是祗，	上帝是唯一的敬仰，
帝命式于九围。	于是颁给他九州的封诰。
……	……

武王载斾，	武王的部旅旌旗飘扬，
有虔秉钺。	军容威武，斧钺闪光。
如火烈烈，	烈焰般的气势直映苍黄，
则莫我敢曷。	有谁敢把我阻挡。
……	……
九有九截，	广漠的九州从此整治臣伏，
韦顾既伐，	挥师讨伐韦、顾，
昆吾夏桀。	再将昆吾、夏桀扫荡。

此诗则叙述自契至于成汤统一天下的事迹，不违背天帝的命令，得到天下民心，敬重天帝（祇），故而统一了九州，而他对违背天意的韦、顾、昆吾和罪魁夏桀的讨伐也得以胜利，九州也便顺从而臣伏（截，畅达而直渡也，言九州不再分割，此处以借言九州统一）。既统一之后，成汤又能施行"仁政"，"不刚不柔，敷政优优"，更有伊尹的辅佐，这就使太平盛世再现。

《商颂·殷武》一诗是歌颂第二十三代殷王高宗武丁之诗，高宗前世殷道中衰，在他统治的五十九年中，伐荆楚、修宫室，对殷王朝之中兴和巩固，功劳至钜。

《商颂·殷武》节选	范译
挞彼殷武，	猛烈而迅捷的殷王，
奋伐荆楚。	奋勇前行讨伐荆楚。
……	……

自彼氐羌，	那远方的氐羌，
莫敢不来享，	都来进贡，不敢龃龉，
莫敢不来王，	都来朝拜，臣服驾御，
曰商是常。	共赞殷商是无二的君主。

慑于殷商的威势，四方各族皆来臣服，都共奉商为各邦之首，当做纲常。

以上简略介绍《鲁颂》与《商颂》。孔子对它们并无具体的评价，然而在他欣赏音乐时曾发表过如下的评语："子谓《韶》，尽美矣，又尽善也；谓《武》，尽美矣，未尽善也。"(《论语·八佾》)《韶》，我们固可断言为虞舜时的韶乐；《武》则大体可以认为是周武王时的音乐。音乐和诗虽不是一回事，但我们依旧可以看到孔子对《韶》与《武》的甲、乙之判。唐尧虞舜是孔子对遥远古代的崇高怀念，而商、西周却距孔子较近。

"乐"是"诗"的载体，亦即歌谱与歌词的关系。《韶》的内容一定更接近孔子的社会理想，是一个"遵道而得路"(《离骚》)的时代，所以尽美尽善。而对战争一向谨慎从事的孔子，对西周之初战伐渐多，虽于合法性与伦理、道德或无多责，但总以为"未尽善也"。"未尽善"的意思是"善则善矣，尽善则未也"，并未讲周武"不善"，这一点分寸感是必须注意的。据传《尚书》是孔子所编撰，其中孟子读到武王伐纣"其血之流杵也"句时，对此描述颇存怀疑，有云："尽信《书》，则不如无《书》。吾于《武成》(记述武王伐纣事，今已佚亡)取二三策而已。仁人无敌于天下，以至仁伐至不仁，而何其血之流杵也？"（《孟子·尽心》）孟子以为以周武王"至仁"之师伐"至不仁"的商纣，是不会血流漂橹的。孔子以为"未尽善"也，恐怕也是指此。但《武》乐的内容是否《孟子》书中所指《武成》，我在此不敢作无据之说。孔、孟主张少用兵，即使用兵也不涂炭生灵，当这种道德观与天子的使命观结合起来时就达到了儒家的"仁"的至高境界。孔子对天子、诸侯、卿、大夫、陪臣的权力范围是划分得十分清楚的，只有天子有制定礼乐和宣布战争的权力。"天下有道，则礼乐征伐自天子出；天下无道，则礼乐征伐自诸侯出。自诸侯出，盖十世希不失矣；自大夫出五世希不失矣；陪臣执国命，三世希不失矣。"（《论语·季氏》）孔子著《春秋》，纵览自公元前八世纪至五世纪二百多年间治乱兴亡之史，确无延绵十世而不失国者。

中国之"天人合一"最初并不似后来宋、明大儒之哲理化，自子思、孟子至汉董仲舒《春秋繁露》创说之初，与证明统治者的合法性有关。这样，当征伐"自天子出"时，与西方战争是"上帝的鞭子"便有了异曲同工之妙。没有比违背天意更大的罪恶，也没有比"天讨"更合理的事了。

征伐"自天子出"的还有《小雅·采芑》，赞美周宣王之南征，称颂老将方叔出马之威仪。那是"伐鼓渊渊，振旅阗阗"的整肃军容；是"方叔元老，克壮其犹"、老当益壮的社稷重臣的千里之志；是"如霆如雷"的迅捷征讨；是"蛮荆来威"的敌军臣伏。《诗经》其言简赅，其势宏大，隐隐使我们听到远古强大的、发自中国的战鼓，不禁产生对自卫战争庄严感的心向往之。而《大

雅·江汉》《大雅·常武》则叙述周宣王命穆公召虎经略江汉，
平淮南之夷并受天子重赐之事：

《大雅·江汉》节选	范译
江汉之浒，	在那江汉的水边，
王命召虎：	周宣王命令穆公召虎：
'式辟四方，	'去吧！开辟四方，
彻我疆土。'	整顿我社稷的疆土。'
……	……
虎拜稽首，	穆公召虎额手再拜，
'天子万年。'	'天子万年，地动山呼。'
……	……

《大雅·常武》节选	范译
王奋厥武，	周宣王真个奋扬威武，
如震如怒。	如电之震，如雷之怒。
……	……
王旅啴啴，	王师是何等的雄伟壮观，
如飞如翰。	如鸟之捷，如鹰之悍。
如江如汉，	莽莽如江，滔滔似汉，
如山之苞，	如山一般的伟岸，
如川之流。	如水一般的狂澜。

战争中表现出的王者之怒，表现出的重臣与王者之间的服从和倚重、天地山川为之震撼的感泣鬼神的勇气，让人至今不能不对上古之世封建的道统、伦常、尚武精神对维护一统局面所起的巨大作用深表钦敬。这一切奠定了作为文化古国创造灿烂文明所需的社会安定的基础。尚武的结果是尚文，这是我们民族的不朽传统。与《商颂·玄鸟》同样，对神（天、王者）、天子、英雄（穆公、召虎）等作为统一体的歌颂作了更充分的表达。天帝的意志实际上是天子的意志，而英雄的意志则体现天子的意志，三者不是并列的关系。天帝是虚设者，英雄是执行者，最后都是为了天子。社稷和天子又是一体的，伦常和道义则是为维护天子的独尊。法路易十四之"朕即社稷，朕即国家"已为历史名言，中西暌隔，而其致一也。对《诗经》大小雅、商颂、鲁颂诸篇之要旨，这应是肯綮之判。然则，孔子、孟子的圣人之思，非不知其然也，知其然而且知其所以然也，他们在主张天讨的同时在合理性、合法性外，更有其仁义的道德期待。但在帝王的实践中必然大悖其道，因此他们用先王之历史比列陈情：汤武伐桀，不予诛杀，而仅迁囚南巢。《尚书》中"成汤放桀于南巢，惟有惭德"，意思是把桀逐放南巢，成汤内心却有羞愧，其仁慈若此。比较武王伐纣，血流漂橹，逼使商纣瑶台自焚为仁慈。事实上战争必是更加残酷的，在血腥面前，孔子以为"未尽善"，孟子则表示不相信，这都是他们内心深处慎战、非战思想的流露，可谓深文隐蔚、难以言尽。《鲁颂》《商颂》无疑有着尚武的精神，而没有对血与火、对杀戮与死亡的赞颂，这些都为儒家之道义精神所拒绝，这就与《伊利亚特》划清了界限。

就《诗经》中的雅、颂而论，特别值得我们重视的是它们的历史价值，讲它们是"诗史"是不妥的，因为史者必须是具体时间、地点、人物征而信者，它们不具备这样的因素。但以诗佐史，它们就具有了史诗特有的意义。若论诗则缺少诗人的心灵和生命体验，虽有激励民族感情、提高民族自信的壮烈描述，但不能使人心旌动摇，为之击节浩叹。其根本原因，这些诗有的是镂于簋鼎尊盘的对天神、天子的铭赞，有的是王者自勉，有的则对天子敕封爵赏的感恩。按孔子的兴、观、群、怨说，那是足供大观的豪言壮语，至于诗的群、怨的共鸣性，则付之阙如。

《诗经》中能令人感动的战争诗，仍在国风之中。孔子为什么会选这些对战争抱有怨怼甚至恚愤之诗呢？这依然离不开儒家的基本道统，即对这些诗中描述的战争的合法性的判断。孔子所称的"礼崩乐坏"，其中"礼乐征伐不自天子出"是其核心内容。"孔子谓季氏，'八佾舞于庭，是可忍也，孰不可忍也'"（《论语·八佾》），季氏，大夫而已，竟用天子八佾之舞，这样的事都可忍的话，还有什么不可忍的事呢？当然还有更不可忍的事——征伐不自天子出。孔子之世，已是春秋末期，前三百年间周室衰微，诸侯势力坐大，而其间的争伐完全是争地、争城之战，只有兵力的较量，而没有道德的善恶。至孟子之世，"仁"的信念对群霸的战争如杯水之于车薪，"仁之胜不仁也，犹水胜火。今之为仁者，犹以一杯水救一车薪之火也"（《孟子·告子》）不会有任何意义。孔子知其不可为而为之，他为上古的社会理想的幻灭发出"凤鸟不至，河图不出，吾已矣夫"（《论语·子罕》）的长叹。春秋战国之世的战争发言权在王者、霸主之手，战争旷日持久，永无宁日。孔子能知道的是郑燕北制之战（前718年）、齐鲁长勺之战（前684年）、晋楚城濮之战（前632年），在他弥留之际，吴越两国的战事已进行多年，勾践在卧薪尝胆多年之后，应是一展身手的时候了。在孔子死后一年，终于在笠泽之战中大败夫差，一雪会稽之耻。"春秋无义战"，这是孟子后来所作的准确的斩钉截铁的评价。"彼善于此，则有之矣"（《孟子·尽心》），这里的"善"是两坏相较取其轻的意思，而不是孟子所一向提倡的"性善"。

在这样的战伐之中，民不聊生是自然的。热衷于战伐的群雄，又哪有时间顾得上施行"仁政"。孔子过泰山之侧，有妇人哭于墓，使子路询其故，原来这位妇人的舅父、丈夫、儿子都死于虎。孔子问她："何为不去也？"曰："无苛政。"夫子曰："小子识之，苛政猛于虎也。"（《礼记·檀弓》）横征暴敛应是当时的普遍现象。"季氏富于周公，而求也为之聚敛而附益之，子曰：'非吾徒也，小子鸣鼓而攻之可也。'"（《论语·先进》）。这季氏可说是恶霸豪绅，而孔子弟子冉求，竟助纣为虐，所以孔子希望予以舆论之挞伐。《诗经》国风中的战争诗，可使我们窥见彼时民间生活之一斑，其中包括农民和身份略高于农民的甲兵武士，甚而更高级一些的"虎贲"之士，他们所承受的痛苦和灾难。在孔子看来，这些不义之战都是因为征伐不自天子出，是"自诸侯出"的，因之不是"仁政"所使然，展示它们的灾难正足以说明对"礼"的破坏所可能导致的社会性灾难。孔子删诗，真可谓用心良苦。

男子汉浴血沙场，最思念他们的当然是闺中之妇。战争诗不能忘记妇女的闺怨和战士的望乡，而往往这些诗情真意切，不忍卒读。

《卫风·伯兮》写一个闺中少妇怀念远征不归的丈夫，而他是一位勇武过人的豪杰。"伯兮朅兮！邦之桀（一作杰）兮！伯也执殳（殳，杖，兵器也），为王前驱"。自"伯"走后，少妇不再打扮，她熬着，一天天倚窗等候，她希望种下相思之草，陪伴她无告的寂寞。她不断地重复念叨："愿言思伯，甘心首疾。""愿言思伯，使我心痗（心痛难忍）。"而"伯"啊，你在何方？寥寥四章，写出她魂牵梦萦的无尽哀伤，这使我想起唐诗"忽见陌头杨柳色，悔教夫婿觅封侯"（王昌龄《闺怨》）、"可怜无定河边骨，犹是春闺梦里人"（陈陶《陇西行》）、"打起黄莺儿，莫教枝上啼。啼时惊妾梦，不得到辽西"（金昌绪《春怨》），虽然时隔一千余年，但对征夫的难忘忧思，如出一辙。此类诗中最是突显诗之"可群、可怨"的通感作用，而读者也往往最易有连类之想。

《邶风·击鼓》一诗四、五两章则是怀乡战士追述临别与妻子执手相看时声泪俱下的哀吟，使我们想起杜甫的《新婚别》的生离死别：

《邶风·击鼓》节选	范译
死生契阔，	记得那生同床笫死同穴，
与子成说。	是我俩的誓词，情真节烈。
执子之手，	离别时我紧执你的双手，

与子偕老。	与你同在人世，直到鬓染霜雪。
于嗟阔兮，	可悲叹啊，我们如此的阔别，
不我活兮。	不能生活在一起，啼鹃泣血。
于嗟洵兮，	可哀伤啊，我们隔离越来越远，
不我信兮。	不能信守誓言，忧思哽噎。

  《唐风·鸨羽》一诗是诗三百中最令人心酸的诗篇，农民所求甚微，只是可怜的温饱之梦，而这一点希冀，终于幻灭。文学作品中小人物的痛苦是更令人揪心、令人同情的。

《唐风·鸨羽》节选	范译
肃肃鸨羽，	大雁在长空飞翔，肃肃其羽，
集于苞栩。	栖息于密密的栎树。
王事靡盬，	王事如此的无尽无休，
不能艺稷黍。	我不能在家园种稷植黍。
父母何怙，	无法奉侍父母，我有苦难吐。
悠悠苍天，	啊，老天爷，
曷其有所？	何时才有我安定的居所？
……	……
悠悠苍天，	啊，老天爷，
曷其有极？	何时你能克制而止步？
……	……
悠悠苍天，	啊，老天爷，

曷其有常？　　　　　　　何时给我正常的去处？

　　既然彼苍者天把一切荣华富贵都给了王者，把一切痛苦灾难都给了农民，那么农民向"天"提出叩问，并把"天"推上审判台是很自然的。

　　孔子当然知道天意苍茫，可敬可畏，然而替天行道的是成汤、武丁、周文王、周武王，在《鲁颂》《商颂》中"天"是那样广大蔚蓝，而春秋战国之季，"自诸侯出"的战伐却使"天"变得那么阴霾昏暗。这里，我们试图分析春秋战国之世，"人性"作为社会本质存在的发现。"人性"云者，人之为人的基本原始属性也。"食色，性也"（《孟子·告子》）。——人皆有饮食男女之欲，有恋生怖死之情，"人皆有所不忍"，"人皆有所不为"（《孟子·尽心》），等等。对这些基本属性的发现，在孔、孟之前几乎是一片空白。孔子和孟子都希望通过自身的不断完善以达到真正的"人"的境界。"克己"的目的，是为了删尽一切非礼的成分。然而，前面已谈及做到"志士仁人"的难度，那么，对普通人存有爱心和宽恕，则是"仁人"的本分。樊迟问仁，子曰："爱人"（《论语·颜渊》）、"先难而后获"（《论语·雍也》）、"养民以惠"（《论语·公冶长》）、"夫子之道忠恕而已矣"（《论语·里仁》）。能这样做到推己以待人，把困难留给自己，而使人民得到实惠。

　　这一切都说明从奴隶制向封建制转型之后，思想家的民本思想的萌芽。孟子提出"民为贵，社稷次之，君为轻"（《孟子·尽心》）的最著名的民本睿语，其根本目的还是替天子着想。因为

他接着说，能如此则"是故得乎丘民而为天子"（《孟子·尽心》）。民众的信任，在这里几乎与天帝的使命取得了同样重要的地位。孔、孟一切慎战的思想都来源于对不义之战的本能拒绝。而孔子删诗，所以能留下这些感人至深的国风，也是基于其倡导民本的思想。如果不是孔子对这些征夫、怨妇怀着忠恕之情，我们今天就不会读到如此富于"民主性的精华"的章句。

《国风》中最为我所激赏的战争诗，应推《秦风·无衣》：

《秦风·无衣》	范译
岂曰无衣？	谁说你入阵无衣。
与子同袍。	我和你共此战袍。
王于兴师，	王者号令着大军，
修我戈矛，	整顿起我的戈矛，
与子同仇。	我共你雪耻情豪。
岂曰无衣。	谁说你入阵无衣，
与子同泽。	我和你衫共汗泽。
王于兴师，	王者号令着大军，
修我矛戟，	整顿起我的矛戟，
与子偕作。	我与你共止同起。
岂曰无衣，	谁说你入阵无衣，
与子同裳。	我和你共此裳袴。
王于兴师，	王者号令着大军，
修我甲兵，	整顿起我的甲兵，

与子偕行。　　　　　　我携你并肩前行。

这首诗引发出春秋时的一段故事，让我们再回忆一下那开口不饶人的明朝遗民归庄老先生在《击筑余音》中的一段：

（南明王朝）没一个建义旗下井陉的张天讨，没一个驱铁骑渡黄河的把贼胆摇，没一个痛哭秦庭效楚包，没一个洒泪新亭做晋导，没一个击江楫风涌怒涛高，没一个舞鸡鸣星净月痕小，没一个喷贼血截舌似常山杲，没一个守孤城碎首在睢阳庙。大都是鹤唳风声预遁逃，把青、徐、兖、济双手儿送得早。

他在列举历朝历代的英烈的同时，对南明逃亡政权的怯懦痛加鞭答，其中"没一个痛哭秦庭效楚包"，便是直接引用的《无衣》一诗典故。

这首诗是秦哀公应楚臣申包胥之请，出兵救楚拒吴而作，托为秦民歌，以普通士兵相互援手口气写出。国与国之间竟能如此，则申包胥的人格力量起了大作用。吴王阖庐与伍子胥伐楚，楚败绩，郢都失守，楚昭王派申包胥使秦求救兵。秦王起先虚与委蛇，申包胥水米不进，立于墙庭而哭，七日，"秦哀公为之赋《无衣》，九顿首而坐，秦师乃出"（《春秋左传注疏》）。秦兵发兵救楚，义也；申包胥誓死求兵，诚而忠也。孔子以此感动，虽为诸侯之战，《无衣》未删而存，这在孔子是一个例外。不义之战中未必没有人格上可称许的人与事，这诚如孟子所说，"彼善于此，则有之矣"。在吴楚之争中，楚"善于"吴，是可作如是观的。楚，两坏相较之轻者也。《无衣》一诗正是因此而得以流传千古。撇开诗的本义而言诗，《无衣》则是音调铿锵、凛然大义的典范作品。"与子同袍"四字成为古往今来战争中唇齿相依者、利害相共者、同仇敌忾者的誓词，有此四字，一切都涵盖其中，飘风发发，令人顿生壮烈大义的情怀。战争之诗抒写至此，天下之能事毕矣。

《诗经》还有一首含有悲凉而不失豪情的是《邶风·式微》一诗：

《邶风·式微》	范译
式微式微，	天已黝暗，天已黝暗，
胡不归？	何不归我的梓桑？
微君之故，	倘不为效力王者的事故，
胡为乎中露？	我何以餐风而饮露？
式微式微，	天已黝暗，天已黝暗，
胡不归？	何不归我的梓桑？
微君之躬，	倘不是王者忧思在躬，
胡为乎泥中？	我何以涉足于泥中？

近代于古诗独具慧眼的吴闿生先生曾盛赞此诗："诗特悲愤，旧评英雄之气，中荩（中，通忠，中荩之臣，忠臣也）之谋，有中夜起舞之意。"（吴闿生《诗义会通》）足见此诗非一般下士之作，而是具有英雄气概的勇士（虎贲者流）之作，对王事

富于责任心，有祖逖闻鸡之概。其愤不在王事，而在敌手，有忠于王事的意味，故吴氏称"中茇之谋"。这首诗本事无考，其忠君之思，显然为孔子所欣赏。然而，以诗本身言，"式微式微，胡不归"一句亦复成为吾民族的优秀语汇，而为千秋诗人所咏唱。

上述二诗（《无衣》《式微》），以鲁迅先生论艺"看人生因作者而不同，看作品因读者而不同"的观念读之，更见诗无达诂的意义，它们为读者留下广阔的空间，任后之来者补充，正不必斤斤于诗之本事而评诗之优劣。

笔者更欲以《小雅·采薇》一章来略述《诗经》之语言特征。这首诗描述守卫中国的战士戍役之苦，这是正义之战，其道德之旗固然在望，但这也不排除戍卒个人的怀乡之情。而最后四句迂回咏叹，转而有"匈奴不灭，何以家为"的隐然豪情，平淡中和而有深意在焉：

《小雅·采薇》节选　　　范译

采薇采薇，	采薇啊采薇，
薇亦作止。	这薇菜生发按时。
曰归曰归，	说有归期，不闻归期，
岁亦莫止？	岁已云暮，春来何迟？
靡室靡家，	没有室啊没有家，
猃狁之故。	猃狁骚扰，可惧可危。
不遑启居，	席不暇暖，又得驱驰，
猃狁之故。	猃狁猖披，可惧可危。

中国战争诗从源头开始，不作暴力血腥之直观描写，含蓄蕴藉而言尽意永，《采薇》一诗可作典型，昔李商隐《上河东公启》有句云"常有辛酸，每嗟漂泊"，又云"方思效命旌旗，不敢载怀乡土"，今借以评《采薇》，义山不亦"涕泪犹存上古人"，视春秋戍边之士为同怀乎。

"乐而不淫，哀而不伤"，固然是孔子对《周南·关雎》一诗的评价，然而从孔子整体审美趣味而言，对疾言厉色、有失温柔敦厚的话语作风，从来有本能之厌恶。上述诸诗有哀思、有怨诽、有愤怒，但绝无张狂而失态。《诗经》，当然有风诵、有规讽、有美刺的作用，既然"依仁"是君子道德完善的根据，那么仁人之风也应在诗的审美过程中体现词温义美、好色而不淫、怨诽而不乱的话语风格和仪容，因之"暴力话语"极少见于《诗经》，或者根本没有，包括战争诗也不例外。孔子删诗的审美标准二千五百年来影响并形成中国诗歌的最重要的民族特色，进一步与古希腊的诗歌传统分道而扬镳。

"何谓传统，质言之，传统就是人类的集体记忆。"（范曾《毋忘众芳之所在》）这记忆至大至广、横无际涯；这记忆无所不包、上下咸宜。其实，讲一个时代的思想即统治者的思想是不确的。传统，它像不断的触须向一切空间包括各阶级、各阶层、各种社会形态延伸；它像无量的光源，在无始无终的时间里从上古、中古以至近代渗透。没有任何旷世的天才可以说他彻底摆脱了传统。我们生活于传统的长河之中。传统，是我们孩提时的摇篮，是我们少年时的模式，是我们成熟时的起点，是我们推进时的对象，是我们欣慰时的祥霭，是我们沮丧时的依恃。它教我们爱，教我们恨；教我们生，教我们死。它将如影随形，陪伴着我们终此一生。我们当然不会躺倒在传统之上，而且传统中就有弘毅精神教导我们做任重而道远的积层性的创新者、发展者。但如果说古往今来一无成就，起跑之线只在脚底，就不免狂悖无度、有伤大雅了。文化上的"革命"、"大革命"、推翻、颠覆云云，在历史上劣迹斑斑，直到今天，后现代主义的所有文学、艺术都难逃"怪力乱神"的大限。

　　中国在 1840 年鸦片战争之前基本上是一个自给自足的农业大国，恋土重迁，文化得以传承。保持稳定，采取守势是其基本国策。而尚文与尚武乃是相辅相成的治国双面刃。中国受侵扰、受欺凌则是从未间断的历史现实，因之对外战争无疑带有着保家卫国的意义。一座万里长城是历史留下的硕大无朋的符号，它庄严地告诉人们，这里面住着的是奉行着"仁"和"礼"的、己所不欲勿施于人的、有着高度道义理性的古代文明的民族。它的先贤大哲曾是那样苦心孤诣、理想主义地勾画着人类社会的太平世界。而西方一位哲人却妄称它是"半野蛮人"，那是由于他对东方文明认识的浅陋所致。中国的文人也不是都像本人画面上的那种清逸散淡之辈。文人能骑射战伐，那才是完美的文人："酾酒临江，横槊赋诗"的是曹操；"杖剑去国，辞亲远游"的是李白；"左牵黄，右擎苍"的是苏东坡；"把吴钩看了、栏杆拍遍"的是辛稼轩；"当年万里觅封侯，匹马戍凉州"的是陆放翁。清代曾国藩麾下的将领胡林翼、彭玉麟、左宗棠、李鸿章、张廉卿、俞樾，谁不是文人，谁不是诗文高手？他们是典型的儒将，修、齐、治、平，达到"内圣外王"是他们的生命目标。

如果不"尚武"，中华民族早是"人为刀俎，我为鱼肉"，在历史上消失了。东方的或西方的，凡残我百姓、夺我土地、掠我金银、抢我妇女的，那才真正可称为"野蛮民族"。文明和野蛮，不在兵器的先进与落后，船坚炮利不是文明的载体，而在于精神上是否关注于普遍的人性，在行为上是否奉行真正的人本主义。

近百余年来中国积贫积弱，遍体鳞伤，这样的历史是一去不返了。中国是世界上所有文明古国中唯一留下的、不曾改变文化品种的、千秋一脉相承的国家，之所以能如此，还在于它的确是块啃不大动的硬骨头。

当尚武是为了自我防范时，它就化为了中国的以柔克刚、将欲弱之必固强之、天下之至柔驰骋天下之至坚的伟大尚文哲理。因为我们要保卫的是我们的优秀文化，我们最终的目的是文化的胜利。当然，满族今天是我们中华民族大家庭的一员，然而当初却是女真族对汉族的侵犯。满族入关二百七十年的统治，结果是他们被汉文化所征服，这里面不存在阿Q的精神胜利法，但却对我们有一种深刻的启示：力可以得天下，不可得吉光片羽之文化。当纳兰容若写着那样美妙的汉诗时，我深深感到他在精神上对汉文化的崇拜、认同和融入。

在中国诗的源头《诗经》里刮起的尚武精神的雄风，一直是屈原《国殇》，汉乐府中的战诗，三国时曹操、陈琳、蔡琰之论战的叙事抒情诗，梁、陈之际庾信的拟乐府、鲍照之骈体赋中之战伐歌吟的精神源泉。到了唐代，军旅诗蔚为诗坛之大观，成为盛唐气象的文学大纛。其间王昌龄、王维、李白、高适、岑参、杜甫、卢纶皆称诗中巨擘。而当时诗人与边塞将领似乎有着特别深挚的情感，如高适与哥舒翰，岑参与高仙芝，杜甫与严武。我们不能以为文士之进武幕都有着释褐（脱去平民布衣而换上官服）的功利目的。即使有之亦何妨？立德、立功、立言本是中国文人三不朽的人生传统观念。而唐军旅诗人绝大多数则是出于保国安边的"揽辔登车"之宏愿。

战争是人性的大展示，在人类社会的所有运动和事件中，没有比战争更全面、彻底地展示人性中的美和丑，善和恶，真和假，忠与叛，孝与逆，勇敢和怯懦，舍身取义、杀身成仁和狼狈为奸、狗偷鼠窃。当人们面对生和死的终极抉择时，其灵魂洞若观火。中国的诗如果没有战争，没有战争正义性的精神支柱，没有我们民族的道德、伦理的审美判断，没有我们民族尚文与尚武精神的高度和谐，我们就读不到岳飞的《满江红》、文天祥的《正气歌》；读不到辛稼轩的"凭谁问，廉颇老矣，尚能饭否"，陆放翁的"此生谁料，心在天山，身老沧洲"；读不到郑成功的"开辟荆榛逐荷夷，十年始克复先基"，林则徐的"苟利国家生死以，岂因祸福避趋之"；读不到徐锡麟的"只解沙场为国死，何须马革裹尸还"，蔡锷的"军中夜半披衣起，热血填胸睡不安"……这些气吞山河、以身殉国的卓越诗篇。一个缺少脊梁的国家将无法成为自立于世界民族之林的伟大国家，而一个没有博大恢宏的道德光照的民族，也不可能有不朽的文明历史。

上面提及的诗人英雄，都曾深受我们优秀文化传统的熏陶，其中如岳飞的结局则是道德完美的最高境界。他们度过了壮烈的英雄生命历程，而且是一种激越的诗意的生命历程。

笔者之所以重点论述战争与《诗经》，便是为了展示朱熹的名句"问渠那得清如许，为有源头活水来"的中国战争诗优秀传统，从而知道民族自信不是徒托浮辞的空言，而是来自我们列祖列宗的铮铮傲骨和凌凌风威所铸就的伟大民族性。在二十一世纪这混乱而失序的世界，中国将会是挽狂澜于既倒的伟大力量。载人火箭的成功，被西方媒体誉为"新的宇宙帝国"。然而，这项令人振奋的消息只会给人类带来和平、繁荣的福音，决不会带来多余的烦恼，我们坚信如此。

鱼藻波寒

——王国维和他的审美裁判

　　古往今来一切理智性的自裁都是绝对的自觉行为。他们对死不存畏惧，对人生不复留恋，同时对往昔的一切不公、屈辱、心灵与肉体的摧残，都一概原谅，他们之中的杰出者都会给后世留下一个难解的谜。王国维自沉颐和园鱼藻轩，时在 1927 年夏。一时众说纷纭，且持说者皆王国维之旧交熟知，世人莫衷一是，非无由也。

　　权威的发言人莫过于早为逊帝而视王国维为无双国士的溥仪，然而他所陈王国维的死因是由于与罗振玉的债务纠葛，郭沫若一依其说，这是典型的皮相之判。王国维果以此而引决自裁，不亦过轻生乎？

　　其次的发言人为王国维的深交，如罗振玉、梁启超、吴宓等，以死节者次比，认为王国维有中国文人所固有的报恩心态。窃以为王氏倘若然，正有极多的事待其报恩。以王氏之哲学家思维，至大无涯，其所欲报者乃天地好生之大德，乃故国学术之大业。且也，王氏自视为中国学术所寄之人，宁为一姓氏庙堂之隳而自沉？王氏自清室覆亡至 1927 年十六年间，一直拖着一条枯槁的长辫，这和张勋的那条辫子是大相径庭的，盖张勋之辫固为复辟的印记，而王氏之辫恐怕不会那么简单。王氏彼时深知新学对拯救中国之必要，然而以中国的文化特质，他又深知新学无法挽回纲纪的颓败。他写《殷周制度论》与孔子之梦周公，属于同一种知其不可为而为之的迂顽情结。"迂顽"二字，在王国维的辫子上得到了印证。它正是王氏不阿时以取容，而以士节自勉，有所操守的象征。剪辫子是很容易的事，《阿Q正传》中赵府的假洋鬼子，做得比谁都快。而留着辫子十六年，不畏世人之诟骂，以王氏之文章、道德，这就是"虽千万人吾往矣"的独立人格与精神了。明末清初的傅山之不留辫，与王国维之不剪辫，人皆以为是前朝遗老行为，看不到他们内心的持守。其实王国维之投水，与一姓一朝之败亡关系不大。"迂顽"一词是很有审美价值的。

关于王国维之死的原因，有二则可靠的消息。其一是王国维的遗书。在王国维自沉于昆明湖后，在其内衣口袋内有一"送西院十八号王贞明先生收"的一封信，起首的十六字，至关重要。辞云："五十之年，只欠一死；经此世变，义无再辱。"王国维所云"再辱"，后人分析甚多，有云1927年北伐，此年北平《世界日报》有"戏拟党军到京所捕之人"一文，王国维三字赫然在焉。以王国维之倔犟，所畏之辱当非报纸之戏言。我们在此引出第二条消息：最知道王国维的莫过于陈寅恪，他在《王国维先生纪念碑》中作如是说：

士之读书治学，盖将以脱心志于俗谛之桎梏，真理因得以发扬。思想而不自由，毋宁死耳。斯古今仁圣所同殉之情义，夫岂庸鄙之敢望。先生以一死见其独立自由之意志，非所论于一人之恩怨，一姓之兴亡。呜呼！树兹石于讲舍，系哀思而不忘。表哲人之奇节，诉真宰之茫茫。来世不可知者也，先生之著述，或有时而不彰；先生之学说，或有时而可商。唯此独立之精神，自由之思想，历千万祀，与天壤而同久，共三光而永光。

毕竟是陈寅恪高人一筹，他的碑文诠释了王国维的自沉，非缘一人（指溥仪）之恩怨，一姓（指爱新觉罗氏）之兴亡，这就把王国维之死从殉国（清王朝）的狭窄的分析中解脱，从而认定王国维所以为"辱"者，为思想之禁锢，所殉者正是"独立之精神，自由之思想"。既然如此，为何必以一死以见之？那么，我们应当循着陈寅恪先生这一博大的思路去进一步追寻王国维心灵和性格的原因。满清覆亡之后，王国维所看到的咸与维新的人群，乃是对国故的颠覆不分青红皂白，洗澡水和婴儿一齐泼的过激者，或对西学孤陋寡闻的庸鄙者。

王国维深感自己的思想举步维艰。一个深爱叔本华与尼采而且最早介绍他们的思想来到中国的王国维，深深知道自由意志的重要，而这种自由意志不仅仅是他受外来影响，确切地说在与西方思想接触之前，东方古哲的学术思辨已根植于胸，在王国维身上中、西学的交汇融合，乃生发出绚烂的火花，这距同代人已十分遥远了。更使王国维困惑的是，倘使西学之东渐意味着国故的湮灭，则是更大的危机，在此存废兴亡的关键时刻，王国维有着巨大的使命感，以为"一代兴亡与万世人纪之所宗"

常系"一二人"之身,"当仁不让"只是王国维的自视,也恐怕只有王国维一二人作如此想。这是他必然感到孤独的根本的心灵的原因。

王国维于己未(1919年)沈曾植(寐叟)七十岁时有祝祷寿文,文云:

> 窃尝闻之,国家与学术为存亡,天而未厌中国也,必不亡其学术;天不欲亡中国之学术,则于学术所寄之人,必因而笃之。世变愈亟,则所以笃之愈至。使伏生、浮丘伯辈不畀以期颐之寿,则诗书绝于秦火矣。既验于古,必有验于今,其在诗曰:"乐只君子,邦家之基,乐只君子,万寿无期。"又曰:"乐只君子,邦家之光,乐只君子,万寿无疆。"若先生者,非所谓学术所寄者欤?非所谓邦家之基、邦家之光者欤?己未二月,先生年七十,因书先生所学所以继往开来者,以寿先生;并使世人知先生自兹以往,康强寿考,永永无疆者,固可由天之不亡中国学术卜矣。

这时是民国八年,王国维四十三岁,这篇祷文词情肯挚,不唯祷寐叟,亦自祷也。显然,王国维看到学人高寿对学术之重要,而且文中所透露的正是"天下英雄使君与操耳"的自负,自认为唯有沈寐叟与他一二人能坚守中国学术之阵地,维护传统的纲纪,不使因世变而扫地以尽。大可悲叹的是,时隔三年,壬戌(1922年)沈寐叟遽然长逝,这对王国维来讲宛若晴天霹雳,苍天塌下了一半,因为晚清民初的一位最伟大的学人不再能与他对话。王国维时年四十六岁，离他自沉只剩下五年。王国维最后的五年内心凄凉可知，命代雄心似已沉埋，名流盛事日见孤零，他于乙丑（1925年）撇下甲骨金文而转攻西北地理及元史，包含着他对沈曾植学术的最后完善。沈氏晚年专治辽、金、元三史及西北舆地，王氏对亡人的最佳纪念，莫过于承其志、弘其学。王国维不欠清廷、不欠故友，所欠何事？他最后的力量已不再专注于一字一器之考订，由于身体赢弱，他视为道统之本的经学，成为他指导研究的主要学科范围。终于到了他自以为"五十之年，只欠一死"的时节，当王国维决心既下，他是颇有苏格拉底"男子汉应在平静中死去"的从容气派的。他乘车去颐和园，半途折回，似乎有一件小事未竟，复乘车直抵鱼藻轩。这时的鱼藻轩已不复当年的金碧辉煌，荒草满目、深苔侵阶，虽为盛夏，仍觉境域萧森。"思想而不自由"是王国维所以为"辱"者。此"辱"因世变之烈，日甚一日，故云"再辱"，加之王国维深不可测之孤独寂寞性格，其赴死而无反顾必矣。王国维吸了最后一支香烟，他在想什么？一缕轻烟飘逝了，鱼藻轩下是一潭绝望的死水。

我曾有七律《题伯隅王国维先生遗照》一诗，以志我对王国维自沉一事的感慨，诗云：

孤影伯隅剩此身，清风宛若六朝人。
三千世界知新学，一辫迂顽有老臣。
天岸开张谈曲律，神骢俊逸到云津。
无端错解彭咸志，寂寞飞魂野水滨。

关键在最后两句，"错解彭咸志"的主体是谁，是王国维？还是仅以为王氏自沉是"死忠死节"的论者？我想都包括在内。王氏自沉时的怀抱断非殷高士彭咸或楚屈原投江时可以比列，这已见前陈寅恪先生的碑文和我的分析。我们还可以一读王国维《静庵诗稿》中的一首七律《尘劳》：

> 迢迢征雁过东皋，谡谡长松卷怒涛。
> 苦觉秋风欺病骨，不堪宵梦续尘劳。
> 至今呵壁天无语，终古埋忧地不牢。
> 投阁沉渊争一间，子云何事反离骚。

写此诗时王国维不到三十岁，然而此诗不啻是二十年后自沉的言谶。那时是光绪三十年左右，还不存在屈原投汨罗江以自明心志的时代背景，这首诗隐含着王氏对往昔先贤自裁方式的认同。这几乎是从屈原开始的"投江情结"，君不见《离骚》的末段：

> 已矣哉，
> 国无人莫我知兮，
> 又何怀乎故都？
> 既莫足与为美政兮，
> 吾将从彭咸之所居。

寂寞的状态相同，然则寂寞的原因，这二千三百年的间隔就大有区别了。屈原的时代西方只有柏拉图，而王国维的时代西方却有了叔本华和尼采，有了独立之精神与意志之自由。王国维所谓的"子云何事反离骚"，是说扬雄著过《反离骚》，扬雄所反的恐怕仅止投水一事，与投水的原因无涉。而王国维的反《反离骚》则是对屈原投水一事表示了他的赞美，王国维的赞美也仅止于投水一事，止于屈子的行为方式。因为我相信，清逊帝溥仪早已苟延残喘，他不会如楚怀王、顷襄王那样"初既与余成言兮，后悔遁而有他"，出尔反尔地对待王国维，王国维的"南书房行走"也只是末代国师之虚位，尽管王氏有以他信奉的道统影响政统的宏图，那不过是镜花水月式的文人幻梦。王国维与溥仪之间几乎不可能存在那种大国君王与济世贤臣的关系，在政治地位上是同为刀俎下的鱼肉而已。

王国维他所感到的"思想而不自由"（陈寅恪语），指的是辛亥之后，社会整体的思想倾向，以为偏激即维新，这其中包括对国学亦深有所知的人。似乎振兴中国的唯一良方是将线装书统统烧掉，因为阐述"仁"和"义"的所有典籍都有"吃人"二字闪烁其间，但在对待传统文化，主要指道统的态度上与王国维势同水火，是一目了然的。在此无须对先贤的是非曲直作一明确的判断，各有自身所处的地位和境遇，也有各自的理想，其实当鲁迅先生平心静气地写他的《中国小说史略》时，恐怕与王国维的思维差距不会太大，更不会如冰之于炭。鲁迅先生对王氏之自沉，语存讥嘲："（王氏）在水里将遗老生活结束。"这是略显刻薄的。他大概不记得自己也曾是尼采哲学的欣赏者。只以"遗老"二字状王国维，有失于对历史真面的剖析。对传统文化渊博如鲁迅者犹如此看待王国维，则世之咸与维新者对王国维攻忤之不遗余力可想而知。

我们现在大体可以对王国维的思想作一概述，他倾向于独立意志，尼采所谓"上帝已死"、"成为你自己"、"要抛弃一切使人软弱、使人病态、使人成为奴隶的理论"，这些我们在王国维的《人间词话》中已然体会到他与叔本华、尼采的侔合，容下文再谈。最使人惊叹的是王国维特立独行的治学态度，这其中有天才的发现，也有陈寅恪所谓"或有时而可商"的疏漏。兹举一例以证之，吾师王玉哲先生曾于《周初的三监及其地望问题》一文中，揆诸当时情势，证以史籍、考古，以为周初实力所统辖者有限，"武士所置三监之邶和鄘绝对不可能远到河北北部和山东中部"，予王国维凭诗人想象以为"邶即燕、鄘即奄"说以不复容辩之否决，使三监历史之悬案冰解壤分，豁然大朗。从王国维的文风中我们可以看出他纵横恣肆的才情，治学方法上极富想象，苟非如此，一依陈言，则王国维断无甲骨文研究之成就。"征而信"，当然是治史的不二法门，然则达致"征而信"的境界，必须有披荆斩棘者的探索，他们发表的"或有时而可商"的言说，在学术的前进上，同样有着重大的意义；即使错误，也有先行者的悲壮在。我们在读《观堂集林》时，看到他对经书中一词一句的发明时时击节叹服。子曰："视其所以，观其所由，察其所安，人焉廋哉，人焉廋哉。"（《论语·为政》）王国维的一意孤行，有头上的辫子为标志，这是他个人的事，只与性格有关，而与学术思想无关。所以束缚他的心灵自由几乎是不可能的，而欲使王国维的独立意志就范，那就更是妄想。凭着这一点，我们有充足的理由认为王国维不仅不是封建末朝的殉葬品，而他的可贵处，正是他从封建的营垒中，脱颖而出，大倡独立意志和自由思想，这种可贵的精神，在近世学人中有着导夫先路的启示作用。古人云不因人而废言，今人竟因辫而废言，不亦荒诞可笑乎？我说王国维的辫子，有着审美意义，即指此。

然而王国维认为仅止于此是不行的，他看到世变的剧烈所导致的纲纪沦丧。纲纪云者，秩序也；契约也，俗成之伦理也，游戏之规则也，他对辛亥以后军阀势力之坐大深感忧虑。"中国十余年纪纲扫地，争夺频仍，财政穷督，国几不国者，其源亦半出于此。"（《论政事疏》）王国维对《周礼》《礼仪》《礼记》的痴迷，对《尚书》的诠释，处处表现他晚年与孔子相似的"甚矣吾衰也，久矣吾不复梦见周公"的忧思难忘情怀。他的一切努力都是希图通过学术之研究，唤醒社会对传统秩序的记忆，希望从中找出万世治安之大计。然则历史不会以王国维书斋中的设计前进，尤其在气数已尽的时节，历史上所有相类的努力都是徒然的，王国维当然不能例外。王国维的天真在于他还以为"南书房行走"的赐衔或可以使他能治国平天下呢。

聪明的人立刻发现了我以上的言说成为了龃龉不相统属的悖论。那就是你的肤浅了。人们习惯于一种思维，既然是主张意志独立、思想自由的，那必然是反道统、反传统的。在尼采那儿也许你的判断正确，而在王国维这里，你的判断成了支离的皮毛之见。的确尼采反对传统的哲学、宗教、伦理道德观，提出"重新估定一切价值"的命题，所以尼采神经迟早会出问题。而王国维高尼采一筹的，是他认为自由意志必须在与道统的融合中，才是唯一的可行的万世治安的大计。

其实人的本质是自由的，而社会的本质是秩序的。当自由符合秩序时，便是和谐圆融之境；当自由背离秩序时，便是嚣乱溷浊之境。这是一个显见质实的逻辑。十九世纪在叔本华的自由意志说后面，隐含着责任和悔恨，而二十世纪萨特在他的"是懦夫使自己变成懦夫，是英雄把自己变成英雄"的选择后面也提出了"社会责任"。中外古今，在此问题上，凡是理智的而不是神经质的分析，结论基本上是大同而小异。

谈过王国维之自沉及其原因，回过头来讨论王国维的审美裁判，我们就有可能找到他心灵的依据。他的审美裁判，来源于一颗自由的心灵，来源于一种独立的意志，使他的滔滔言说成为空谷足音，他只眼独具，使他的理论高翔于溷浊的泥淖，"盖将以脱心志于俗谛之桎梏，真理因得以发扬"（陈寅恪《王国维先生纪念碑》）。

天才、赤子之心、真，是王国维审美的先决条件，对此，王国维的著述既含有灵台照雪般的理论分析，也有般若飞花式的感悟摛藻。驰辩如波涛，立论似峻峰，近世以还文论能与六朝《文心雕龙》和五代、宋词章比美的正是王国维的《人间词话》《静庵文集》及续编、《观堂集林》中若干卷，还有便是王国维自视甚高的《人间词》。

王国维当然是不世的天才。在论述王国维的天才论之前，请先略陈我对天才的分析：盖凡天才，天授之也，不可以功力成，不可以岁月到，这似乎有些玄乎其论，然揆诸艺术史迹，大概这个道理是不可颠扑的。大体艺术史上有三类人物：第一类是"知其然而不知其所以然"的，这断非天才，其间手艺人居多，这类人车载斗量，多不胜数，与艺术之本义无涉。第二类是"不知其然而然"的，这显见是天才，如音乐奇才莫扎特、画史异数梵高、涸迹乞讨的瞎子阿炳等等。这宛如胡塞尔所特别强调的"先验的主体"论，这些天才都是先验的，或者说他们的音乐和绘画都是不期然而至地摒弃理性与经验的灵智之果。第三类是"知其然，更知其所以然"的，这其中包含着两种人：一类是职业的、有成就的艺术家，在天才以下，在平庸以上；另一类则是五百年必有王者兴的超天才，如欧西文艺复兴时的米开朗基罗和中国南唐的李后主、明末清初的八大山人。今后，我以为有一个用语是可以取消的，即"八大石涛"。石涛比较八大山人瞠乎其后远矣，把石涛捧得过高，大体是眼力不济。

我们综观王国维的所有学术与艺术成果，不能不惊叹他迥乎常人的、不可思议的辉煌。他的灵智光照一旦直指神奇的胜果之树，便立刻抽丝吐绿，花开满树，而留下的果实饱含着人类在此领域留下的芳馨与甘美，这当然只能是旷世的超天才所能做到的。当然，这其中先验的、被直觉所感悟的成分十分重要，但王国维是"知其然，更知其所以然"的。与康德的先验说不谋而合的是他在激赏先验的同时，不曾拒绝经验，而且以为是构成先验不可或缺的。在他分析李后主的词时讲他"生于深宫之中，长于妇人之手"便是李后主的"经验"。在讲境界时强调"真景物、真感情"也同样是"经验"。以此回头看我上述对天才的分类，大致是符合艺术历史的真实的，莫扎特是天才，而贝多芬是超天才，梵高是天才，而米开朗基罗是超天才。称"天才"谈何容易？王国维对自己的天才是绝对自负的：

若夫余之哲学上及文学上之撰述，其见识文采亦诚有过人者，此则汪氏中所谓"斯有天致，非由人力，虽情符曩哲，未足多矜"者，故不暇为世告焉。（《静庵文集续编》）

更有自许之甚者：

近年嗜好之移于文学亦有由焉，则填词之成功是也。余之于词，虽所作尚不及百阕，然自南宋以后，除一、二人外，尚未有能及余者，则平日之所自信也。虽比之五代、北宋之大词人，余愧有所不如，然此等词人，亦未始无不及余之处。（《静庵文集续编》）

王国维乃出经入史、学贯中西之大儒，本应谦谦如也，而自恋如此，近世恐无第二人。其不令人厌者有由：其一以所言不虚，近乎事实；其二则透出此迂顽老臣天真可爱之性格。这在伪为谦揖而心怀狡诈的学界是难能可贵的。王国维自负如此，且拉出霍蓝士、鲁克来鸠斯为垫背，称：

故大人而不自见其大者，殆未之有。惟细人者，自顾其一生之空无所有，而聊托于谦逊以自慰。（《叔本华与尼采》）

当然，学界和艺术界更多狂悖荒谬之徒，这和王国维的自负南辕北辙，不可同日而语。

"情苟曩哲，未足多矜"这八个字最能概括王国维之与康德、叔本华、尼采的关系。非必读先贤之著而后有述，实神交已久，故"大好之"耳。王国维借尼采之酒杯浇自己之块垒，最典型者为王氏对《察拉图斯德拉》一书之论述，王氏先引述尼采所拟之察拉图斯德拉说法于五色牛之村，谈到人类灵魂所可能经历的三变：第一为骆驼之性格，任重道远，"屈心而抑志兮，忍尤而攘诟"（《离骚》），这是一种柔顺而屈辱的灵魂；第二为狮子之性格，必于宇宙惊天动地大变之际，灵魂突变，"既而风高日黯，沙飞石走，昔日柔顺之骆驼，变为猛恶之狮子，尽弃其荷，而自为沙漠主，索其敌之大龙而战之。于是昔日之主，今日之敌；昔日之神，今日之魔"。察拉图斯德拉号召邦人兄弟："汝等必为狮子，毋为骆驼。"然则狮子于破坏则足矣，于创作则未也。于是察拉图斯德拉更希望邦人兄弟由狮子之灵魂突变为赤子之灵魂，因为狮子于创造有所不能，而赤子能之，因为"赤子者若狂也（孔子所谓'狂者进取'——范注），若忘也（庄子所谓'坐忘'——范注），万事之源泉也（老子所谓'复归于无极'、'复归于朴也'——范注），游戏之状态也（王国维所谓'文学者，游戏的事业也'，见《文学小言》——范注），自转之轮也（老子所谓'独立而不改，周行而不殆'也——范注），第一之运动也（牛顿所谓'第一推动力'也——范注），神圣之自尊也（释迦牟尼所谓'唯我独尊'也——范注）"。

是则赤子者，天也、道也、佛也，这是一个带有哲学意味的概念，亦如本人《庄子显灵记》中之太始，亦一童子也，而其上天下地、通邮古今、无物不窥、无理不达，亦与尼采之赤子同为一理想之概念也。

至此，引出了叔本华的名言："天才者，不失其赤子之心者也。"（王国维《叔本华与尼采》）引申到词学便是王国维的为天下景从的"词人者，不失赤子之心者也"（王国维《人间词话》）这一名句。

同时，叔本华又说：

凡赤子，皆天才也；又凡天才，自某点观之，皆赤子也。昔海尔台尔（Herder）谓格代（Goethe 按今译歌德）曰巨孩，音乐大家穆差德（Mozart 按今译莫扎特）亦终生不脱孩气。

在这里叔本华的"凡赤子，皆天才也"一说，可作如此解：方生之子若婴儿、若幼儿，其所具者皆天所赋予，世俗之偏见与桎梏彼懵然而无识，其所一举一动皆如天籁之自鸣，哭之笑之，一任随时感发，无虚诈、无矫饰，其混沌状态宛天地之未开时，故曰"皆天才"也，天所与之也，非人力所使然也。叔本华之"又凡天才，自某点观之，皆赤子也"，这"自某点观之"五字有分寸，叔本华非谓天才之人，处处皆赤子，歌德于艺术或为"巨孩"，而其见伯爵则侧立道旁，躬身致礼，恐非赤子所为矣。

原来天才的范围是有着十分苛酷的遴选标准的，那是自人文初开以来，为数极少的人们。叔本华说："民万而始有诸侯一，民兆而始有天子一，民京垓而始有天才一耳。"（王国维《叔本华与尼采》，据《太平御览》引《风俗通》："十万谓之亿，十亿谓之兆，十兆谓之经，十经谓之垓。"极言数之大也。）

王国维以为"古今之崇拜天才者，殆未有如叔氏之甚者"，其实王国维也不例外，他说：

> 天才者或数十年而一出，或数百年而一出，而又须济之以
> 学问，帅之以德性，始能产真正之大文学。此屈子、渊明、子美、
> 子瞻等所以旷世而不一遇也。（《文学小言》）

此处是谈诗，而在《人间词话》中，王国维所备极推重者
乃纳兰性德和李后主，以为他们都不失赤子之心，是天才。王
国维当然自视为天才，不是"托于谦逊以自慰"的"细人"。因此，
能达到他《人间词》的水平，"自南宋以后"的一二人，我想他
指的是辛稼轩、李清照。可惜《人间词话》中对李清照不置一词，
决非不屑提，因易安实不可忽之大词人。而五代、北宋之大词人，
他所"愧有所不如"的恐怕只指李后主和苏东坡。对此，我不
以为王国维自誉过甚。吾友寒碧君有专文论述，且审问辨析详尽，
洵不可多得之佳文，大可一读。

以上论及天才与赤子之心的关系，至于尼采将美学上的天
才说发展为伦理上的超人说、艺术之意志发展为权力意志，非
本文所需讨论者，兹不赘言。而"赤子之心"说于《人间词话》中，
可视为"境界说"之源起。王国维对南唐李后主的评价，我以
为已将其加冕为词坛之君主。南唐亡国之庸君而为中国词坛之
明主，这是一则十分有趣的童话。我称"童话"，言其奇幻美妙，
不可思议。苟南唐而不亡，李后主之词一定与"花间"无别，
在他历尽磨难、屈辱，从天堂跌入地狱之后，"眼界始大，感慨
遂深，遂变伶工之词而为士大夫之词"。这种突发的命运的厄转，

发生在一个没有治国本领的李煜身上，就更显沉重，因为他有着一颗不谙世故的"巨孩"的心灵，有着李后主之所以为词人的条件："词人者，不失其赤子之心者也。故生于深宫之中，长于妇人之手，是后主为人君所短处，亦即为词人所长处。"（王国维《人间词话》）这颗"巨孩"般的心灵，敏于感受，富于推己及人的联想，而又勇于承担，敢于忏悔。所以他的词不再是"烂嚼红绒，笑向檀郎吐"，不再是"花明月暗笼轻雾，今宵好向郎边去"，他的词是从血脉中涌流出来的，包含着滚烫的自忏之泪。他的"自是人生长恨水长东"，"流水落花春去也，天上人间"，岂只是自道悲戚，奢华和荒唐已为陈迹，而他热恋的却是自然和爱情。所有这一切的失去，都来自本人的原罪。那种无可挽回的惆怅，令人隐隐感到李后主的深自韬悔和道德承担。这在古代帝王之中是独无仅有的。他的所有悲怆，都足以引发人们的连类通感，从而王国维称"后主则俨有释迦、基督担荷人类罪恶之意"。当然，王国维为文用词是极有分寸的，他称李后主的词"俨有……之意"，意指"好像有"，是一种非十分肯定的褒奖之语，因为李后主能将过去在舞榭歌台上伶工娱乐性演唱的体裁变化为富有真实思想感情的士大夫作品，已是为厥功至伟，他当然不可能有释迦牟尼和基督的博大悲怀，不能如佛所说"地狱不空，决不成佛"，不能如基督在十字架上说的最后一句话"原谅他们"。李后主的罪恶担荷与道德承担毕竟是有限的，他不能完全摆脱对昔日帝王生活的眷恋：

多少恨，昨夜梦魂中，还似旧时游上苑，车如流水马如龙，花月正春风。

然而即使如此，他的"花月正春风"，却成为千古名句；根本原因，依然是由于他是一个"巨孩"，对大自然之美的讴歌是纯真肯綮的，是无邪无矫的。

李后主的词比之差不多同时的牛峤、顾夐辈或其后的吴梦窗、王沂孙辈之所以巍巍乎高哉的原因，乃是由于李后主血管里流出的是血，而后者血管里流出的是水。王国维的评价："尼采谓：'一切文学，余爱以血书者'。后主之词，真所谓以血书者也。"（王国维《人间词话》）这真是一语破的、要言不烦的高评。

在王国维评纳兰容若时显然同样是赞赏着他的"赤子之心"：

纳兰容若以自然之眼观物，以自然之舌言情。此由初入中原，未染汉人风气，故能真切如此，北宋以来，一人而已。（《人间词话》）

汉人风气，非指汉人传统之道德伦理规范，非指高人雅士的风骨亮节，"风气"云者，习气也、陋识也、恶德也、俗格也、陋品也，而这一切只可造就浅俗的、矫造的刻红剪翠之词，于"词人"之本义何有哉？夫词人方其为"赤子"也，胸无市廛交易之物欲、无人际勾心斗角之阴诈，"自然之眼"所见者往往能真实不伪，"自然之舌"所言者亦处处皆纯真感发，此所以深为王国维所激赏也。

王国维在《人间词话》中引出沈昕伯紘自巴黎寄给他的一首《蝶恋花》，词云：

帘外东风随燕到。春色东来，循我来时道。一霎围场生绿草，归迟却怨春来早。

锦绣一城春水绕，庭院笙歌，行乐多年少。著意来开孤客抱，不知名字闲花鸟。

王国维称"此词当在晏氏父子间，南宋人不能道也"。当我在巴黎的一个早春时节，感时伤怀，也曾咏过一首曲《双调新水令》：

庭庑又见正春韶，隔窗外和鸣喧嘈。番语枝头雀，不似家山鸟，梦醒今朝，但觉得音书杳。

自以为其韵态天成、不事雕琢决不在沈昕伯之下，而节奏明快、语焉精当或有过之，不知王国维以为如何？词之为物，最重心悟，其次布置，其次摛藻，而词之感发往往动于一霎，稍纵即逝，这种状态决非寻章摘句者可以梦见，必为好诗好词；而忘却即时感发、忘却孩童般痴迷，则往往事与愿违。贾岛"两句三年得，一吟双泪流"，苟好句之来如此艰难困苦，吾不欲为诗矣。"吟安一个字，捻断几茎须"，苟炼字之难如此，则陆放翁《剑南诗稿》成，必成一秃翁矣。苟作诗、填词之前，心中必欲作一首眼空无物之好诗好词，必不会出好诗好词，因障之

孤影伯隅剩七身清風宛若六朝人三千世界知新學一辦迂頑有老臣天崖開張諸曲律神驤駭逸到雲津無端錯解彭咸志寂寞飛魂野水濱乙酉范曾題王國維

已存，所见即伪、所言必矫。要之露才扬己、斗律钩韵，盖非诗人、词人之所当追逐，唯童心未泯，而又娴熟词章者能即时捕捉兔起鹘落之感怀，或疏宕奇幻、或情韵深美、或风格高秀、或体裁澹雅，皆在诗成之后始得之于心赏，断非在诗成之前有所设计也即诗人与匠人不同处。

王国维"赤子之心说"唯重一"真"字。真之既失，必为伪态、必为矫情、必为虚与委蛇、必为敷衍酬酢，此词人之大病。王国维论词有云："词人之词，宁失之倡优，不失之俗子。以俗子之可厌，较倡优为甚也。"（《人间词话》王国维自注）同时王国维警告词人"故艳词可作，唯万不可作偎薄语"。偎薄者，小巧之智、轻薄之态，淫而佞、轻而浮者也，视之即恶俗，更无论吟唱矣。王国维对龚定庵之诗，"偶赋凌云偶倦飞，偶然闲慕遂初衣。偶逢锦瑟佳人问，便说寻春为汝归"，评之为"其人之凉薄无行，跃然纸墨间"。龚定庵此诗前三句即俗不可耐，句首之重字，为诗家之至难，其难在要看末句如何煞尾，倘末句为风格高秀之词，则通篇焕然有彩，倘最后狗尾叠足，则品格自低。于此，龚定庵诗可视为淫秽之冠，尤其"寻春"二字用于佳人之身，则其品斯滥矣。淫而不秽，则或有好诗，王国维引六朝民歌以证之：

"昔为倡家女，今为荡子妇。荡子行不归，空床难独守。""何不策高足，先据要路津？无为久贫贱，轗轲长苦辛。"可为淫鄙之尤。然无视为淫词、鄙词者，以其真也。五代、北宋之大词人亦然。非无淫词，读之者但觉其亲切动人。非无鄙词，但觉

其精力弥满。可知淫词与鄙词之病，非淫与鄙之病，而游词之病也。（《人间词话》）

"游"者，不实也，伪态也，与"真"不啻天壤，"诬善之人其辞游"（《周易·系辞下》），即指此也。王国维是宁可恕其"质俚"（王国维《敦煌发见唐朝之通俗诗及通俗小说》用"质俚"二字状唐时民间之歌唱脚本，非含贬义，其实有赞赏意），而决不容其淫佚的。以李后主之《菩萨蛮》为例：

> 花明月暗笼轻雾，今宵好向郎边去。刬袜步香阶，手提金缕鞋。
> 画堂南畔见，一晌偎人颤。好为出来难，教君恣意怜。

其所描述"读之者但觉其亲切动人"，而忘其恣淫。当代民歌"妹妹我坐船头"，有"让你爱个够"句或即脱胎于此，真切感人，断不会对其多所苛责。而王国维所引龚定庵诗，其病则"非淫与鄙之病，而游词之病也"。《文心雕龙·体性》中所列举八体中最后之"轻靡"，即所谓"浮文弱植，飘渺附俗"者，正"游词"之病征也。

当然，王国维《人间词话》固推重极典雅深邃博大精约之作，故重李后主之"眼界始大"，重冯延巳之"堂庑特大"，固不可以此望上段所论之"淫鄙"诸作，真固真矣，若雅则未也，这一点是应注意及之的。

以有"赤子之心"，然后有"真"，然后有纳兰容若之"真切如此"，有李后主之"感慨遂深"。而"真"字直连着王国维之"境

界说",《人间词话》有云:

> 境非独谓景物也。喜怒哀乐,亦人心中之一境界。故能写
> 真景物,真感情者,谓之有境界。否则谓之无境界。

大至家国兴亡、千秋感慨,小至一花一木,皆为词家构成
境界之材料,必有真景物浮动于胸次,必有真感情注入于其中,
《文心雕龙》所谓"思理为妙,神与物游"也,所谓"目既往还,
心亦吐纳"也,所谓"物色之动,心亦摇焉"也,有此主客观
之真实交汇融合,何患境界之不出?王国维与刘勰为异代知己,
于斯明矣。

前文提到混沌之天才与清醒之天才,他们的艺术当然同赴
绝域,而生命的状态则异其趣。混沌之天才,往往语焉含糊,
东一句西一句,如禅家之机锋,凭直觉而顿悟玄旨,欧阳修有
《赠无为军李道士》诗:

> 弹虽在指声在意,听不以耳而以心。
> 心意既得形骸忘,不觉天地白日愁云阴。

以画家拟之,则当代之李苦禅先生是也。苦禅先生作画的
状态,真是忽忘古今、空所倚傍,紧闭双唇,口中喃喃似有语,
偶发山东口音之"好着呢",其童心之自惬,在旁观者是深知其
陶醉状况的。清醒之天才则思路清晰不紊,他们有直觉、有灵感,
然而毫不犹豫地通向理性之门,此正胡塞尔所谓"先验之主体

（李可染本人之童心所在），通过先验的意识活动（李可染所强调的对景创作）'构造'出本质、真理、存在等等"。王国维在谈境界时提出：

> 有造境、有写境，此理想与写实二派之所由分。然二者颇难分别。因大诗人所造之境，必合乎自然，所写之境，亦必邻于理想故也。

此处王国维之"写实"与"理想"，即今惯用之"写实"与"浪漫"也。

王国维接着论"有我之境"与"无我之境"，他说：

> 有我之境，以我观物，故物皆着我之色彩。无我之境，以物观物，故不知何者为我，何者为物。古人为词，写有我之境者为多，然未始不能写无我之境，此在豪杰之士能自树立耳。（《人间词话》）

这其中王国维的甲乙之判是颇清楚的，词人达到"无我之境"的并不多，所以他说"然未始不能写无我之境"，这是"豪杰之士能自树立耳"的天才之作。而天才数十年而一出乃至数百年而一出，能称"豪杰之士"者几稀，而词人还是"写有我之境者为多"。王国维举陶渊明之"采菊东篱下，悠然见南山"和元遗山的"寒波澹澹起，白鸟悠悠下"为无我之境，这与王国维对此二人之崇高评价有关。王国维以为"三代以下之诗人无过于屈子、渊明、子美、子瞻",他们是"旷世而不一遇"的人物(《文学小言》),又于《人间词话》中直引元遗山论诗绝句:"池塘春草谢家春,万古千秋五字新。传语闭门陈正字,可怜无补费精神。"且讽梦窗、玉田辈当不乐闻此语。近代范伯子曾有"直须上接元遗山,不肯下与吴王班(指吴梅村与王士禛)",所贬之人不同而所崇之旨一也。王国维对元遗山亦偶有微词,谓苏东坡"能感自己之感,言自己之言。山谷可谓能言其言矣,未可谓能感其所感也,遗山以下亦然"。论诗之眼力,王国维之不如范伯子,此一证也。

王国维诗远不如词,兹举《范伯子集·诗十九》长诗中四句:

胆缘病怯愁无奈,魂为惊多梦不成。
一顾苍天云尽失,几人白地浪来顷。

与王国维《欲觅》七律中颔颈两联比列:"诗缘病辍弥无赖,忧与生来讵有端","起看月中霜万瓦,卧闻风里竹千竿",则不难看出后者与前者之渊源。能言伯子之所言矣,其可谓能感伯子之所感乎?王国维先生固论词之大哲,游刃而有余,缘其下笔即有骎骎与五代、北宋争驱之才情,而其诗则大不其然,尤其长诗、排律有近恶札者。故其论诗侘傺而局促,不足与伯子先生并肩。王国维有"莺偷百鸟声"之句,以讽国朝之新成,不亦含自讽意耶?

冯延巳"泪眼问花花不语,乱红飞过秋千去",秦少游"可堪孤馆闭春寒,杜鹃声里斜阳暮"。王国维虽于《人间词话》中称许冯延巳"堂庑特大"，称许秦少游"终有品格"，然终竟未封其为"豪杰之士"，缘冯、秦之作，尚在有我之境也。

于此，我们不难看出《人间词话》中的"写境"、"造境"只是方法问题，因为这两种方法是不可断然分割的，是相互渗透的，而且真正的大手笔对此两者恰恰是随心所欲、运用自如的，对于大手笔没有一个囿于"写境"而不造者，也没有一个善于"造境"而不合乎自然者。这一思想贯穿于王国维文论之始终，"写境"者必有深邃之感情，而"造境"者必依锐敏之知识。王国维在《文学小言》中最后归结一句："文学者不外知识与感情交代之结果而已。"这就不仅承认了先验感悟之重要，而且济之以学问、帅之以德性也同样重要。

《人间词话》中的"有我之境"与"无我之境"则是另一范畴的问题，这就是词作境界高低的问题了。所以切不可误以为"写境"邻于"无我之境"而"造境"邻于"有我之境"，范畴不同，不可混淆。

国中之画界亦有二三子大倡先验、直觉者，呼嚣腾跳，目空一切，以西方后现代为圭臬，而视传统为粪土，拾西方狂哲之牙慧以为自身天才之发现，不畏识见之浅陋，而大放不伦之厥词，然则视其作品，除柔痕累累、色斑点点而外别无长物，更无论用笔之持重与墨色之焕发。他们的行径正如胡塞尔所指出的非理性主义在直觉与灵感问题上对理性的贬低与摒弃，集中到一点上，就在于对经验累积在认识与创造作用的否定。其实，经验的累积对任何天才都是不可或缺的，八大山人固旷世之雄才，然其对笔墨的娴熟练达，可谓达到水停以鉴、火静而朗的出神入化地步，天能降人以敏妙的悟性，而不能授人以不学而能的技法。

一想"直觉"，便非"直觉"，直觉者如本文前引尼采之论天才："若狂也，若忘也，万事之源泉也，游戏之状态也，自转之轮也，第一之运动也，神圣之自尊也。"这是一种冥冥中的天赋，而使天赋化为艺术品，这其中经验不期然的注入则是质实高贵的品性。八大山人之作画，可以做到眼不见绢素、手不知笔墨，做到庖丁解牛的"神遇而不以目视，官知止而神欲行"，然而这种化境乃是有着对笔墨极高超的驾驭能力使然，庖丁之解牛最后还是"依乎天理"、"因其固然"（《庄子·养生主》）的。当天赋异禀与不世才学达到浑融一体的时候，天才便会来到人间。

在王国维的《人间词话》中，他对"境界说"的创见，确实超越了前人，他自己也不无欣慰地以为阮亭所谓"神韵"，沧浪所谓"兴趣"，终不如他的"境界"二字为探其本、溯其源。王国维把"境界"视为词之"最上"追逐，有境界则格调在其中，气质、神韵亦在其中，"境界说"为我们揭示了作词的本质——"真"，一字足为天下师，离"真"而言词、言诗、言艺术，终难免为世之空乏、虚饰、矫造之作张目，苟空谈气质、神韵而忘其本真，亦足使世之词人舍真景物、真感情，雕词凿句，空具华赡之貌而忘质实之本。

王国维以"赤子之心"而达致"真"，其所不屑者必与境界无缘之浮词，所深耻者必为与境界为仇寇之游词，而空具气与韵，而无真情实境者，亦为王国维所贬抑。而"隔"则为上述诸词之共病。

诗词之道，对词人言，以直抒胸臆为至乐，即使深美闳约之作亦不宜穷奥莫测作雾里看花之语，而"隔"者，隔膜也、不可通邮也、不能畅达也。王国维之所以欣赏古诗十九首中"生年不满百，常怀千岁忧。昼短苦夜长，何不秉烛游"、"服食求神仙，多为药所误。不如饮美酒，被服纨与素"；欣赏陶渊明的"采菊东篱下，悠然见南山。山气日夕佳，飞鸟相与还"；欣赏《敕勒歌》的"敕勒川，阴山下（《人间词话》中删此六字，断不可，'真景物'之处所也）。天似穹庐，笼盖四野。天苍苍，野茫茫，风吹草低见牛羊"，都是由于这些诗真切感人而断无虚饰。王国维特别欣赏六朝之陶、谢与北宋苏东坡，"不隔"是其首要的审美裁判。对读者言以诗词能直抵灵府、澡雪精神为至快，即如杜甫《秋兴八首》，博大闳肆、奇谲瑰异，初读之或不解，久之则绵邈往复于胸次，爱之则更笃，其根本原因在其"不隔"。"隔"者非止词章字句也，"隔"在情、"隔"在景也。王国维之所以不予一句赞词于南宋吴梦窗者，以其病"隔"入于膏肓矣。今摘数句以证之：

绣幄鸳鸯柱。红情密，腻云低护秦树。芳根兼倚，花梢钿合，锦屏人妒。（《宴清都·连理海棠》）

聊对旧节传杯，尘笺蠹管，断阕经岁慵赋。（《霜叶飞·重九》）

读之令人生厌，真李汝珍所谓脚趾在自家鞋中动也，如此之"隔"，南宋第一人也。

有境界矣，王国维亦重词格，"有格而无情"者，首推姜白石。

他以为姜白石的格调是无人企及的，然而"惜不于意境上用力，故觉无言外之味，弦外之响，终不能与于第一流之作者也"（王国维《人间词话》），连世人所激赏的"数峰清苦，商略黄昏雨"、"高树晚蝉，说西风消息"，王国维也以为"终隔一层"。姜白石固南宋之大词人，论词刻削苛酷如王国维者，作如下评语：

> 白石之词，余所最爱者亦仅二者，语曰："淮南皓月冷千山，冥冥归去无人管。"

以我之见，王国维是有偏见的，于吴梦窗不予恕词则可，于姜白石，恐怕应当放宽尺度。

> 阅人多矣，谁得似长亭树，树若有情时，不会得、青青如此。
（姜白石《长亭怨慢·渐吹尽枝头香絮》）
> 送客重寻西去路，问水面、琵琶谁拨，最可惜、一片江山，总付与啼鴂。（姜白石《八归·湘中送胡德华》）
> 双桨莼波，一蓑松雨，暮愁渐满空阔。（姜白石《庆宫春·双桨莼波》）

所引此数段情境交汇之语，恐不多让南宋稼轩、易安。所以如此，王国维自己的词，气格实与稼轩远而与白石近，所谓同性相斥、异性相吸，在下面分析王国维词时将一一述及。于格高而无情与多情而格低两者之间，若请王国维辨其所好，他往往原谅多情而格低者，而苛求格高而无情者，这是可以理解的。民间俚俗之语，有真情在，故淳朴可爱，无情而炫以藻饰者，以矫伪故而可厌，用于吴梦窗其宜，用于姜白石则不可，缘姜白石有情有境而又精于词章者也。王国维还不止于此，而对姜白石更申申其詈云："如王衍口不言阿堵物，而暗中为营三窟之计，此其所以可鄙也。"窃以为过矣。

王国维于《人间词话》中以为诗词之境界不以所描写之对象大小而评其优劣，此论极是。"境界有大小不以是分优劣"，引出杜工部之"细雨鱼儿出，微风燕子斜"与"落日照大旗，马鸣风萧萧"，以为同臻佳境。这就对诗词只重题材而不重艺术表现的评论方法予以了否定，从而提出了境界第一的尺度。艺术之感人本不在所述何事、事件之大小，荷兰十九世纪画家维美尔平生只画盈尺之小画，或画村姑侧影或画倒牛乳之农妇，而达利评之为第一的画家，以其真也。在此，东西方之真见灼见者可谓不期而遇。

西方后现代诸流派，作画之先必有一理念横亘于胸，否定人类之普遍经验，而一味强调直觉，便使一个"隔"字挡住了视野，口称"直觉"即非"直觉"，乃为一先行之理念，声称要表现性意识、潜意识和梦境，本无神秘之直觉，而自以为有之矣。阿多诺之仇视艺术技巧，可谓贻害至大，后现代的旗帜上写着"怎么都行"，这与石涛所谓"至人无法，非无法也，无法而法，乃为至法"的用意是完全不同的。后现代派既有心灵上的我执，又有技巧上的法执，按佛家之说，我执就是烦恼障，是一切烦恼的根源；而法执是所知障，否定一切技巧的后现代派，强称知识为障。"障"之既立，"隔"所以来矣。这种"隔"比王国维《人间词话》中的"隔"更来得广泛。王国维所谓的

"隔"也是一种障，不过倘使隔得如后现代派之诗歌，恐怕王国维连评的兴趣都不会有的。姜白石写词的技巧、格调一流，王国维尚且以为"隔"，更遑论他矣。在中国，后现代主义所走的道路愈行愈窄的根本原因，在于中国人从来不以文艺作理念之诠释，偶然透露出禅与道的消息，乃是一种难得的境界，非着力以求，是不期而至。如敬安大法师之"意中微有雪，花外欲无春"，则为诗词之无上境，这种美妙而空灵、圣洁而优雅的语言，决非后现代为"障"所隔的梦魇呓语所可比拟。王国维所论的"隔"，与我所论的"隔"的内容当然不同，而希望艺术能直通心灵，不作隔靴搔痒之描述，则大体一致。

至此，我们可以将王国维的审美裁判梳理出一条逻辑的线索：由"天才说"而引发出"赤子之心说"；由"境界说"而引发出"唯真是求说"；然后辅之以"格调说"、"非隔说"；然后辅之以"识见说"（所谓"所知之深"也），是则王国维为道德与文章的统一论者无疑，其对"游词"之贬斥，尤其令吾人拊掌称快。

在《人间词话》《人间词话续编》中所论列之词人凡数十，以其评述而观其偏爱，王国维于历代诗人所最景慕者为屈原、陶渊明、杜甫、苏东坡，而对词人则未作明确之排列，我想下列的排列大体符合王国维所想，不会有错，其所最景慕之词人为李后主、纳兰容若，其次为冯延巳、苏东坡、辛稼轩，其次为欧阳修、秦少游、周美成，再其次为陆放翁、姜白石、温飞卿、韦端己。而以我本人之兴趣或异于王国维，请试略陈之，则苏、辛为最，而后为李后主、纳兰容若，而为王国维所多有指责之姜白石，则应位列欧、秦之前。性之所近，故评价不一，非谓王国维之不当也。

前文提及王国维作词，其性相近者实姜白石，而于词评时则同性相斥，多有苛酷之评。余综观王国维词，其中可称绝伦者约十数，的确可与五代、北宋、南宋诸家雁行，而其所以与姜白石近者，以彼与姜白石皆无"释迦、基督担荷人类罪恶之意"，多顾影自怜之叹，自道身世之感，其固自不可与辛稼轩、苏东坡同日而语矣。

王国维词中，余所最赏者为《浣溪沙》：

山寺微茫背夕曛，鸟飞不到半山昏，上方孤磬定行云。
试上高峰窥皓月，偶开天眼觑红尘，可怜身是眼中人。

此词境界空灵，寄意悲怆，真有"前不见古人，后不见来者，念天地之悠悠，独怆然而涕下"的无穷感慨，写于暮色苍茫之中，流云在天上飞动，而山寺的孤磬之声，却使天地归于岑寂，甚至云霞也为磬音所遏不再前行。寥寥三句，不啻是一曲黄昏的交响。词之境界不在长词与短令，王国维《浣溪沙》上阕真大手笔之泼墨写意，令人赞绝。而下阕更奇思突兀，于高峰皓月之下，孤寂之心怀忽焉，使之对人生之终极意义提出咄咄追问，这红尘中充满着功名利禄和艰难苦恨，而自责不能看破红尘。这下阕又恰是王国维的生命交响。上下阕交汇的音调是博大而哀婉的，既充塞于天地而又凌翔于虚无，读后心旌摇动，久久不能平静。这首词，的确不会轻让于五代、北宋大家。用王国维评冯延巳之语，可称"庭庑特大"。

山寺微茫背夕曛，鳥飛不到半山昏。上方孤磬定行雲。

試上高峰窺皓月，偶開天眼覷紅塵。可憐身是眼中人。

王國維詞　丙戌秋范曾

　　另一首《玉楼春》：

　　今年花事垂垂过，明岁花开应更鲜。看花终古少年多，只恐少年非属我。　劝君莫厌尊罍大，醉倒且拼花底卧。君看今日树头花，不是去年枝上朵。

　　王国维作此词时与上词相同，年龄不到三十，而王氏自青年时代就有一种悲观的宿命，这首词可称凄而艳者，在风华婉转而外，透露出年华过尽少年不再的惶恐。看花开花谢，感人生无常，孤独寂寞构成了王国维词的主调，也同样反馈给自己一种人生选择的尺度，而这种尺度的神奇，甚至决定了古往今来大多选择者不能永寿的悲剧。

　　王国维尝言："无高尚伟大之人格而有高尚伟大之文学者，殆未之有也。"（《文学小言》）王国维固有伟大之人格者，文章之前半部已有陈寅恪先生之评判与本人之分析，则以此视王国维之词，亦不为过。盖凡诗人词家，不同于资本之积累者，以学术之事不可量化，于诗词尤然。苟陆放翁《剑南诗稿》中有五十首为世所传颂，《稼轩长短句》中有三十阕为天下所共赏，则为大诗人、大词人，其有疑乎？王国维平生所作词百阕而已，百首中有十数不让稼轩、东坡、后主，则其为大词人，亦无疑焉。余读王国维先生词，往往拊掌者，以其词剀切而其境悠远，若"已恨平芜随雁远，暝烟更界平芜断"（《蝶恋花》)，若"从醉里，忆平生，可怜心事太峥嵘。更堪此夜西楼梦，摘得星辰满袖行"（《鹧鸪天》)，若"觅句心肝终复在，掩书涕泪苦无端。可怜衣带为谁宽"（《浣溪沙》）等，皆五代、北宋人手笔，非近世词人可梦见。王国维之自信非无由也。而王国维最赏爱之景为深秋、为残柳、为黄昏，所寄之情为飘零、为凄苦、为寂灭，其自浸悲楚、摧残心肝，有天下人所不可告慰者。其引决自裁固有陈寅恪先生殉意志之独立与思想之自由为主因，则王国维性格上之内敛不欲自伸，宿命导致绝望，亦他的自沉悲剧之不可忽视之一端也。

　　山阴樊志厚对王国维之词为深解者也，谓六百年来词之不振，实由梦窗砌字、玉田垒句，雕琢敷衍而同归浅薄肇其端，而以为王国维词："往复幽咽，动摇人心，快而能沉，直而能曲，不屑于言词之末，而名句闲出，殆往往度越前人。"又以为王国维始为词时，"亦不自意其至此，而卒至此也，天也，非人之所能为也"（樊志厚《人间词·序》）。则此余前所述为不知其然而然之混沌之天才也，而王国维之词论又为"知其然，更知其所以然"之"清醒之天才"也，作词时感发者多而论词时理性者多也，而王国维之最可爱处是其为感发混沌之天才时，亦即词人之王国维，而非词论家之王国维。而其贡献最著者为词论，缘上可接《文心雕龙》，下可与刘熙载《艺概》并列。盖凡特立独行之士，往往发为孤愤偏激之语，偶有为十翼所不愿苟同者，此亦陈寅恪先生所著碑文中"可商"意也。

　　王国维之学遍列古今中外，贯而通、精而审者也。其灵智之所照映，则涉文、史、哲、戏曲、考古、翻译皆高驰邈邈，五音繁会，在近代不作第二人观。而王国维自少年即体弱多病，"为生活故而治他人事"，消耗之精力亦多，不能终日治学，日多不逾四时，少不过二时，王国维所贵者恒也，"唯此二三时之读书，则非有大故不稍间断而已"。持以之恒加上王国维超绝的辨审力，所取得的成就便是天才的心智之果。

王国维为人也至孝。光绪三十二年（1906 年），其父王乃誉病故，他千里奔丧，并持孝守之制半年。民国六年（1917 年），返海宁扫墓。所谓志道、据德、依仁、游艺，王国维可为典范矣。性耿介狂狷，不曲意逢迎。以王国维之博雅，且于辛亥之后游学日本之历，非不知中外之务、经世之学，非不知清之必亡而新时代之必兴，非不知脑后一辫所引发的世之嘲议也。王国维独持偏见，一意孤行，其自日本回国后，坚拒北大之邀而于民国十二年（1923 年）受逊帝溥仪之命任"南书房行走"，于民国十五年（1926 年）赴天津为溥仪祝寿，其本人于清廷可谓善始善终者矣，此时王国维年五十，距鱼藻轩自沉止一年矣。我以为天津祝寿其行迹，是其内心与溥仪告别耳。为人耿介不变至此，亦不忍厚非矣。

至此，文章似应戛然而止，忽忆民国十一年（1922 年）沈曾植去世时，王国维曾有一联，以志深悼，辞云：

是大诗人，是大学人，更是大哲人，四昭炯心光，岂谓微言绝今日；

为家孝子，为国纯臣，为世界先觉，一哀感知己，要为天下哭先生。

今日读来，似乎是王国维的自挽，大诗人、大学人、大哲人言其学，沈曾植有之，王国维亦有之。"四昭炯心光"言天才的灵智之光，沈曾植有之，王国维更有之。"微言"者，"大义"

之所寄托也，王国维素以中国学术所寄之人自居，"世变愈烈，则所以笃之愈至"，王国维不相信国学会颓隳，故有"岂谓"一词，意即"未可谓"、"不可谓"也。沈曾植为孝子，王国维亦然，前文述王氏之奔丧、守孝、扫墓可见，而"纯臣"二字，则有王国维之寄托在焉。"忠臣"者有所实对也，对沈曾植而言，便是逊帝溥仪，沈以"忠臣"视之则可，故而沈氏去世，溥仪有"硕学孤忠"之匾额以赞。对王国维而言，"忠"则不可尽其意，或云不确。"纯臣"者，责诸己而未有实对也，是自身品质之评价也，虽为挽沈氏联，不用"忠臣"而用"纯臣"者，以王氏已深感，"忠"于一姓氏一庙堂之时代已过去，而自身的纯真则应永葆厥美，"忠"与"纯"之大别如此。王国维虽拖以一辫，然其思想早非封建伦理所可禁锢者，他希望寻找独立意志、自由思想与中国固有的道统的无隙的融合，以为新时代来临时的先导。"余固知謇謇之为患兮，忍而不能舍也"（《离骚》），正直的言行可能使自己遭殃，但王国维决不放弃，"謇吾法夫前修兮，非世俗之所服；虽不周于今之人兮，愿依彭咸之遗则"（《离骚》）。王国维深感全面西化，在中国是一条不可行的道路，而他的特立独行，又不为世所承认，尽管不合时宜，但他决心为此以身相殉，愿如彭咸般自沉以明志。王国维对屈原的崇拜是至高无上的，他说："三代以下之诗人，无过于屈子、渊明、子美、子瞻者。此四子者，苟无文学之天才，其人格亦自足千古。"（《文学小言》）显然，王国维是在这样理性的、甚至审美的裁判下走向鱼藻轩的。

"要为天下哭先生"，王国维之死，留下了一个为理想"九死其犹未悔"的典型，而这正是清末民初知识分子难得的品性。

八大山人论

　　为了谈八大山人，引出一段明初的故事。洪武三十一年（1399年）太祖朱元璋驾崩，皇孙建文接位。建文皇帝为懿文太子之二子，为人颖慧好学、事亲孝、待人厚，然则这都不足以继朱元璋这样的大皇帝之盛业。而宽厚往往与迟疑犹豫、孱弱无能相比邻，则其皇叔们的野心于是膨胀。首先是兵强马壮、才略过人的燕王朱棣，其次当数厉兵秣马的宁藩朱权。起事的首先是朱棣，他拉拢的第一个目标是既能武又善文的朱权。建文皇帝已有所觉察，乃召朱权入朝，朱权当然不能自投罗网，遂托故不奉旨。朱棣乃进一步对朱权挟持之、诱惑之，谓："事成，当中分天下。"（《明史》）大有"同指山河"之慨。当然，朱权给了朱棣相当的助力。但当朱棣一旦登上永乐大帝之皇座，当初信誓之词，已为陈迹，于永乐元年二月封朱权至南昌。有小人谮告朱权诽谤攻讦永乐帝，永乐帝即阴使人详察之，知为诬词乃罢。自此之后，朱权纵情诗文，以为韬晦之计，日与文学士人相往还。托志翀举，自号臞仙，这"翀举"非指有意社稷之举也，而是羽化而登仙，凌云而直上也（范注：翀同冲，故

有释如上)。看来老先生不太胖(臞,瘦也),然而以藩王之位,自上了成祖朱棣的当后,终有耿耿于怀而不能释者。洪熙帝,其侄也;宣德帝,其侄孙也,然对这位于乃祖夺帝业有功的先辈,并不甚尊重,对朱权政治上的要求一概不理。如仁宗时,"上书言南昌非其封国,帝答书曰'南昌,叔父受之皇考已二十余年,非封国而何?'"(《明史》)。在百般无奈中,他成了一个地地道道的文人。论著颇丰,尝奉敕辑《通鉴博论》二卷,又作家训六篇、《宁国仪范》七十四章、《汉唐秘史》二卷、《史断》一卷、《文谱》八卷、《诗谱》一卷,其他注纂数十种。这些著述中《诗谱》一卷、《西江诗法》一卷等能载入《明史》艺文卷,足见有所建树,因为《明史》编撰张廷玉辈深具眼力。朱权到正统三年薨,他曾孙辈已做了皇帝,真是一个在风云中侥幸永寿的王爷。这位朱权,就是太祖的第十七子,八大山人上溯的九世祖宁献王。八大山人生于帝王之家,而又有诗文书画的天分,与这段时势板荡中的变故大有关系,这是彼苍者天,对宁献王朱权的一种赐予,赐给他一位不朽的伟大天才。

八大山人虽生于帝王之家,但已是皇家之边缘了,上溯七世祖封弋阳王,此后由将军而中尉,八大山人仅封为辅国中尉。论辈分可谓不低,他是洪武的十世孙,而崇祯则是洪武十三世孙,而论皇家的地位则不可同日而语矣。即使如此,他对自己的皇家身份是不会忘记的,彭文亮诗:"九叶风高耐岁华。"是对从宁献王至八大的九代皇宗谱系的描述。

明朝亡国于崇祯十七年(1644年),彼时八大山人十九岁,由"个山小像"上题年四十九岁推算,则为天启六年(1626年)

生人。这时的明王朝已是危如累卵的时代，岂止败象丛生，简直是妖为鬼蜮。正如明史所载，嘉靖皇帝之后，纲纪日以陵夷，而万历皇帝末年，废坏极矣。"故论者谓明之亡，实亡于神宗（万历）"（《明史》）。而万历之世发生"梃击"之案，有蓟州男子张差者，持梃入慈庆宫谋不轨，意欲加害神宗的长子（光宗）和其母恭妃。光宗既登位，有疾，而鸿胪寺官李可灼进红丸，遂驾崩，在位只一月，于是有"红丸"之案。此先又有选侍李氏居乾清宫，亦怀挟皇长子（熹宗）及其生母王才人以自重之意。吏部尚书周嘉谟及御史左光斗上疏，请移李氏。"梃击"、"红丸"、"移宫"三案，直扰得神宗、光宗、熹宗三帝之世一派混乱。朝政之颓败往往见于种种妖孽作乱，群臣惶怖，这仅仅是冰山之一角，而明朝之隳堕实有更深之恶业在焉。

一个如此大的帝国，不可一日无主，而神宗在位历四十八年，后期与无主何以异？"因循牵制，晏处深宫，纲纪废弛，君臣否隔。于是小人好权趋利者驰骛追逐，与名节之士为仇雠，门户纷然角立。驯至悊、愍（天启、崇祯），邪党滋蔓。在廷正类无深识远虑以折其机牙，而不胜忿激，交相攻讦。以致人主蓄疑，贤奸杂用，溃败决裂，不可振救。"（《明史》）可叹者神宗崩后，光宗接皇帝位。光宗，胸怀大志且举措英伟者也，视其作为，直可追陪汤武之振商。群奸震恐，乃有"红丸"案发，在皇帝位一月而驾崩。惜乎！朝廷之盼明主，如久旱之盼甘霖，光宗潜德久彰，海内属望，而天不假年，可哀也夫，可恨也夫！为社稷苍生哀，亦为社稷苍生恨也！

在"移宫"案中，保皇长子（熹宗）及其生母王才人有功的人，熹宗接位之后，重用信赖，故其必然。魏忠贤虽与保熹宗之"移宫"一案无关，然深知其前因后果，欲得宠于熹宗，谋串通熹宗之乳母客氏，讵料两人竟一见钟情，自不可以同性恋视之，乃政治上之沆瀣一气耳。客氏"淫而狠。忠贤不知书，颇强记，猜忍阴毒，好谀。帝深信此两人，两人势益张"（《明史》）。于是魏忠贤职掌东厂，欲尽杀异己者。大行罗织，群小求媚忠贤，攘臂攻东林党。有中书吴怀贤者，读到杨涟指斥魏忠贤疏，击节称叹。吴怀贤家奴密告之，毙杀怀贤，籍没家产。民间偶语，有攻讦魏忠贤者，辄被擒戮，甚至剥皮、刲舌，所杀不可胜数。仕林之无耻，有胜于市井一万倍。有浙江巡抚潘汝桢者，请为忠贤建祠；更有无耻之徒监生陆万龄至请以忠贤配孔子，以忠贤父配启圣公。于是客氏、魏忠贤以为天下一归于己矣。魏忠贤每出行，"锦衣玉带靴裤握刀者，夹左右驰，厨传、优伶、百戏、舆隶相随属以万数"（《明史》），而客氏居宫中，胁持皇后、残虐宫嫔、行无忌惮。而偶出归私第，其行杖直如皇帝之大驾卤簿。在这群凶煽虐、海内屏息、小人争宠的时节，有大书家张瑞图者，亦不顾羞耻，厕身其列。这真应验了"牝鸡司晨"（《尚书·牧誓》："牝鸡无晨，牝鸡之晨，惟家之索。"）一语，明朝必亡，明朝不亡是无天理。

朝廷朽烂、生灵涂炭、天灾连年、饿殍遍地，至万历、崇祯年间尤甚，至有人相食、父子、兄弟、夫妻相食者。官逼民反，明朝最后覆灭于李自成亦所必然。平日里，受皇恩、拜卿爵者望风逃遁。宵衣旰食、慨然有为的崇祯皇帝吊死煤山，于衣襟上书：

朕凉德藐躬，上干天咎，然皆诸臣误朕。朕死无面目见祖宗，自去冠冕，以发覆面。任贼分裂，无伤百姓一人。(《明史》)

这位亡国之君的最后之举，有点悲壮，至少做到蒙难而不辱其身。死后清兵入关，加谥建陵，亦可谓死得其所矣。

以上略述有明一代二百七十六年江山之始末，其于八大山人有关者：其一，八大山人身上流淌着朱元璋的血，他和明王朝有着不可磨灭的血缘关系，虽然从他的上溯九世祖宁献王朱权起，便上当受骗，走向皇朝权力核心的边缘，而每况愈下，到八大山人的辅国中尉，已是可笑的贵族。他曾孙辈的崇祯皇帝知不知道他的存在，当属悬疑。然而皇族不唯有血缘之基因，亦有心灵构架上的基因。因为八大既生于弋阳王府，其贵族的心灵自有别于百姓。他会关注世道的沉沦、王朝的颓灭，他自有一衰皆衰的飘零贵族的哀叹、郁愤和悲凉；其二，八大山人的家族自宁献王始，便远离了政治的斗争，家风所被，倒成了一个文苑世家，八大所具备的丰厚学养，使其成为一个大智闲闲而不是小智间间的人物，这对八大山人的伟大艺术绝对有着不可估量的作用；其三，朝廷的黑暗、互为戕残，不会影响宁献王之后；而以贵族之身，亦不易涉足社会清流如东林党之活动；更由于明末，八大山人犹为少年，社会经验阙如，明覆亡之际未尝有他发狂或自我封闭的记录；而腿足灵便，1645年清顺治二年，清军一入南昌，他立刻弃家遁奉新山中；1648年，妻子俱死，有些心灰意冷，遂在进贤介冈遁入空门，剃发为僧。社稷的倾颓，只改变了他的生活，似乎未曾受到什么迫害。而在南昌的明宗室则遭殃者不少。

　　欣赏艺术永远是欣赏主体自家的事，感性是第一的要素。并非必知其历史背景然后知八大山人作品之好，而是既以为好矣，而进一步探其缘由，则更知其来有自。记得于中央美术学院就学时，自图书馆借得珂罗版《八大山人画集》一册，大惊异，大激赏，乃召同学少年、画友诗侪于一室跪拜之。每翻一页，吾则大呼磕头，其中有好友张秉尧者，党员也，亦长拜如仪。兹后事发，于拔白旗运动中，张秉尧为此受到批判，云以一个党员而听白专典型范曾号令，跪倒于反动封建王孙之前，是可忍孰不可忍？事后张秉尧于僻静处召吾，述其"深刻检讨"之详情，两人相与捧腹大笑。其时并不知八大山人如何生，如何死，不知其为曹洞宗，抑临济宗，不知其名号之玄妙，不知其诗文之深刻，只知其画好耳。此事证明一不争的艺术概论范畴的问题，即欣赏艺术决非理性先行之事，正如我过去有云："知与行，先行而后知也，知先于行，其行必踬；行先于知，其知必深。"则美院跪拜八大山人案，为行先于知也，是审美之正道也。而跪拜纯属少不更事，好为戏谑，不免多余亦且过矣。

　　八大山人之"逃禅"，可说是在他惯看人类不可救药的自私和愚蠢、社会人生的幻化无常以及历史的扑朔迷离之后的最佳选择。他没有黄宗羲、顾炎武、王夫之和黄道周的血性，起而抗清。八大山人内心的矛盾不会比他们少，人们也绝不会景从于他的麾下，替旧王孙去恢复那糜烂透顶的朝廷。他根本上不是一个生活的强者。从清康熙十三年（1674 年）他四十九岁时的《个山小像》上看，他是一个儒雅的文士，谦恭而谨慎，皂履素服，断无市井气，亦无纵横气。鼻骨既修且高，足见出身不凡；而下颌骨尖削且小，大似末代贵族之状貌，说明命运已渐偃蹇，有清一代之末代皇族可以拟之。从相格上看不出他心灵的伟岸，也不可料想他艺术之博大高华。从小像上看，他已从灵魂痛苦的深渊中解脱。

然而这样羸弱的身体中，的确包藏着一颗博大而坚强的心灵。

这心灵曾受过炼狱的洗礼，在大火与岩浆中化解后，升腾到天堂。它不曾沉入地狱，相反的，一切灾难，包括社稷的沦丧，宗族的溃散，妻、子的死亡，亲朋的凋零，都使他变得异乎寻常地坚毅。天生百恶造就一诗人，同样造就一伟大的、划时代的、万古不朽的画家。这心灵的历练史，正是我们进一步破读八大山人艺术的法门。

清顺治五年（1648 年），当他二十三岁时，在进贤介冈遁入空门，剃发为僧。他的禅师是介冈灯社的弘敏，是禅门曹洞宗的第三十八代传人。八大"僧名'传綮'，自号'雪个'"（胡景辰等《进贤县志》）。五年之后，据饶宇朴于《个山小像》跋文中云：

> 癸巳（1653 年）遂得正法于吾耕庵老人（弘敏），诸方藉藉，又以为博山有后矣。

说明八大山人这五年之中能心注一境，已得大觉。又四年之后，耕庵老人移席奉新，八大山人成为介冈灯社之住山讲经的禅师，法幢高树，从者常有百余人。这是他断绝世间烦恼、心灵最为平静的十年。对于他个人，最悲痛的时节莫过于十九岁时亡国、二十三岁时亡妻丧子，这是他遁入空门的最直接的原因，而这些痛苦的化解，则应是他自身修持的胜果。在佛家叫觉悟，在庄子则叫"坐忘"。从溷浊的人世得到的一切丧失之后，他来到一个消除烦恼的清凉世界。在这里莲花次第开放，那是佛国的一片清香。"露冷莲房坠粉红"（杜甫句），在这个世界里，留下一个"冷"字，亦宛如敬安之"意中微有雪，花外欲无春"。这种"冷"，是对社会人生诗性的判断，而不是来自外界的感受；是一种至极的理智与至极的热情彻底融洽之后的"无缘大悲"，而不是世俗炎凉在自身的反映；是辞却懊恼之后的自在，而不是世网羁绊中的我执或法执。介冈十年对八大山人艺术的影响可说是既深刻而又不露形迹的，这十年的沉思静虑，洗却了在红尘中无法摆脱的种种无尽的因业，这是一种自我的征服、一种大了断。

禅一词的解释很多，不太容易从中文中找到完整而透彻的对应词，据我的理解，不妨将"禅"译为"慧觉"，亦即智慧的觉醒。

禅，修炼的方法是忘境忘心，内无所欲、外无所求的正审思虑。它须要离开一切言说和实相而证得本心，处处无碍、事事通达，心头永呈一片光明。因此禅是最为圆融而自在的法门。八大山人中年自书"哑"字，本能拒绝对话，是逃禅，也更近禅。

禅宗"不立文字"，因为文字本身是一种言说。离诸言说，"直指人心"，才是禅宗妙谛。所谓："道个佛字，拖泥带水；道个禅字，满面惭愧。"（《景德传灯录》）这与《老子》书的"道可道，非常道"、《庄子》书的老龙吉不言"道"是一个道理。

安察常祖禅师《十玄谈》中说:"莫谓无心便是道,无心犹隔一重关。"表面上在否定"无心是道",实际是他极而言之,教人们不要一心想着无心;想着无心,便是有心;想着学禅,便非真禅。这是大德高僧解粘去缚、抽钉拔楔的妙悟之言。八大山人之"逃禅",不是为摆脱世网而逃遁入禅;正相反,是他在解脱我执、法执之后心灵上对禅的逃逸;这种逃逸,便是真正的"无心"。倘若评八大山人画"冷逸"二字的"逸",用如此解释,则可称与八大山人会意矣。

禅既是自证本心,而本心又是什么?本心之中空无一物。证得那空无一物么?正是!那是了无尘埃的一片天空,孤明历历的一隅寂照。当此之时,你方做到外息诸缘,内心无喘。达摩谓惠可必须心如墙壁方可以入道,意思是那时的心灵虎豹不能入,水火不能侵,这铜墙铁壁,只有"道"可以进入。八大山人有着这样的追求,他自称"净土人",既包含着自己对心中一片光明自在之境的礼赞,也包含着对外在世界何处净土的追问。

既然要离诸一切言说和实相证得本心,那么八大山人的画,离诸一切言说实相了吗?当然没有。诸法空相更何须写字作画,然而,八大山人用笔墨去证得本心不可以吗?这儿的二律背反,使八大陷入尴尬之境。然而八大是聪明人,宛若黄龙死心禅师或黄檗断际禅师诸高德大僧说禅一样,也须稍稍有妙语机锋,难道我不可"涉事"吗?于是八大山人果然"涉事"了。这"涉事"不关名利,这"涉事"正是禅宗"放下"之意;"涉"者着墨矣,"事"

者书画也；那这时"放下"的笔墨必是妙悟者不在多言的精绝话语。于此，我们不难理解八大山人为何"为道日损"，为何晚年之作越发苟简而清纯，那是他"损之又损，至于无为"的终极追逐，这里佛家的"诸法空相"和道家的"无为"合而为一，略无间隔。至五十五岁之前，"传綮"的僧号，他一直用着，八大山人为僧或不为僧，他都是禅家。彻底悟禅者，大地皆为蒲团，正不必在丛林；钟磬之声，依旧在心头缭绕，也不必在佛堂。

康熙十八年（1679 年）八大山人五十四岁时，神经似乎出了些问题，陈鼎《八大山人传》载：

予闻山人在江右，往往为武人招入室中作画，或二三日不放归，山人辄遗矢堂中，武人不能耐，纵之归。（张潮《虞初新志》）

这可以看做生活中弱者的反抗。武人者，清廷之下层军佐也，在他们愚昧而无知的眼中，是看不清伟大人物的，也绝不会接之以清谈。幺三喝四是他们的本能，"遗矢堂中"，或正八大式之反抗。

康熙十九年（1680 年），八大山人五十五岁时忽发狂失态，大哭大笑不止，裂其浮屠服而焚之，而且从此不再用"传綮"一名。对此，我的解释是八大山人还俗之后，他的思想比较浮动。其实禅学的修持，并非一旦得道、终身受用的。来到十丈红尘之后，胸中又生挂碍、恐怖和颠倒梦想，譬如最不值得欣赏的一件事是他在清康熙十三年（1674 年）《个山小像》上钤"西江弋阳王孙"之印，大有对失去天堂的怀恋。然而他不甘介冈修炼之果毁于一旦，他内心的斗争又见于"掣颠"一印，提醒自己不要为无名烦恼所羁索。一种自治癫狂的决心，正可见他心里明白。天才的神经病发，往往由于理智之力不足战胜奔突之情，而后者往往如沉埋着的地火熔岩，它等待着爆发已很久很久了。当理性之"掣颠"失败之后，八大果然狂了。这狂，有分教：不是打人骂街，不是自残、残他，而是哭笑无端、裂焚僧袍。从心理学分析，也许正是此时，他比平日更清醒。他会回忆那介冈法幢高树之日，是否言说太多；还俗之后又铃王孙之印，是否鄙俗太甚；烧去的旧禅袍又是一次心灵的裂变。康熙二十年（1681年），八大山人始署名曰"驴"，可说八大山人禅修的新境来临。自此不复用旧"传綮"之印，亦可证其决心之大。这次心灵裂变后果是巨大的，其精神光亮将灼照中国的千秋画史。我们也欣慰地看到，的确八大山人之狂，不是自许"狂禅"辈之狂，比较起八大山人的精神内在的自然裂变，那"狂禅"之狂，便带有些装痴卖乖、对人作态的嫌疑。康熙十一年（1672年），裘琏赠八大山人诗中有"个也逃禅者"句，是真知八大山人者也。八大这次的对禅的逸离却使他更贴近了禅，这不正应验了八年前裘琏的预言吗？知八大山人者，莫若裘琏也。

八大山人题"驴"一直是个谜，然而我们从《古尊宿语录》第三十三卷上看到一段极有意味的文字，不啻是这千古之谜的精确答案。书载舒州禅师清远经常的禅家拈弄话头是"骑驴觅驴"，以喻人们想在现象之外找真实，或人们必于生死轮回之外找涅槃。舒州禅师说："只有两种病：一是骑驴觅驴，一是骑驴不肯下。你道骑却骑了，更觅驴，可杀！是大病；山僧向你道，不要觅。

灵利人当下识得，除却觅驴病，狂心遂息。"八大山人当然会读过《古尊宿语录》，他署名"驴"，正是他狂后所为，岂不正如那"灵利人当下识得"的一种顿悟吗？这舒州禅师对八大山人艺术更有影响的是另一段话："如今明得了，向前明不得的，在什么处？所以道，向前迷的，便是即今悟的；即今悟的，便是向前迷的。"此段话的意思是：今日"悟"矣，昔日之"迷"尚在未？其实，向前之"迷"已为今日之"悟"所代，今日之"悟"即先前之"迷"。八大之狂疾正"迷"与"悟"替代之时，即"骑驴觅驴"之大病期。八大山人题"驴"，正是一种狂后的自警之举，有深意在焉。

禅宗在中国的发展与本土的道教有极大的关系，慧能以后，使禅的空宗与道家思想结合，遂成思想史之大观。现在已被学界承认的是：朱道朗并非八大山人，这与八大山人有着深厚的道教思想是两回事。和前面谈到的一样，是僧不是僧，还是八大山人；是道不是道，仍是八大山人。这与研究八大山人的心灵发展史是毫无关系的。其实晚年的八大山人的语言、诗文别人看着似有所难解，然而他当时绝不是避免文字狱。康熙时于文字一事，似亦不同于乾隆之苛酷。在八大山人那里，佛家和道家的道理，他都渐渐通透，禅家所谓"不修之修"，达到"智与理冥，境与神会，如人饮水，冷暖自知"（赜藏主《古尊宿语录》），这时，他们可以用静穆来表示禅宗的第一义——无，这种状态与《庄子》书中老龙吉的缄默不语而睡而死是一回事。禅家希望人们做到"忘记了他需要忘记"；这和《庄子》书中的"吾丧我"也完全相同，达于感悟之极致。临济宗的义玄禅师曾说，你倘若真正得到了禅的第一义，但切不要再有困惑（"但莫授人惑"，此处"授"字与受可通用，主、客体不分），那就要做到"向里向外，逢着便杀，逢佛杀佛，逢祖杀祖……始得解脱"（赜藏主《古尊宿语录》）。可见完全没有粘缚的禅学，是抛弃一切我执、法执的羁索，那是真正的大自在。人往昔的一切修为，都是这种心灵的准备，按冯友兰先生所说："这是一种类似跳过悬崖的内心经验。"（冯友兰《中国哲学简史》）而八大山人伟岸的心灵，已然越过了这卓绝的越崖体验，他不待别人的"一声棒喝"，已然跳达了彼岸。

老境来临的时候，八大山人的心灵愈趋宁寂、平静、恬淡，他远离了生平所经历的劫难和心灵上的震恐、挂碍、颠倒梦想，具有了一颗真正的平常心。当一个人能以平常心对待一切色相的时候，那目之所见绝不是奇谲怪诞的所在。唯有这样的人，才有可能达致无心无待而与天地精神相往还的境界。八大山人修持禅教的目的不是为了画得更好，那只是为了达到顺其自然的心灵境域。然而，这无心所栽之柳，却宛在和风拂煦之中抽丝吐绿，给人类的艺术林苑带来一片碧翠的无限春色，这就是八大艺术产生的全部过程。禅宗以为，当人处于迷障之时，看山是山、看水是水；当心灵处于历练过程之时，看山不是山，看水不是水；然则当其顿悟之后，山还是山，水还是水。八大的眼中所见，与平常人并无区别，那是宇宙的本然存在，那是自然，而禅宗修持的最高境即是自然。所以有人以为八大的艺术创作的方式是怪诞的，缺乏正常性，"山人玩世不恭，画尤奇肆"（杨恩寿《眼福编》）；还有人以为八大山人作画必处于异常的感情状态、一种不平常的精神状态之中，这是一种误解，甚至是一种妄评。这是由于他们念兹在兹地不忘八大山人的"哑"，不忘记他的哭笑无端、不忘记他佯狂市肆、不忘记他遗矢堂中。啊！忘却这一切吧，当八大山人已经"吾丧我"，回归平常心时，你还抓住在八大山人八十一年生涯中短暂的异行以为解决八大山人艺术的永恒的钥匙，你就陷入了我执（烦恼障）和法执（所知障）的万劫不复的泥淖，你不只没有走近八大，而正是远去。

在中国美术史上，的确有真发神经病的，而此人与八大山人的艺术同样有着导夫先路的巨大作用，这便是会稽的徐渭。徐渭平生似乎并未在佛、道两方面有过什么认真的修炼，而于儒学，则科举累试不售。然而他却是一个不须争议的天才。他的行为够得上怪诞荒唐、不可思议。他死于明神宗万历二十一年（1593 年），比八大早三四十年，然而他死后几年，人们便忘记了他。他的著作，即使在文人石簣家的书架上，也已是一堆烂纸，"恶楮毛书，烟煤败黑，微有字形"而已。天才的悲剧啊！如果不是袁宏道偶然在石簣的书架上看到徐渭的这断阕残稿，恐怕不用到八大出生，徐渭这名字就会湮灭于滚滚红尘。这"偶然"对中国画史之重要，可以和天体物理学上哥白尼与布鲁诺之发现相比列。这"偶然"的发现者是文坛之司命袁宏道，所以袁宏道的评价恐怕在当时比谁都重要。这才有了此后的哀集、整理、收藏。在徐渭身后，"名若悬丝"即将寂寞人世之际，重新声名鹊起。我们看一看当袁宏道看到徐文长文稿时的兴奋。因为彼时袁宏道不可从电脑上检索资料，连天下有徐渭这样的

天才他都全然无知。捧着徐渭的残稿：

稍就灯间读之，读未数首，不觉惊跃，急呼石篑：阙编何人作者，今耶古耶？石篑曰："此余乡先辈徐天池先生书也，先生名渭，字文长，嘉隆间人，前五六年方卒。今卷轴题额上有田水月者，即其人也。"余始悟前后所疑，皆即文长一人。又当诗道荒秽之时，获此奇秘，如魇得醒，两人跃起，灯影下读复叫，叫复读（大似前文跪拜八大山人画状貌——范注），童仆睡者皆惊起。余自是或向人或作书，皆首称文长先生。有来看余者，即出诗与之读，一时名公钜匠，浸浸知向慕云。（袁宏道《徐文长传》）

其思贤若渴，惺惺惜惺惺之态实令人感动，彼时尚未见其画。袁宏道序文中，在评述其"山奔海立"之胸次、"英雄失路"之悲怀后，称徐渭为"八法之散圣，字林之侠客"。而又称："晚年愤益深，狂益甚。""或自持斧击破其头，血流被而头骨皆折，揉之有声；或槌其囊，或以利锥锥其两耳，深入寸余，竟不得死……"由此观之，徐渭之疯为真疯，且为武疯。其疯症积以年月，愈演愈烈。"先生数奇不已，遂为狂疾，狂疾不已，遂为囹圄"。有另一与徐渭相识的梅客生致书袁宏道云：

文长吾老友，病奇于人，人奇于诗，诗奇于字，字奇于文，文奇于画。（袁宏道《徐文长传》）

袁宏道则慨叹云：

予谓文长无之而不奇者也，无之而不奇，斯无之而不奇也哉。（袁宏道《徐文长传》）

大意是徐渭之为人行事，作诗文、写字画，无所不奇，且其奇不可有相类者。"奇"、"偶"之反也，无之不奇即没有相偶也。较之徐，八大之"狂"，则佯狂也、文狂也。短期而即愈可，愈可而转宁寂，与徐渭有着根本的不同。徐渭发疯之时，全然失却理智，可以真正杀人。而八大山人之狂，则如前述，唯可视为精神之裂变状态，是灵魂处于"迷"与"悟"交汇的蜕变期。当八大学禅，颇悟"逢佛杀佛，逢祖杀祖"之妙谛，其实是趋近了佛祖的解脱身心粘缚之大道。"无心"为修禅第一义，"杀"者，"无"也。杀佛、杀祖者，抽钉拔楔而已，并非利锥入耳、操刀行事如徐渭也。

现在我们就不难进一步剖析徐渭和八大山人艺术之轩轾了。徐渭和八大山人同为天才，那是不待怀疑的。然则其间的区别是巨大的；这种巨大的区别，过去颇少为史论家所注意。大体以为八大山人上承徐渭、陈淳，下启扬州画派。学者积习相仍、略无进境。此无他，知之或详而其识也浅，不重心灵而唯审形迹，学者从文字始至文字终。至于徐渭、八大作画即时之状态，有此笔墨必有此心灵，而心灵于画面之折射，又是一极复杂的过程，苟此种种都处浑噩之状态，则其所论不精，必其然矣。以我深思数十年加之对八大之作传移模写，心追手随，始渐渐有如下之体悟：徐渭奇肆怪谲，而八大山人宏博正大。袁宏道称徐渭：

其胸中又有一段不可磨灭之气，英雄失路托足无门之悲，故其为诗，如嗔如笑，如水鸣峡，如种出土，如寡妇之夜哭，羁人之寒起。当其放意，平畴千里，偶而幽峭，鬼雨秋坟。（袁宏道《徐文长传》）

又云：

文长眼空千古，独立一时。（袁宏道《徐文长传》）

袁宏道此评于明神宗之世一出，天下震惊，的确徐渭做到了前无古人，后启来者。殊不知三四十年后八大山人来到人间，正所谓横空而出世矣，一洗先贤遗迹，又出生面。八大山人之作唯含蓄蕴藉而后能宏博正大，内心之激越固有之，然其学养修炼，宛若高手之制烈骥，于画面所呈现者，盖非表面之豪纵恣肆，往往以温柔敦厚之面目，呈现一派大不可方之境界。其亲和力，来自八大山人生命的热情。他生平的怨恼、孤愤早已化为对万物生灵的广大恻隐与同情，这是禅修带给八大山人的争攀胜果，而不是对一枝一叶的描绘寄情。八大山人画面物象与徐渭的根本差异是八大山人富哲思、具悲怀，而徐渭则纵豪情、泄愤慨。有人以八大画鱼鸟，多白眼对青天，是其意有所抑郁、不得通其道所致。其实这样的皮相之判，代替不了观者的普遍感受，苟有一人，不知八大之艰难苦恨、不幸家世，其读八大画，必觉其冷逸而宁静、造型备极生动。艺术欣赏的直观性，最是重要，正如诗无达诂，人各有会，我们不赞成论者以为白眼鱼鸟即为抗清意识、即为爱国主义，但同时以为一切牵强之语，亦皆为看法，此亦一是非，彼亦一是非，皆有存在之权利，语言霸权，对谁都是毛病。

要之，文学与绘画有职能之分工，必强绘画语言之所不能，且以为八大山人可于绘画中寄托非笔墨所可承担者，则易入另一种我执与法执。以我执、法执而评禅论道，便可能陷于困境。文学更贴近社会人生，对功过是非、利害得失倘有超乎常人之睿智，必有不同凡响之判断。绘画则近乎诗性和音乐性，其所最高者为一种感觉、一种启示、一种会意，至高峻极的绘画不以表达大悲怮为极则，而是将大悲痛化为大慰藉、大执著化为大自在。八大有之矣，而徐渭不逮远甚。进言之，八大之绘画虽有哲理性，然赏八大画并非读《六祖坛经》或《五灯会元》；同样，读禅家书，会其机锋，感其探幽测微之妙则可，而欲自其中看到一幅美妙之画图，则绝对会失望。论者由此及彼，信为思维圆融；倘顾此而失彼，强此而为彼，正为文之大忌耳。

徐渭之画给人的直感是愤世嫉俗，故看出胸有不平。于是偶有败笔，殊少沉稳之气，这便易流于纵横。而徐渭因才气过人，瑕不掩瑜，终是杰作。八大则能寄宁寂于激越，作画之时，心中无挂碍、无渣滓，于是用笔既妍润而又峻发，亦若百炼钢成绕指柔，外包光华、内含坚质，线条笔墨无丝毫迫促澶沦痕迹。《老子》书所谓"善行无辙迹"者，八大有之，徐渭则未得三昧，这其间的距离盖不可以道里计矣。

徐渭在美术史上不可磨灭的贡献，是他能将即时性的感发，淋漓痛快地宣泄，宋元之前的绘画语言虽有种种发明，然这种即时性，断不如徐渭之意气奔放。八大山人身处江西，当时由于讯息迟缓，可以料定他所见徐渭画作不多，所有文字记载只有极少提及。当八大山人名被全国的时候，袁宏道虽已推重徐渭近半纪，但其作湮没散失什九，在康熙之世，八大的影响肯定超过了徐渭。也许八大山人的笔墨直承董其昌、倪云林者居多，而董、倪绘画的清纯、宁静显然更近八大山人。我们应该校正一种说法，即八大之绘画和徐渭、陈淳之绘画有什么直接的血缘关系。于此我想到郭象的"独化"，当然郭象是在哲学上与何晏、王弼辩宇宙生成时提出此说，而对历史上伟大如八大山人者，我们是不妨借用一下郭象之说的。以八大山人之绘画，"空前"是必然的了，"绝后"与否，这将是一个有趣的问题。之所以有趣，因为三百八十年来尚未有一人，达其堂庑，从今而后，亿万斯年，何能称"绝后"？不"绝后"，便显得有趣，这是自然的了。

综上所论，以袁宏道对徐渭之评"无之而不奇"那么，八大山人则是似奇而反正，似奇而反真。徐渭晚岁书画益奇，八大山人晚年书画愈趋宁静；徐渭书画之侠也，八大山人书画之圣也。徐渭奇肆不可相匹，八大山人正大不可方隅；徐渭之作令人惊骇嗟叹，八大山人之作使人深思息虑；徐渭于宇宙本体之原状（极其单纯无垢）偶有疏离，而八大山人则贴近宇宙本体、略无间隔；徐渭之性，以宇宙之大犹不可牢笼之，而八大山人则与宇宙浑融为一、与万物和光同尘，无物无我，不知何者为我，何者为物；徐渭所写之物皆著徐渭之色彩，有我也，而八大山人则我与万物一如，无我也。这正是王国维于《人间词话》中判断词作之妙语，今亦以借用之。

中国美术史十分幸运的是出现了空前的大师徐渭，使我们更觉幸运的是出现了伟大的、空前的大师八大山人。天不生仲尼，万古如长夜，中国美术史苟无八大山人，绝对会黯然失色。八大山人对中国画的贡献几乎是不可计量的，而随着历史的推移，他的艺术将使千秋蒙庥，恩泽无以数计的后之来者。

　　我们有必要再进一步探求八大山人的笔墨。《老子》书有云："为学日益，为道日损，损之又损，以至于无为。"八大山人似乎永远在做着权衡损益的工作。最后，他是决心永作艺术语言上的减法了，唯其如此，语言越简捷而越趋近宇宙本体——道，从而他的艺术语言本身已不重要，而是这语言所传达、所载负的是大造气韵的周流，事物象外的神采。所以谈八大的笔墨，先谈八大的"无待"。《庄子·外物》有云："荃者所以在鱼，得鱼而忘荃；蹄者所以在兔，得兔而忘蹄；言者所以在意，得意而忘言；吾安得忘言之人而与之言哉！"意之既到，则言亦可忘，这就是中国写意画的本质，而八大山人在这方面臻其峰而造其极。抽象早是中国写意画家的必具的品性，然此抽象断非西方抽象派画家所指，断非毕加索、巴洛克者流之追逐。西方之抽象往往理性先行，先有一主义如野兽、立体横亘胸次，然后唯恐不新，主义层出不穷，而去宇宙本体益远。当西方的抽象主义发展到康定斯基和蒙特利安时，已排斥任何具象之联想，亦即画面只有不可名状的线与色、点与块。这些主义显然最后使艺术失去它最原始的意义。艺术当然要描摹自然，这其间天才的描摹与笨蠢的描摹，距离正可以光年计。天才的描摹，必投入画家的意志，当画家与天地精神融而为一的时候，那就达到了道家的"撄宁"、"无待",佛家的"无心"、"放下"的极其幽冥之境,这时画家的意志,就是宇宙的本然。我们有时看八大至极的作品时,心灵的感动是不可言说的。我曾在一篇论八大的文章中写道:

"无待",宇宙之大、日月之明、星辰之众,皆顺其自然;天体的运行、万物的繁衍皆随其大化。"无待",一切都无所依恃、无所追逐、无所期求。天地的大美,无需言说;四时的代序,毋庸议论;万物生灭,何需置喙。古来圣贤的本分是认识天地的大美、万物的至理,无为而治,不枉加意志于造化。(《画外话》)

我还说过:

八大山人的画,简约至于极致,那是真正的妙悟不在多言,真正的至人无为,大圣不作。八大山人的画渐渐趋近他语言符号的本身,或者换言之,八大山人的画就是一种符号性的空前伟岸的语言。所谓"士气"的符号,便是简捷清纯、精微广大、高明中庸。扫净一切的繁文缛节、一切的矫揉造作、一切的事功媚俗,那么"士气"的博大、空明、雄浑、典雅便呈现在你的面前,这是八大山人艺术的符号意义,也是中国画的终极追求。(《画外话》)

我之所以连篇累牍地转抄自己这段话,只是为了使世人清楚这"符号"二字。"符号"必须是本质的、简捷的、明确的,因为它"本质"地展示着宇宙的奥妙,"简捷"地对宇宙进行描述,"明确"地表达了天地万物那冥不可测的本然性质。大朴无华的八大山人的作品,是中国画史上作得最杰出的、也是无与伦比的。八大山人用情至笃,故而能深入其理,至于其性。虽入于"无待"之境却"谁免余情绕",他总还有对人间的不忍割舍的些许怀恋,这就是他寥寥数笔所倾诉的全部悲悯和恻隐。他虽"无待"矣,然而无奈的八大山人离不开他的生命状态和生活境遇,他毕竟是活生生的人,他需要草堂窬歌、北窗三友。晚景有些凄凉:双手有疾,厨中乏粒。伟大的天才,和伦勃朗一样,他们创造了无限丰厚、精美的人类精神食粮,但却忍受着饥肠的折磨。写至此,不免为先哲一挥悲怆之泪。

八大山人笔墨的清醇,发源于心灵的"无待"和"放下",他决不容忍笔墨中剩下任何的污秽。七十八岁时,他早已是人书俱老的会通之龄了,有题画云:"董巨墨法,迂道人犹嫌其污……"在八大的心目中,有一位遥远的异代知己倪云林,高洁的心志和清华的笔墨使他们三百年的时间阻隔缩短。以我之见,三百年之中其可与八大山人联袂者,倪云林绝对是第一的人选。他们的晚年似乎都不再用色,从而为中国之水墨画树建极境。"繁采寡情,味之必厌"(《文心雕龙·情采》),此可为千秋为文者戒,亦足为中国水墨画戒。繁采与水墨是有些不共戴天的,失败者包括精于水墨的张大千,也包括步其后尘而钝于水墨的泼彩诸公,更包括什么也不是的、咒骂笔墨等于零的中国画坛现代派"先驱"某人。如果喜欢色彩,可去画工笔重彩,这其间的嫁接,或曰拉近距离,可谓多此一举。

在此，我们必须厘清的一种观念是将八大山人与西方后现代主义的生拉硬拽。后现代主义本质上是一种"文化批判"，八大山人则决非其然。从他对倪云林的欣赏中，可以看到他胸怀的博大。他生活于我们民族的哲学思想和绘画传统之中。他的平常心使他不会发出匪夷所思的"决裂"、"呐喊"、"站起来"、"真的猛士"等等的激烈口号。八大山人自然地生发着自己的艺术，又回归到那不假言说的自然。看黄安平画的那位小老头儿，那么谦揖可爱，那么清明在躬，他会揭竿而起吗？反传统？八大山人生前不像石涛那样疾言厉色。

谈到用笔，我们自会想到"腕力"一词，揆诸二千年中国画史，腕力能超过八大山人者尚未之见。或云，你说的是那位黄安平先生笔下的文弱老者吗？他腕力竟如此之大？腕力者，非角士掰腕之力也。长颖兼毫，持于笔尾，悬空挥写，于二维之平面上，以用笔之提压顿挫、轻重虚实，呈万象于三维空间，斯之谓腕力。而其中之杰出者，我们称他腕力过人。腕力乃丹田之气由臂至腕、由腕至指、由指至神经末梢运转回环、冲波逆折之力。盖艺林之班头、画界之祭尊，往往心灵具不矜不伐之定力，用笔乃有不思不勉之运转。气者，周流六脉之生命力也，这和肌肉发达与否，毫无关系。不少名家奋斗一生，下笔之际仍有用力过猛之病，吴昌硕自不待言，齐白石、潘天寿亦皆难辞。这当然是以八大山人作标准。比较其他人，此数公皆用笔之上选者。尝见八大山人画寻丈条屏荷花，其茎其叶皆中锋自上而下，坚挺婀娜兼之，此画必八大山人悬臂之作，则腕力之神奇，足可为万古之师矣。石涛不能画长线，齐白石一画长线则有枯柯僵桠之感，就线条而言，比八大山人正相差一大截。

　　至于八大山人之构图，断无造险之愿。古往今来，于《老子》书，"知其雄，守其雌"、"知其白，守其黑"之参透，无过于八大山人者。知此二者，则"黄金分割"、"三角形"、"不齐之齐"、"齐之不齐"种种高论均可避舍；而量以尺寸、左右比划，然后下笔，皆愚人自缚，决非构图要义。"位置"当然需要，而"经营"，至少不是八大山人所愿为者。"知其白，守其黑"指知阳而守阴，知刚而守柔，一切处于蓄势待发之状态，而此种状态则为八大山人感悟所致，不用刻意为之。八大山人于构图称大作手，无处而不可，无处而不适，如流泉之注地、轻云之出岫，如烟生霞飞、雪飘霰落、了无定则。最迷人处正八大画面之空白。一条小鱼、一只雏鸡、一块石头，背后是几十倍大的空白，事物宛在浑然天地、寥廓宇宙之中。人皆可如此作，然作出之效果恐怕有同于天壤。此无它，八大笔墨之精良、形态之妙造，有不可言说之美质在。蜷曲的动态，预示着高翔；美妙的笔墨，纯发乎心灵。八大山人把"白"作为"黑"的依存，作为"黑"的相生发的必要条件；八大山人岂止在以"黑"造象，更以"白"造境；而八大山人所造之境往往能将我们引向那众妙之门，心灵于无何有之乡作逍遥游。"抑志而弭节兮，神高驰之邈邈。奏《九歌》而舞《韶》兮，聊假日以媮乐"，那是天庭美妙的音乐，在八大山人的画中我们依稀可以听到。

　　三百八十年过去，八大山人，你在南昌广度庵的坟茔尚在否？我们似闻八大山人弥留之际致鹿村的信札中"性命正在呼吸"的清音，这呼吸已转化成了笼罩千秋万代的滂沛大气。你是生命的微弱者，而却是心雄万丈的巨人，这一点在西方只有一个名字与你相匹，那就是：米开朗基罗。

黄宾虹论

　　黄宾虹这三个大字，宛若一座雄踞于中国山水画史大师群峰的峻拔而险的大山，广不可方而高不可极。它，那么沉静、那么肃穆、那么葳蕤、那么葱茏。

　　黄宾虹成为了一种博大而沉雄的文化象征，一种悠远的历史存在。它需要一代代的人去研讨、去解读。你会想起屈原的诗："驷玉虬以乘鹥兮，溘埃风余上征。"(《离骚》) 这是一种快意的长征和腾飞；你会想起王安石的文："险以远则至者少，而世之奇伟瑰怪非常之观，常在于险远，而人之所罕至焉。"(《游褒禅山记》) 这是一种艰辛的跋涉和攀登。它高大，但并不深拒固守；它修远，但正是求索所在。镌刻于大山的铭文，因岁月而剥蚀，那是二千五百年前的古籀："志于道，据于德，依于仁，游于艺。"

　　记得四十多年前，黄宾虹的画被一般人视为古调自爱、今人不弹的古董，而我则私心景慕。更由于恩师李可染的推重，颇想搜罗一些有关他的著述研究，然而市场上几乎没有。奇迹终于出现了，有一位傅雷先生的朋友，香港《大公报》的主笔陈凡先生从香港由二兄范临给我寄来了一本他编纂的厚厚的《黄宾虹画语录》，那时我们还见不到一本如此丰赡而全面的读本。后来，我终于有机会在国内见到了陈凡。他清癯而睿智，完全是一位蔼然学者。我想象不到他年轻时竟是一位革命斗士，富文采、擅词章，写得一手好字。从他那儿，我不但进一步认识了黄宾虹，也知道了中国文坛上两位仰之弥高的大师黄宾虹和傅雷的深挚友情。陈凡先生看过傅雷先生所藏的所有黄宾虹的杰构，而傅雷似乎吝于对当代其他画家褒辞。黄、傅二人相互敬重，共视赏音，不唯二人的国学旗鼓相当，且狷介不群的性格也正相似，那是两位寂寞的远行者。在《黄宾虹年谱》（王中秀编注，上海书画出版社2005年版，以下书札皆出于此）中有着清楚的实录，他们的往返信札，读之令人对大学人的友情心向往之。

黄宾虹几乎批量地馈赠所作，而傅雷也决不见外地索求。那时，艺术家不会想到那是可货于市的商品。"黄宾虹先生道席：承惠画幅二批，均已拜收"（《黄宾虹年谱》），足见黄之慷慨。又"黄宾虹老先生道席：……倘有现成小册页（寄国外尤以小幅为便）亦恳捡出若干，敝处所存，近已分馨"（《黄宾虹年谱》）。可见傅雷并不以厚藏为目标，不啻为代黄老分赠画幅的中转站，非高谊云隆，何能致此？当今画人与学者，尚有两人可作如此之高士交乎？提出此诘问，不唯求诸人，更当责诸己，我希望能找到这样忘怀得失的知音。黄宾虹的风范，足使人们淡泊寡营，成为我们精神的导师。

今之激赏黄宾虹所谓"壬辰之变"的诸公，对先生八十九岁以后因白内障双目失明后的作品的奖饰之词，恐怕不会为傅雷所完全赞同。还是前面 1954 年 4 月 29 日同一封信，傅雷对黄宾虹寄来的"画幅二批"，颇有微词：

尊画作风可称老当益壮，两屏条用笔刚健婀娜，如龙蛇飞舞，尤叹观止。唯小册纯用粗线，不见物象（着重号为引者所加），似近于欧西立体、野兽二派，不知吾公意想中又在追求何等境界。鄙见中外艺术巨匠，毕生均在精益求精，不甘自限（范注：言外之意，实此两批作品之粗陋，不曾做到精益求精）。先生亦不在例外（范注：此正面之勖勉，实以为先生已属"例外"矣）。狂妄之见，不知高明以为然否？（《黄宾虹年谱》）

先是对黄宾虹"纯用粗线，不见物象"提出质疑，继之对黄趋近"立体"、"野兽"二派惊讶，"不知吾公意想中又在追求何等境界"，困惑之中有所不满。"鄙见"至"先生亦不在例外"，无异对黄宾虹提出期予。委婉之劝，在其中矣。"狂妄之见"正是傅公批评之主旨。这足见此信是傅雷以诤友直言，对黄的批评。越明日，傅雷又有一信，对前信之"狂妄"似忧黄老之不受，而作转语，反批评而为赞扬。文人切磋，时有妙趣，而悱恻之情，实为可感。

前二日事冗，未及细看，顷又全部拜观一遍，始觉中、小型册页中尚有极精品，去尽华彩而不失柔和滋润，笔触恣肆而景色分明，尤非大手笔不办……但在泰西近八十年方始悟到，故前函所言立体、野兽二派在外形上大似吾公近作（范注：前信云"似近西欧立体、野兽二派"，此信转而为"立体、野兽二派在外形上大似吾公近作"，前言黄似他人，黄当耿耿；而改为他人似黄，黄则其喜洋洋者矣）。以言精神，尤逊一筹。此盖哲学思想未及吾国之悠久成熟，根基不厚，尚不易达到超然物象外之境。至国内晚近学者，徒袭八大、石涛之皮相，以为潦草乱涂即为简笔，以犷野为雄肆，以不似为藏拙，斯不独厚诬古人，亦且为艺术界败类。若吾公以毕生功力，百尺竿头尤进一步，所获之成绩，岂俗流所能体会。曲高和寡，自古已然，固不足怪也。（《黄宾虹年谱》）

即使如此，傅雷对黄宾虹失明之后"有线无形"之作依然取审慎之尺度，谓"始觉"，言昨日之未觉也，亦言曲高和寡，不易获赏，不唯他人，傅雷亦在其中；以傅雷之博闻广识，犹不易深知，更无论鄙识庸听矣。虽然，傅公之用词固不奢，称"尚有极精品"，意指精品之少也，这"尚有"不同于"多为"，更不同于"皆是"，足见大半作品仍不为傅公所见赏。须知者，傅公所以译罗曼·罗兰之《约翰·克利斯朵夫》、丹纳之《艺术哲学》，以傅公本人于音乐崇尚古典主义。克利斯朵夫所激赏之莫扎特、巴赫、勃拉姆斯，亦深为傅公所景仰。彼时浪漫主义之德彪西尚不在其主要视野之中，更无论兹后之前卫先锋矣。傅公之所以写此两函，未必想对黄宾虹之"追求"起推波助澜之作用，筑堤的意味大于导流。以为黄宾虹先生曲高和寡不顾俗流则可，一味有线而无形，则易忘其精进目标。于无文字处透出傅公之良苦用心，而又绝不伤黄宾虹先生神圣之自尊。读后抚卷长喟，深感傅公之于黄宾虹可谓用情过深、敬爱有加矣。

世有激赏黄宾虹"壬辰之变"者，即以为白内障眼疾于黄宾虹非徒无害而有益，甚至近乎神的意志。称1952年夏至1953年6月近一年时间内的作品"近于天籁又无比老辣"，说它们"无法不法，乱中不乱，不齐之齐，不似之似，这些中国画家终生追求而不可得的境界，竟然在一个瞎眼的老画师笔下出现了"（王鲁湘《中国名画家全集·黄宾虹》）。说这证明了黄宾虹"中国画舍笔墨内美而无他"的美学理念（范注：此强用黄宾虹昔年之语以评壬辰作也）。这些说法显然出自王鲁湘先生的想当然，由于怪谲而不禁使人骇异。但令人不胜遗憾的是，绘画毕竟是视觉的艺术，壬辰之作免不得碰，碰上好的，那是天章云锦似的杰构（傅公所谓"尚有极精品"者），而大部分作品则是破败支离的劣作。我以为王鲁湘先生的激动不是伪装的，因为欣赏艺术品绝对是不可规范的个人行为，应当原谅这种迷信的状态。然则作为生平实录之《黄宾虹年谱》，竟有以为失明后"画面呈现一派前所未有的灵光，一点一横均臻天真烂漫、随心所欲不逾矩的神明之境"（《黄宾虹年谱》），窃以为过矣。其实黄宾虹的伟大，是不用怀疑的，然则岁月不饶人，当眼睛已全然不见，加上体力不逮，你偏说这是"通会之际，人书俱老"，那就会陷入不可自圆其说的我执。

艺术家固有创造之惯性，黄宾虹之双目失明作画与贝多芬之双耳失聪作曲是不可比列的两件事。音乐的旋律，对大师而言是内心对天籁的回应，真正的大师在没有弹奏出声的时候，

黄賓虹絡像　諸傳雷先生所攝賓翁像炙筆寫之載賞載味歌曰丈韻育非知賞識風客那得大師神　歲丙戌士翼江東范曾

那美妙的音符便会流转圆融地组合，和声与对位会天衣无缝地、诗意般地存在，整个的奏鸣曲不在纸上，而在心上，而这种感觉来自他耳聪时刻骨铭心的乐感。那时甚至在梦中想出乐曲，醒后记出，同样可达至美妙绝伦的境界。这不需体力，只需灵智。盛年双耳渐渐失聪的贝多芬创作的力量却与日俱增，每一次热烈而真挚的爱情，都带给他双倍的痛苦与悲伤，而这欢愉和痛苦都在他的乐曲中铭刻下来。四十六岁时耳朵完全聋了，五十二岁时不甘向命运屈服的他，要求亲自指挥他的乐曲，指挥棒和乐队各行其是。这次的失败和他的作曲毫不相干，乐曲是伟大的，而伟大的作曲家手中的指挥棒令人愤怒。然而，贝多芬毕竟是贝多芬。两年后，他指挥大获成功，我相信乐队对大师的迁就起了绝对的作用。当女歌手将他拉向观众时，他大为惊愕，全场疯狂地挥舞帽子，鼓掌致敬，然而他听不见。

我相信黄宾虹心头也有一曲曲的山河颂。"中华大地，无山不美，无水不秀"（1948 年黄宾虹自题《雁宕二灵图卷》），那是足可陶咏、心驰神往的所在。甚至我相信，在黄宾虹的心灵里蕴蓄着无数美奂的云影川流，这无言的天地大美甚至在梦境中都萦绕着他。层峦耸翠，上出重霄；飞阁流丹，下临无地。他的不屈生命和意志迫使他作画，然而和失聪的音乐大师不同的是：鸣奏在大师胸中的是完整无缺的，而在失明的大画师笔下，必致山河破碎。几十年的腕肘运转，那金刚杵般的线条这一笔、那一笔地在画面上绝不连属地腾跳。也许很多的读者曾看过黄宾虹的杰作，了解老先生崇高的画品、人格，这种综合情绪会使人们产生欣赏误区。往好里看，是所有人的善良愿望。大不其然的事实是：我们纵览历史陈迹，在绘画史、诗史、音乐史上，即便是天才的大师，至美顶尖的作品，在他们一生之中，所占比例都是少数。以这无情的事实来衡诸黄宾虹，当然他也不能例外。更况他的寿数与作品成正比，因此其作品中不佳者的数目是巨大的；与其寿数伯仲的齐白石有"废画三千"一印，可见他有自知之明。遗憾的是，欣赏者群体对此并不认账，收藏家眼力不济，于是带给艺术家的遗憾几乎是永恒的——你越坏的作品却越被社会所宠爱，黄宾虹画在此成为了最大灾区。目下，作品的好坏已降居次要的地位，只要是黄宾虹的画，哪怕是极粗至陋的作品，都被罩上了无数的光环。记得罗曼·罗兰在《约翰·克利斯朵夫》中记述过克利斯朵夫的最大悲哀：

　　而他最难堪的是，那些应时的曲子——他作品中最坏的一部分，偏偏给人家珍藏起来，没法销毁。例如为庆祝亲王诞辰所作的协奏曲"王家的鹰"、为公主亚台拉伊特出阁所写的颂歌，都被人不惜工本、用精致的版本印出来，使他恶俗不堪的成绩永垂后世——因为他是相信后世的。……想到这样的羞辱，他竟哭了。

　　郑板桥曾怒不可遏地警告后之来者，倘有人在他身后编纂全集，他将化为厉鬼啖其头。其与劣作之深仇大恨如此。且也，艺术品不是可以量化的商品。"多"与"好"之间，没有太大的关系。丰产作家，不在看他作品的厚薄，而在看他作品的优劣。即使有自知之明的大师也难免对自己的作品怀有偏爱，没有齐白石和郑板桥的见地。陆放翁的《剑南诗稿》中坏作品便太多，竟然出现了"洗脚上床真一快"式的鄙俗俚语，实在有伤大雅。然而不碍陆放翁为大诗人，因为至少一万首中有五十首可与唐宋诸大家并列，足可传之千古，那么我们就有理由原谅他的九千九百五十首的粗陋。即使有了齐白石的"废画三千"的见地，我们翻开他的全集，也还有他撕得太少的遗憾。对大师一味地仰之弥高是不行的，他不是神。黄宾虹先生曾讲过陈老莲陈列其画，众人称佳者必当众撕之，此有作秀之嫌，既以为众皆以为美，斯不美矣，正可回去慢慢撕。平心言之，古往今来于笔墨上下过黄宾虹那么大工夫的画家，恐怕不作第二人观，因之他的即使粗陋的作品，而决无恶俗、决无市井，也决无江湖。究其原因，可用黄宾虹的一句话概括言之："中国画舍笔墨内美而无他。"（王鲁湘《中国名画家全集·黄宾虹》）

屈原所谓"纷吾既有此内美兮，又重之以修能"（《离骚》），这"修能"二字，正黄宾虹所谓之"笔墨"，而"内美"在屈原则指个人心灵的高度修养，即黄宾虹所体认的志道、据德、依仁、游艺。"志于道"，是他对宇宙本体竭诚尽智的追索；所谓"据于德"，则是他对天地大德的向往；所谓"依于仁"，则是他对人生、万物的无限恻隐；"游于艺"，则是他几十年孜孜矻矻、朝斯夕斯的不懈攀登。若论道德，黄宾虹则是不折不扣的大儒、清风高节的志士。他远离喧嚣溷浊的人生，是非得失与他渺不相涉，他的孤寂不但是缘于心志的高洁，也由于他的修炼持守所需要的绝不是世俗的繁华，而是空所依傍的"慎独"和"心斋"。在这里，黄宾虹将儒家的"事功"与庄子的"无为"这两个似乎截然对立的概念融而为一。

诚如黄宾虹所说："山水画乃写自然之性，亦写吾人之心。"（黄宾虹1951年致友人信函中语，见王鲁湘《中国名画家全集·黄宾虹》）"自然之性"是什么？那是天地无言之大美所在，是天地的大和之境。这种宇宙本然的存在是那样美妙、那样奇幻、那样不可思议，它"惝然若亡而存，油然不形而神"（《庄子·秋水》），当黄宾虹追索着宇宙的本根的时候，他深悟到宇宙本源的素朴和苟简，那是一种极其单纯的存在；道之所在是混沌的、齐一的、无待的，而黄宾虹的所有关于自然和笔墨的论述都宛若站立于宇宙的环中，他怀着宁寂而旷远的心境，在他的艺术王国踽踽而行，人世间的诙诈他全然不知，而世俗的事功已在他的坚韧的艺术行程中消融。一个伟大的心灵对历史的陈迹——经史典籍、鼎彝古器、古籀汉隶、宋元名迹有着无所不包的胸襟，对真正的创造者而言，决不希求古典主义的终结，而是将自身的生命与古老的生命嫁接、延续、生发和更新。黄宾虹是绝不可能守于一家、死于章句的。他八十岁以前还在临摹沈周、巨然、高克恭，更无论此前他所穷追深诘的董北苑、黄子久、吴镇、王叔明、唐六如、文征明了。当然还有那他永远看不到的王维、李营丘，这是他心灵上的祭尊。凭着他的博大修养，他能如门捷列夫元素表一样地追寻到梦中的王维和李营丘。

黄宾虹对地—天—道—自然的广大追求，不是晚近"其犹一蚊一虻之劳者"（《庄子·天下》）的套袭古貌、专尊一家者。用傅雷先生对黄宾虹的四字评价"家数无穷"，最是知音之赏。而黄宾虹游山访古数十秋，秦岭云横、太华峰险，放笔即在眼底；庐山之秀、黄山之奇，吮墨即至毫颖。胸次既浑然而无渣滓，下笔故跌宕而无挂碍。丛林茂竹、巨峡大壑、苍岭云岫奔来眼底。当此之时，曾不知有今有古，亦不知今夕何夕，笔下无非生机，墨中必有氤氲。这浑浑噩噩的状态宁非宋元君时解衣般礴的画师？宁非以无厚而入有间、恢恢乎游刃而有余地的庖丁？黄宾虹之画迷人处正在他的不经意、他的从心所欲。世人苟无黄宾虹之学养功力，必欲袭其皮相，那将是十分可悲的事，因为那"厚"立刻变为了"赘"，"密"立刻变为了"缛"，"重"立刻变为了"浊"，"满"立刻变为了"挤"。亦若古希腊神话中当太尔式的烦恼——"仰取果实，化为石头，俯饮河水，水即不见"。

"心斋"使黄宾虹心灵完全达致"撄宁"之境，烦乱与不安得以彻底宁寂，那是一种神圣的"吾忘我"的无待之境。这时，创作状态中的黄宾虹是一匹解索脱羁的骏骥，风入四蹄、奔赴绝尘。这时的笔墨生发，纯任自然而不可言说，"道不可闻，闻而非也；道不可见，见而非也，道不可言，言而非也"（《庄子·知北游》）。即使黄宾虹对笔墨的论说，那也仅是为学画者所开的方便法门，并非可以一一辨析。黄宾虹论笔之平、圆、留、重、变如何，竟有与五行之说勉为勾连，实在非论画之法门。（王鲁湘认为：黄宾虹论画五笔，与中国古代"五行"思想一一对应，"本身就是'五行'思维的产物"。）

宇宙乃是时空流转的无始无终的过程，"吾观之本，其往无穷；吾求之末，其来无止"（《庄子·则阳》）。观黄宾虹画知所谓无起止之迹，岂唯论一笔一划之来去，实在是笔墨浑融于大造的超诣传神。黄宾虹在他忘我的时刻，便从时空的我执中解脱，达到了物我交合、物我俱化，忘是非、忘生死的境界。朝晖夕阴随其自在，春夏秋冬顺其自然，那是一种天籁、地籁、人籁的宇宙交响。"自其异者视之，肝胆楚越也；自其同者视之，万物皆一也。夫若然者，且不知耳目之所宜，而游心乎德之和"（《庄子·德充符》）。

我敬爱的恩师李可染先生曾有一段欣赏黄宾虹画的极富意味的话："黄宾虹老师的画，远看什么都有，近看什么都找不到。"知黄宾虹者，除傅雷而外，岂唯李可染耶？可染先生智深睿永之大师也，与我们论黄宾虹，从不作玄虚莫测之谈。论用笔用墨，都能娓娓道来，出神入化、鞭辟而入里，使我们进入黄宾虹宏大而辟、深弘而肆的艺术王国，在那里作抟风九万里扶摇而直上的逍遥游。

"心斋"使黄宾虹的绘画具有了寂静而空明的本根之性。黄宾虹的五字诀："画贵有静气。"绝对是衡量一切中国画的关键。"若一志，无听之以耳而听之以心，无听之以心而听之以气。听止于耳，心止于符。气也者，虚而待物者也。唯道集虚。虚者，心斋也"（《庄子·人间世》）。至此，我们完全彻悟了心斋——虚——冲和的奥义，他远离喧嚣浮躁，接近了宇宙的本源，那是绝对宁静的无何有之乡，原来黄宾虹的"黑"，来源于他的"知其白"，这"白"何尝不是混沌未开时的"无"。

那横无际涯的虚冲大气笼罩着黄宾虹的画面。回崖沓嶂、九垓汗漫、云锦万叠、风色千里奔来眼底；浩渺情愫、难忘忧思、跌宕诗境、古今浩叹注入心头，那是人生难再的五脏疏瀹、精神澡雪。你所思者早非一山一水、一草一木。黄宾虹的画使我想起庄子的一词——天放。天高地迥，觉宇宙之无穷。那迷蒙的、苍莽的、无可穷极的幽深中是晓色初开，还是暖暖将罢？是云青欲雨，还是水澹生烟？此中定有大造的瞬息万变，有自然的生死荣枯。那浮动着的、浓重的黝黑，是千千万万傲霜松柏；那散落着的、飘动的墨点，是林林总总崔嵬峰峦。

死于章句的钦饤小儒会去一字一句地读杜甫的《秋兴八首》，而探测宇宙奥秘的陈省身则把《秋兴八首》看作一种非凡的气势、一种使心旌摇动的雄风。读黄宾虹的画亦然，必须以苍莽之眼观物、雄阔之心体情。除此法门，更无他途，你只会永远在黄宾虹的画外作隔岸观。刘勰云：

> 文之思也，其神远矣。故寂然凝虑，思接千载；悄焉动容，视通万里；吟咏之间，吐纳珠玉之声；眉睫之前，卷舒风云之色：其思理之致乎？故思理为妙，神与物游。（《文心雕龙·神思》）

此情此境，黄宾虹先生有之矣。

当我们以形上之思游于无端之际以后，回过头看黄宾虹的画史和画论，就立刻会发现：黄宾虹的实践属灵智领域，言说则是为初学者之方便。前者是匪夷所思的、不易端倪的博大沉雄景观，而后者则是睿思与偏见齐飞、学者共冬烘一色的间间小智之所在，虽然如此，亦有说焉。

黄宾虹是一位纯粹的艺术家，让他谈经学，固不如乾嘉时人，故有"圣人法地"之误。论笔墨最有发言权，又故挟高论如"太

黄宾虹论

151

极"之类。可叹赏者是黄宾虹的"妙悟者不在多言"的只词片语，而不是他连篇累牍的《古画微》。对后世的贡献应是那闪烁着智慧之光的警句良言，至于四平八稳的画史评述，并非黄宾虹的杰构，不足列为经典。作为画史家的黄宾虹可谓平平，而其鉴测古迹，亦多受故宫专家们如朱家溍之微词。

他对线的认识，我们不妨追溯得远一些，方可知其所从来。乾嘉以降，学者畏文字狱之斧钺，一头栽进经学，因此朴学大兴。于经史子集多有勘误，而于天文、历法、音律更多所发明。朴学前导，碑学以兴，乃有包世臣之《艺舟双楫》及康有为之《广艺舟双楫》出，重碑轻帖之风，遂披靡国中。包世臣雄谈书法用笔，难免穿凿；康有为峻论碑帖，多有偏激。所幸者，重碑于中国书法及绘画确有贡献，而黄宾虹之论用笔，大体未越包、康藩篱。兹略举数则以呈一斑：

用笔之法，从书法而来，如作文之起承转合，不可混乱。起要锋，转有波澜，收笔须提得起，一笔如是，千笔万笔，无不如是。（王鲁湘《中国名画家全集·黄宾虹》引黄宾虹语）

作画落笔，起要有锋，转要有波，放要留得住，收要提得起，一笔如是，千笔万笔，无不如此。（1952年自题《湖上晓烟图》）

此论是也。从解析用笔而言，此固无讹。宛若电影之慢镜头夹以定格，则一条线确不简单，然则黄宾虹之用笔，风雨齐下，如春蚕之食叶，绝使不得如此之慢镜头推移。解析则可，必验于黄宾虹的每一条线，则会大失所望。"一笔如是，千笔万笔，

无不如是"，则更是大师殷殷于人，而不欲求诸己者。以此知读大师文正不可胶柱而鼓瑟，刻舟以求剑。

用笔以万毫齐力为准，笔笔皆从毫尖扫出，用中锋屈铁之力，由疏而密，二者虽层叠数十次，仍须笔笔清疏，不可含糊。（王鲁湘《中国名画家全集·黄宾虹》引黄宾虹语）

此论亦是也。中国画重中锋，即如锥画沙，笔笔无论粗细飞白当皆从毫尖扫出。然则，如此用笔从范宽到黄宾虹都未发现层叠数十次者。苟浓淡墨叠以数十次，绝对能造出一张黑色的硬纸板，而不是气韵生动的山水画。读黄宾虹之画论，不要忘记他是一位诗人，驰骋其词，以求痛快，乃诗人之所需，盖非初学之所宜。

流动中有古拙才有静气，无古拙处即浮而躁。以浮躁为流动，是大误也。（王鲁湘《中国名画家全集·黄宾虹》引黄宾虹语）

此足允为大师只眼。不唯以言当时，亦可以言千秋，更可验现今。有以为中国画笔墨等于零者，其用笔之浮而躁，如春蚓之行于草、秋蛇之绾于树，鄙陋浅薄，厚诬国画，无视权威，诅咒徐、齐，实可鸣鼓而攻。"生则文，拙则厚"（王鲁湘《中国名画家全集·黄宾虹》引黄宾虹语）。生、拙可为比列，而文、厚范畴有别，黄宾虹往往行文有逻辑之疏漏。一依其意，倘改为"文则清，质则厚"，加上"文质彬彬，然后君子"，则为大师妙语矣。轻动古人，殊属不恭，而为解读计，似更谐合于黄宾虹之所思。

　　画有四病：邪、甜、俗、赖。邪是用笔不正。（王鲁湘《中国名画家全集·黄宾虹》引黄宾虹语）

　　此论虽只数字，可谓切中时弊，入木三分。古今之画而俗者，能逃脱此数字之网罟乎？

　　行文至此，忽思黄宾虹以大师之身手，固不囿于一笔一划之得失，对于大师是百无禁忌的，于大师之作不见其为垢病者，于初学则或足致命。贝多芬之曲，偶有和声之误，此失聪后之难免，亦若倾国倾城之女，蓬头粗服不掩其美，苟内美阙如，而自谓从心所欲，其后果当不堪设想。

　　近有研究黄宾虹书法者，思虑过深，怪谲之论迭出。以为黄氏创"起于一点"的"太极笔法"（或称"太极全息法"），"每一个点、每一条线，都是一个太极"（王鲁湘《中国名画家全集·黄宾虹》）。有研究《红楼梦》而发现"八卦红楼"之说者，可与此媲美矣。要之学术一事，最重质实，不尚虚浮，至如"哲理的神秘"、"笔墨的解体"、"笔墨的自主化"、"巨大而深刻的文化秘密"、"S线内在韵律把握"（王鲁湘《中国名画家全集·黄宾虹》）……云云，皆入法执之迷障、我执之烦恼，谬托知音，逞其私智，除尘秽视听而外，恐非黄宾虹之所可轻恕者。

　　以我之见，黄宾虹之用笔理念既深邃而又质朴，那是可以触摸到、感觉到的。从他的最精绝的画上，我们可以看到的是：

那如百炼钢成绕指柔般的刚柔相济的线条，它坚韧有力，如维摩之金刚杵，笔笔刻入缣素，即书论所惯称的如锥划沙；其用笔之力度，真"五百年必有王者兴"，堪称不世而遇的精美绝伦的线条。这些线条构成了黄宾虹体现"知白守黑"哲理的大厦，从而孕化为丰厚美奂的山川形神。以点积线，丝丝入扣，不轻浮滑动，如怀素所称邬彤之"折钗股"，亦如包世臣所谓"虽细如发丝，全身力到"，黄宾虹皆有之。加之黄宾虹作画从心所欲，左右向背，各相乘除，虽时见缺落而连属不断。此点最需读者慎思、审问、明辨，这其中包括傅雷所谓的"尚有"范围内的见线不见形的少数作品，对这些作品一概否定是不科学的，而全部肯定更是错误。最重要的还是黄宾虹叠笔、破笔、晕墨、宿墨不择时而用，无处而不适，无处而不宜，人不知其笔墨之始末，但见其整体性的鸿蒙氤氲，此黄宾虹艺术之大观也。近世李可染先生为黄宾虹入门弟子，天下知黄宾虹者并不多，而可染先生所口述，多经其深思熟虑，不似时下之巧言令色，眩人耳目。

前面提到黄宾虹先生画史之著（如《古画微》）水准平平的原因，大体彼时所见之真迹不似今日之富，故大体是据《贞观公私画录》《历代名画记》《画筌》《图画见闻志》《古画品录》诸著述之综合并参以己见，并不曾证以实物、佐以发掘，故而基本上是从文字到文字的工夫。其次，站于史家立场的黄宾虹，虽比较持平作论，然其根本立场时有透露，如论八大，虽有赞词：

笔情纵恣，不拘成法，而苍劲圆秀，时有逸气，挫规矩于方圆，鄙精研于彩绘。襟怀浩落，慷慨啸歌，世目为狂。……

　　窃以为黄氏似有不甚欣赏、敷衍为文之迹。八大山人以旷世之奇才、伟岸之人格创亘古未见之画史奇迹。前不见古人，后见之来者，唯黄宾虹一人，两人之地位相当，何不视为异代知己？立场使然也。黄氏对画人往往于才情风发、一挥而就，不事"层叠数十次"之大师，吝于褒赏。又如扬州八怪中之郑燮，固八怪中之翘楚，而黄宾虹仅以"善书画，长于兰竹"七字评之，不亦过轻忽乎？（赵志钧《黄宾虹美术文集》）

　　要在黄氏评画执于一端，其所惯用词为"浑厚华滋"，论者亦多以"黑、密、厚、重"视为黄画圭臬。黄宾虹虽有"重、大、高、厚、实、浑、润、老、拙、活、清、秀、和、雄"十四字诀，然此十四字并无逻辑相关联，且词义模糊，有老而不拙而嫩者乎？有厚而不实而浮者乎？黄宾虹在理论上并不如杜甫之于李太白之宽厚："白也诗无敌，飘然思不群。清新庾开府，俊逸鲍参军。"以厚重苍润如杜甫者，对风格殊异于己的李太白激赏为"清新俊逸"，且称"无敌"，是过于己者也。亦有论者以为黄宾虹之论画十四字，"实都具备尺幅之中"（王鲁湘《中国名画家全集·黄宾虹》），不亦奖饰过当乎？此十四字，倘为赞誉好中国画之一种说法，则有意义。果推重此十四字，必厌其反，依次排列其对立面为"轻、小、低、薄、浮、乖、枯、嫩、巧、死、浊、粗、隔、鄙"，亦可作贬损中国画之一种说法。但此直如药店之开药方，学理与审美之意义不甚清晰。且也，论美之文，必求其本身之美，若刘勰、若刘熙载、若王国维之文，其可流传不殆，

157

乃自身之美质，倘以此求诸黄宾虹的专著，恐其所逊远矣。

天才出现的原因可能多种，然大分有二：其一，不知何时、何地，忽焉勃然而发、伟然而生，才思睿敏、意气风发，此先天已然之存在，正不可限以牢笼、匡以陈见，此所谓"冒出来者"。如诗史上之李贺、纳兰性德、黄仲则、吴汉槎，皆二三十岁即攀登绝峰、名被天下者。亦若蚌之藏珠，自己生成，开壳之瞬息，即光照遐迩，其于壳中之珠生长过程正似胎儿之于母体，不待外力之推动；其二，亦不知何时何地有一人焉，视之木讷、喃喃不能语，然心存弘毅、才思积厚、术业渐进，初以为蹈袭古人，不越旧规，然则扫去胸中尘垢，终有一日豁然大朗，此所谓"磨出来者"。榜样未远，齐白石与黄宾虹是其人焉。而黄宾虹尤然。必抱如杜甫"语不惊人死不休"之宏愿，必具"意匠惨淡经营中"之耐力，作茧自缚正为化蛾，蝉衣不蜕只期高飞，正是这些天才出世的艰难过程。当黄宾虹以半纪而磨一剑，其清光储于铗中，当为必然。这是从灵魂深处渐渐浮起的觉醒，不是一声棒喝即可获致的顿悟。当然，也有部分人绝对的笨蠢，一似榆木疙瘩之迂顽不敏，即十世亦不足修成正果者，正所谓砖不可磨为镜也，而其间亦有好事者发现中国之梵高，可为一噱。

知道自己成长岁月之漫长，其间崎岖可谓历尽艰难苦恨，又知道自己的胜果不为乡愿鄙见所容纳，故黄宾虹常有三代之后方有定评之说，以亲友、师生、回护之关系消失，画之自身当可发言。黄宾虹亦五十年后始有知音之叹，其中些微的凄凉与孤独，怨而不怒，每每读画思人不胜感喟。

黄宾虹固非不问世事的隐士，壮岁与柳亚子、冯心侠、景耀月等十九人有南社之集。柳亚子诗称所谓"寂寞湖山歌舞尽，无端豪俊又重来"，确实其中有十四人为同盟会籍者，足见革命空气之烈。其所为作，则大体与革命关系不大。首次雅集，柳亚子、朱梁任大赞辛幼安词，而词学专家庞檗子则大赞吴梦窗。柳、朱适巧皆有口吃之症，何敌雄辞之庞檗子？柳亚子大哭，真堪称"无端"之哭矣。记录此段，意思是黄宾虹之结社交友，虽多时代之先锋，然其最初活动内容与革命是相去颇遥。至南社二十周年之时，周瘦鹃谓南社宿以文字鼓吹革命，可作一种热情趋同的说法，至于革命与否，则有周瘦鹃之"鸳鸯蝴蝶"为证。至1948年，黄宾虹忽发"国画之民学"讲演，概念混淆、略无伦次，大论"三角的形状多、变化大，所以美……要不齐、要不齐之齐，齐而不齐，才是美"、"大体中国图画文字在六国时代（范注：六国？春秋五霸、战国七雄，六国不知所云矣。贾谊《过秦论》有九国之师说，指为秦所亡者，然不可以九国为历史专名词）最为发达，到汉以后就完全两样了……"、"我们应该站起来……"，信口诌来，亦大有以"民学"为己任之态，能与"君学"抗争，其业亦伟矣。黄宾虹"立德"、"立功"在其大艺术，"立言"在其只言片语光耀千秋，至于宏论，迄未之见。

黄宾虹内庄而外儒者也。然庄为其本，儒为其用，且常用得不在谱中。我们不能要求以庄子之精神创不世之奇迹的黄宾虹，同时是王夫之、顾亭林，不能神化黄宾虹，误以为他之所言句句切中肯綮。

我曾有《骨相刍议》一文，趣谈古今中外相术之玄机，其实非唯用于相术，亦可用于今之学黄宾虹绘画者，以我观之，今之从事者亦有三层次焉：

一、不知黄宾虹为何人，只迷迷糊糊知道其伟大。于是貌其皮相，朝学执笔，暮已大家。叫嚣乎东西，隳突乎南北。大纛张处，群雄毕至，试看今日之域中，竟是谁家之天下。更有甚者一二人焉，大有佛头着粪之气、呵祖骂释之胆，执笔凝神，眼空无物，而谓左右云："你说句老实话，到底是我画得好，还是黄宾虹画得好？"众瞠目不知所对。庄云："狗不以善吠为良，人不以善言为贤。"（《庄子·徐无鬼》）深宜此种狂悖无度之徒戒。

二、得黄宾虹之骨相者，目下千无一焉，万无一焉。所谓骨相者，黄宾虹之内美也，若操守、学问、词章，虽前文论黄之学或有疏漏，然其比照对象为顾炎武、为钱大昕。固黄之博雅，当非一般人可见项背者。

三、得黄宾虹之风神者，则吾师可染先生庶几近之，然则吾师云殁，后之来者或自称门生，或奢称谪传，终不成气候，维耐心待以年月，而不可操之过急。

黄宾虹先生的道路并非唯一之道路。近世有傅抱石先生者，天纵异秉，披麻泼墨、烟云满纸，而悬瀑流泉、修远周流。三十年前之金陵，学山水画者亦曾皆称傅氏门人，竟有造伪者改姓为傅。其隆盛有似于今日之学黄，然则月移星转，盛况不似往昔。学黄与学傅，最难处仅有八字："只可有一，不可有二。"盖凡大师之成，积数十年霜晨雨夜之磨砺，文章得失、寸心所知，断非袭其皮毛、盗其骨殖、冒其精神者可于短期间得之。即偶得一二亦不过寿陵匍匐、苎萝攒眉，徒获笑于士林，更无益于画史。嗟夫，不苦学其过程，而轻夺其成果，其有成者不可预也。

近读郎绍君先生《问题与方法——黄宾虹国际研讨会发言述评》一文，间有卓见，如论"道咸中兴"一段尤可拊掌。然惜其不敢直言，以郎绍君之智不会不感到此次讨论会文章之劣，而绍君宽容之、迁就之，力图构建一座玲珑的七宝楼台，皆大欢喜，然而严酷的画史有时会拒绝其周到。

论述到此，不免感慨万千，悲从中来。黄宾虹先生生前决不会料到死后五十年的如此热闹场景，可恨逐臭之夫以批评家式之言说信口雌黄，带给艺术无穷极的灾难。他们忽而兴起，激赏那些败类们的劣作；忽而深刻，说一些绝然无识的、令人费解的外来词语，结果把一片光明弄成混沌，而这混沌中绝无意再放出光明。批评家和画家的红包联手，则使蛮烟瘴雾成了气候。当人们为之而眩晕的时候，后现代则乘虚而入，大行其是，其中的知名者浮动于社会视线之上，据说他们的名字叫做"大师"。

黄宾虹先生九十二岁弥留之际，吟出清人彭元瑞的名句：

何物羡人？二月杏花八月桂；有谁催我？三更灯火五更鸡。

这是他平生所爱、所求的终结，也是他远离深深眷恋的祖国山河岁月的最后言谶。

恩师可染先生尝谓余云：中国山水画三百年来，黄宾虹一人而已；三百年后，黄宾虹的地位会更高。

这是迄今为止，最具卓识的预言。

李潘之辩

　　1983年6月游闽，忽得康宁弟急电，谓苦禅先生仙逝，我即飞回北京。至苦禅先生家，见慧文先生与燕弟潸然泪涌，我抚像大恸失声，昔日恩师，已为陈人，音容笑貌，宛在目前，然则天上人间，徒唤奈何。越数日，苦禅先生好友与生徒数千永辞先生于八宝山，我与诸弟子肩先生遗体至火化场，跪送先生羽化登仙，哭声动天地。是日天色阴霾，沉重似铅，入晚霪雨霏霏，天人感应如此。先生毕生历尽风涛，其不朽艺术，永垂竹帛，正如我所写七绝："万竹堂前忆大师，擎天碧翠共神驰。英魂已化千秋墨，总在清风百尺枝。"

　　自十九岁厕身先生门墙，忽忽四十年弹指一挥，今已萧然还甲一翁矣。而初瞻苦禅时，先生年约五十七八，健步挟风，略无老态。上课授徒，了无提纲，天南海北，浩浩然迷不知所向。我等少年围听入神，亦凭虚御风，坐驰无极。于是知陈调元醉后大灌陈半丁之轶闻，知张大千对画坛笨伯之戏谑，知齐白石为彭八百选兰之趣事。闾阎闲话、京城掌故不一而足，欢声笑语震及邻室。忽焉苦禅兴起，谓铺纸作画，此时鸦雀无声。

先生用笔不疾驱、不涣漫，从容率情，真乃造化在手，大师风范。苦禅先生之"与天同契"于运斤挥毫之际便见端倪，唯见画上物象浑然天成、墨渖淋漓、收放有度。野塘夏荷、原隰双雉、蕉下鹌鹑、石上雄鹰，万类昂藏，生趣无穷。苦禅先生作画时，间或插话，此时最是精彩，往往只言片语，深得三昧，正所谓"妙语者不在多言"。然后草书题字，摇笔而散珠，或论画论书，或言事言情，其文如画，不假修饰而意味隽永。作画正待完成，铃声已响，而苦禅兴犹未阑，故先生上课前后皆不准时。平生阅人多矣，能如先生之纯任天真者仅二三子耳。先生课示范皆用学生宣纸，于是诸生争呈，皆自称佳楮，先生来者不拒，故中国画系学生无不藏有先生杰构。李可染先生作画愿杜门谢客，除画牛外，极少当众画山水。而苦禅先生天性适相反，人愈多、兴愈浓、笔愈妙，用笔之冲波逆折回湍摩荡，天然凑拍，亦若庖丁之解牛，"神遇而不以目视"，恢恢乎游刃有余，平生交往花鸟画家亦多矣，能如苦禅先生用笔者一人而已。

一日有山东王飞燕或飞燕王者来，自称画燕一世，作《万燕图》，画卷长可数十米，而飞燕之动态墨色绝对齐一无二，方向亦绝对宁左勿右。画打开方两三米，唯见先生搔耳摸头，呐呐不知所云，是先生宽厚为人，不欲以言语伤其心耳。乃为题跋数语，大体奖励多于批评，此人欢喜雀跃而去。有论者谓先生不够珍重下笔，非然也。先生仁爱之心挚切，常以己年轻时拉洋车之苦比拟时人之困窘者，不仅送画，亦且解囊。据山东张登堂先生回忆：初见先生，苦禅视其衣衫褴褛，和平画店刚送来六十元，即分其半授张。张每述及此，叹唱久之。又有穷学生G者,学写花鸟,苦禅为其所作画稿累百数。先生爱之不及,复送纸笔。市场已兴,G君倾销所藏,闻已获巨资购屋,人情淡薄,一至于斯;人性之弱点,于此昭然。然世事亦非尽然如此,"文化大革命"初,我被揪出,有抄家之虞,嘱康宁携走我所藏恩师十数幅作品一卷。"文化革命"甫息,康宁送回,画卷原封未开。康宁固深爱先生作品者,人品高华如此,其深得真传。我顾康宁云:"范曾有生之年所最爱者此也,此中有恩师深情,挚友肝胆,画外故事,宜存永年。"卷中有一《芙蓉睡鸭图》为恩师逸绝神品,画中睡鸭寥寥数笔,意显语质;而斜插芙蓉摇曳有姿,跌宕水草清脱无滞。画上题字云:"昨日见范曾有此稿,余增繁补缀成幅,尚不恶,看来画人不仅师造化,天下人及事物皆可师也。"先是一日我于课堂上画一睡鸭,先生激赏。第二天上课即画此作。此中情趣足见博大胸襟。阳光春风,煦拂小草;读画思人,曷胜嗟赞。先生画中极品往往如刘勰所谓"水停以鉴,火静而朗",明澈练达如此,恐近世花鸟画家中亦不作第二人观。

画家、诗人一生之作,蕙莸并存,不足为奇。陆放翁《剑南诗稿》近万首,虽有"铁马冰河入梦来"之千古绝唱,亦有"洗脚上床真一快"之俚语。且也,评艺术之高度只选其最,一若奥林匹克运动会百米选手刘易斯之速度,必以得金牌时为准,则斯人一生得此速度者,亦寥寥数次而已。画家之代表作,与此相类。苦禅先生为人至诚至真,馈赠酬酢,有施无类,于是流布甚多,正不应以苦禅先生一般作品衡量其历史地位,此原则可加诸古往今来之所有画家。苟以苦禅先生极品为标准,则我以为近世大写意花鸟,可与之比权量力者几稀,潘天寿先生则或庶几。南潘北李之说谓两峰并峻，而苦禅先生犹或过之，容待剖析。

近读国内评潘文章，霞蔚而飚起，然细观其文，类多泛辞，溢美过甚。致使俗听飞驰，以为世近以还中国美术史唯潘天寿、吴昌硕、黄宾虹、齐白石并称四大家。此说甚谬，创说者欲以"四"数与元四大家、明四大家比列。此说亦可能出自家人门徒，情则可谅，史所不容。平心而论，今举数人，若徐悲鸿、刘海粟，若李苦禅、黄胄，若蒋兆和、林风眠，若傅抱石、张大千，若李可染……近代而无此数人可乎？潘天寿固不可无，李苦禅则必须有；黄宾虹固不可无，傅抱石则必须有。吾师兆和，开中国写实主义人物画先河，其所创制，彪炳千古，近世大家，其可少乎？先生之《流民图》与潘天寿先生秃鹫残荷，艺趣殊途，不可顾此而忘彼。上文提及苦禅先生为人，知其人而观其艺，知其艺而观其人，画如其人，信为不虚。今既论及近世潘、李，不欲分其轩轾，但请述其差异。

静安先生论词境界，谓有"有我之境"与"无我之境"之别。"有我之境，以我观物，故物皆著我之色彩"，此潘天寿也。"无我之境，以物观物，故不知何者为我，何者为物"，此李苦禅也。静安以冯延巳、秦观词句说明"有我之境"，而以陶渊明、元好问词句说明"无我之境"。静安先生未评其优劣，然以"不失赤子之心"为词人极致，推重陶渊明、谢灵运、李后主、元好问、纳兰容若，当然在冯延巳、秦观、欧阳修之上。李苦禅先生，"不失赤子之心"者也，观其言谈行止，憨态可掬而又童心未泯，虽八旬老翁，"如婴儿之未孩"。在心灵上与潘天寿先生之根本

区别在于潘天寿先生理性而清醒，苦禅先生则感发而醉态。苦禅先生作画，游心体道，清明在躬，不知今夕何夕，直如《庄子》书中梓庆之为鐻（梓庆，能工也），忘毁誉而全精神；又如《庄子》书中为宋元君作画，解衣般礴之画工，洗尽铅华，方能回归本性。苦禅先生不矜不伐、胸无渣滓之无为状态，实近乎庄。而以"懒牛"自谑之潘天寿先生，十日一山、五日一水，必有其意匠惨淡经营、笔墨精心设计之创作苦辛，其高迈追逐、胸罗大略之事功心志，则近乎儒。于是，李苦禅先生天籁爽发，浑浑然人之物化耶？物之人化耶？何者为我？何者为物？所写苍鹭、鹌鹑、鹪鹩、雄鹰，"以鸟养养鸟"，以物观物，故能达致"以天合天"之境。作者主体与客体略无间隔，是苦禅作品最迷人处。而潘天寿先生以旷大心境观嶙峋之石、虬曲之松、冷艳之荷，以我观物，宇宙万有皆著潘翁色彩，而不似苦禅先生自身与宇宙本体殊无二致。此潘、李艺术大相径庭处。苟不知此，无以论潘、李之艺。

中国诗人画家，并不等于是"游心于无穷"的庄子之徒，同时，庄子不承认要以经验为基础去体道。于此，中国文论与画论却不与苟同，如陆机、刘勰直至石涛对感官之经验则异常重视。石涛《画语录》开宗明义云："山川人物之秀错，鸟兽草木之性情、池榭楼台之矩度，未能深入其理、曲尽其态，终未得一画之洪规也。"其实变形云云，在中国画未见重要，即以梁楷之《泼墨仙人图》，十分具象，即使八大山人之作品，在欧西前卫诸公看来，亦断非如国中之评家谓"大胆变形"。齐白石所谓"作画妙在似与不似之间，太似为媚俗，不似为欺世"，其实白石先生本人正是言与行悖的。其所画蜻蜓、蚂蚱、飞蛾，不亦太似乎？以中国文化传统，无论创作主体（画家）与欣赏主体（观众）对绘画，还是要求"似"，进一步要求"神似"。重要者非"似"与"不似"，而是如何"似"。"神似"的要旨又是什么？石涛谓"不似之似似之"，最终所求仍为"似"。这"似"字上，却大有文章。画家虽不必如庄子游于"无何有之乡"，然而神思之状态，坐忘人间坐驰八表，做到刘勰所谓"思理为妙，神与物游"，这种状态显然是属于李苦禅的。庄子论天籁，述及真人修炼，由形而下至形而上的三阶段，即听之于耳到听之于心到听之于气，这在庄子是对体道的论述，本来不是谈艺，然而画家观物，亦可以此比类，由视之于目到视之于心到视之于气，苦禅先生颇悟此理，虽重目之所见，更重心之所悟，其神逸极品则直赴"无穷之门"。庄子以为宇宙万变归为一气之流转无穷，石涛自许"试看笔从烟中过"，苦禅先生有之矣。正由于如此，苦禅画面所弥满者是一种笼天地于形内、挫万物于笔端的氤氲之气，形存神在，不斤斤于"似"与"不似"。至于鹰嘴之由尖喙而为方整等等，要非苦禅之本质追逐，妙得自然之性才是苦禅的终极目标。庄子以"自然"为体道的最高境界，在《骈拇》一文中论及凫与鹤："是故凫胫虽短，续之则忧；鹤胫虽长，断之则悲。故性长非所断，性短非所续，无所去忧也。"此段论自然之性，可作为花鸟画家之警言。曾见某画家所作鹤群，足使动物学家咋舌，令普通观众生疑，此变形之术，徒增审美障碍，断无艺术享受之感觉。

苦禅先生画面形象较八大山人更具写实性，而其博大恢宏动人心魄，或不轻让。其根源不在变形与否，而在深悟中国画物我一如的要旨，八大是无我之境，苦禅也是无我之境。八大个性与苦禅个性，绝不是在变形的"不似"中取得，而在既似创作主体（画家本人），又似创作客体（描写对象）的条件下获致。我想，八大很像他所画的白眼对青天的鸟鱼，而苦禅亦很像他所写苍鹭白鹤。这种神韵之似十分奇妙，若苦禅先生之淡泊、清逸、天真、醉意，均仿佛在他画中的一草一木。而八大、苦禅所写花鸟皆臻极神似、又极简练之化境。笔墨之凝练简约不等于变形，这完全是两个范畴的不同问题。

有论者以为潘天寿先生作品个性之形成，是其作品创造了"异于常人"的形象，也就是说潘翁"不求形似"而求风骨，此说浅陋，概念混沌。余观潘翁所作物象，刻微尽精：如《雁荡山花》，物理深审、物态毕肖；又如小幅之《荷花蜻蜓》，莲蓬色泽丰富，花蕊、花瓣几近标准之植物图谱；《百合》一作亦大类《芥子园画谱》中之示范，对花瓣之转折回环有生动描画，足见潘天寿先生眼力。不过，恕我不敏，这种"似"，仅仅是佛家故事中修炼之第一阶段"山是山，水是水"而已。诚如前文所述，"似"与"不似"，非中国画之精髓，几十年来国中就此问题之论述连篇累牍，实属对国画精神之隔靴搔痒。潘天寿非求"不似"，有时似乎是"非不为也，是不能也"。潘翁《庄子观鱼图》中庄子不唯在造型上力所不逮，而线条亦因求似而矸败，又如《鹤与寒梅共岁华》中鹤与八大所画鹤孰似？八大"似"，而潘翁"不似"，这不免又使我想起佛家故事，潘翁之鹤属修炼之第二阶段"山不是山，水不是水"。而八大之鹤属修炼的第三阶段"山还是山，水还是水"。以我之见至少在造型手段这一点上，潘翁之画尚在佛家修炼第三阶段外徘徊。与八大山人相类，苦禅先生所写物象敦厚素朴、浑然天成，不欲矫饰狂怪，于是温煦亲和，一任自然，"山还是山，水还是水"。方之诗则如谢灵运之山水、陶渊明之田园，所谓"深情而不诡"、"风清而不杂"，而吐纳英华，莫非情性，此苦禅先生所以睥睨千古，雄视当代之根本原因。而潘天寿先生所写物象则多孤峭冷僻、深拒固守，方之诗则如竟陵钟惺之"险僻"及谭元春之"冷涩"，每于幽奥古怪上着力，用力过猛则恐去自然愈远。此潘天寿先生过人处，亦正其可研商处。

苦禅先生日课，虽以八秩之龄悬腕摹郑文公碑、瘗鹤铭，对郑文公碑评价尤高，允为真书第一，苦禅先生线条深得魏晋风范，岂偶然哉？李可染先生曾谓近代以还，线条能过关者不及十人，苦禅是其人也。可染先生从不轻许于人，其所点评，重比鼎彝。余每观苦禅师作画，从容不迫，惜墨如金，缓而不滞，迟而不钝，其所点划，莫非氤氲。中国画用笔遵"善行无辙迹"之要义，即所谓无起止之迹。因之以板、刻、结为垢疵，以苍润蕴藉为追逐，复归于婴儿、复归于无极、复归于朴，在生命之本源处深悟"人之生也柔弱，其死也坚强，万物草木之生也柔脆，其死也枯槁。故坚强者死之徒，柔弱者生之徒"（《老子·七十六章》)的哲理。于是以舒缓柔韧、生气盈然之线条为尚，而以苦硬斫断之线条为劣。苦禅先生驱笔于不思不勉之际，颇悟先哲隽思，点划美奂，岂是徒然？而当其画毕，案上笔洗清水依然。苦禅艺术之美不唯结果，亦在生发之过程。至于法外之术，若矾水点苔、唾沫留迹之类皆先生所不屑。每有新作张

天書造像

戊丙中 范 于京

之素壁，弃绝尘嚣，心远地偏。画中兰竹芙蕖、游鳞飞羽意态逍遥，正庄子"天地有大美而不言"耳。

以"一味霸悍"为宗旨的潘翁，与苦禅先生用笔大异其趣。潘翁重迹，苦老重心，儒庄之判，于此益显。苦老之画，笔墨与物象、物象与心灵融而为一，此正所谓眼不见绢素手不知笔墨，于是决无刻划痕迹。昔傅青主之宁丑毋媚、宁霸毋俗、宁支离毋安排，此论是也。丑、霸、支离、垢病之轻者，若在肌肤；而媚、俗、安排，则垢病之深重者，若在膏肓。两坏相较，取其轻耳。潘翁岂取轻病而害己耶？非也，潘翁用笔劲挺坚硬，幽深崎拔，自有刚烈面貌，固非一"霸"字可贬者，时俗肤浅，或以诮之，而潘翁一意孤行，直以"一味霸悍"为楚人之盾矣。

潘翁用笔与其造型、构图所谓"造险"相关，正如其自述"书家每以险绝为奇，画家亦以险绝为奇"。此实非苦禅师所求者，苦禅先生则以平正为宗，而此平正，亦有大奇在焉，即"奇正虽反，必兼解以俱通"（《文心雕龙·定势》）。画家诸乐三谓潘天寿先生作画"思考多于涂抹"，理智先行必使中国大写意画最重要的朦胧混沌状态失去。其实天地大美所在，视之无形、听之无声，不凭画家构造，那是自在之物，过分的清醒对科学家十分重要，对于大写意画家无疑是挂碍、是对自然之道体悟之屏障。潘翁以"造"为圭臬，则易沦为"安排"，其去矫不远矣。而苦禅不重迹求而重心悟，因之挥洒之际，胸无挂碍，宠辱两忘得其神全。庄子论醉汉，苦禅是其类也，这种混沌状态必近乎真。

我每将苦禅之艺比为泰岳，而潘翁之艺比为华岳，泰岳之崇，为五岳之尊，虽经十八盘之幽曲，终见南天门之雄阔、光明顶之恢宏。华山天下称雄，以其奇险也，则有百尺峡之陡削，千尺幢之险僻，更有苍龙岭之飓风。人之所爱，万殊千别，其间尺短寸长，亦各有评说，而艺术极致当不以露才扬己为高度。中国先哲重"感物吟志、莫非自然"，而艺文当"为情者要约而写真"，宁执正以驭奇，而切勿逐奇而失正，画家举笔宜从之。

余爱苦禅，余重天寿，此中性相近、习相远，固非一言可尽。而论艺则必须持平，亦不避师生之情，其所赞赏剖析，咸依本来面目，为文之德，能不慎欤？

国之大事

——在国防大学的演讲

  我先自报家门，我姓范，名曾。今天我送给国防大学一套书《南通范氏诗文世家》，这是从我上溯十二代诗人的诗文汇集，总共五百多万字，绵延四百五十年，有十三代诗人。我出生于这样的文化世家。

  大家在中学课本里也许都读过《岳阳楼记》，有"不以物喜，不以己悲；居庙堂之高，则忧其民；处江湖之远，则忧其君。是进亦忧，退亦忧。然则何时而乐耶？其必曰：先天下之忧而忧，后天下之乐而乐"。这是北宋真宗的名臣范仲淹所写的句子。范仲淹是我的二十九世祖。北京大学图书馆范家的家谱、南京图书馆馆藏的范家的家谱和南通地方志有详细的记载。

  《南通范氏诗文世家》还仅仅是从明朝末年十二世祖开始，十二世祖以上的就很难收集到了。一个家族文化的传承能够延续到十三代，我想在中国历史上没有这样的先例。中国古代文人是有一些以家庭传承的，比如讲：苏家由苏洵到苏轼、苏辙，唐宋八大家他们占了三家，但苏东坡有两个儿子苏迈、苏过，他们会诗吗？不太会做，苏过有《斜川集》，不为世所重，所以未流传下来。有很多大文人很可惜，像李太白，他应该有很好的家学，由于他喝酒太多了，即使他有子女，我估计智力发展也有些问题。

《南通范氏诗文世家》这部书是2004年出版的。付梓之前，我请季羡林先生作序、钱仲联先生撰写总序。钱仲联先生是当代中国研究清诗的第一高手。《南通范氏诗文世家》出版以后，我以季羡林先生和刘梦溪先生的名义，送给世界上六十个国家研究中国国学、研究东方汉学的机构和个人。季羡林先生和刘梦溪先生还分别写信向他们推介。我向诸位介绍一下刘梦溪先生，刘梦溪先生是中国一位著名的国学家，是我最好的朋友，也在中国艺术研究院做导师。六十个国家研究中国国学的、研究东方汉学的机构和个人，收到煌煌二十一卷的《南通范氏诗文世家》以后都非常激动，纷纷写信答谢。《南通范氏诗文世家》这套书我曾经亲自送给法国密特朗图书馆，图书馆馆长冉纳内先生隆重地接受了这套书。这个图书馆有个手稿部，主要是收集世界上著名的作家、诗人的手稿。他们请我到手稿部去看，还拿出雨果《悲惨世界》的手稿。这个手稿部不简单，荟萃了人类最宝贵的财富，不光属于法国还属于全人类。因此我送了我先祖的几张诗稿给密特朗图书馆，他们爱护得不得了。今年十月初我还将在密特朗图书馆举行一次关于中国文化的讲演(2006年10月3日在密特朗图书馆范曾先生作《八大山人与禅、老庄》报告，反响热烈)。

今天我先自报家门到此。下面谈谈我和军队的深情厚谊。我热爱人民的军队，我把人民军队看做是国家之魂、民族之魂。我有书为证，即《范曾所书摩崖碑铭集》。这本书是我在祖国大地山河石壁上题的字，有的是我的文章，也有我的诗词和绘画。其中有立在老山前线的石碑："我以我血荐轩辕。"这句诗是源自鲁迅先生的一首七绝："灵台无计逃神矢，风雨如磐暗故园。寄意寒星荃不察，我以我血荐轩辕。"我觉得这句诗放在老山烈士们的墓前是非常好的。当时黄宏将军受命，他从老山前线到我家来，同来的还有一位战斗英雄李国柱，我非常激动地题写这句话。这句话寄托了我对解放军将士的一种热爱。当时老山前线的英雄到天津大学和南开大学讲演，我又代表教授致词，并送了一幅字给他们，上面题写了八个大字："青山不老，碧血长新。"当时我和这位英雄拥抱，全场热烈鼓掌。我给许世友上将写过"许世友同志之墓"，当时是军委希望我题写的。这块石碑现在还矗立在许世友的家乡河南新县。今年我和周克玉上将去湖北，周克玉上将是老新四军，他邀请我参观了一些军营。军营指战员请我题字，我当即题写道："瞻军容庄肃，自信中国有人在。"结果他们把这幅字刻成一个碑，放在他们军营。我想我和将士们的感情可以讲是渊源有自。

下面我开始我的演讲。我经常在一些大学演讲，也曾在凤凰卫视世纪大讲堂演讲。有一次演讲，我拿了一个水胆，因为水胆里面含水，用手摇，人的耳朵能听到水声。我就拿水胆到话筒边摇一摇，我问听众：听见声音没有？听众回答：听见了。我说：这个声音是一亿四千万年前的水声，这一亿四千万年是个什么概念？我们没法讲，我们地球有四十多亿年的历史，我们人类作为高级生命，按照达尔文的说法，从猿到人也仅仅一千万年。我们的人生实在是非常短暂。有时我凝视着我院子里那棵大槐树，这棵槐树是唐槐，迄今一千二百年。这一千二百年意味着什么呢？这时元大都还没有，就有了这棵树。元大都离现在只有八百年，这是在北京城还没有任何痕迹的时候，这棵树就已经活在世界上四百多年了。这棵树还将活下去。我有时候在庭院里漫步，我对这棵树讲，我说你还会活几百年、上千年，我可以陪伴你，再陪伴你三十年，余愿足矣。三十年也很短暂，我还记得全国报纸杂志称我是青年画家范曾的时候，好像昨天的事一样，今天怎么样？两鬓斑白，人们已称我老先生了。所以讲"生年不满百，常怀千岁忧"，"人生寄一世，奄忽若飚尘"。

　　生命短暂得很。有一句民间的很重要的谚语讲："我们每个人都是为了一件大事来到人间的。"我自问我范曾为什么大事来到人间？有人讲我范曾是个画家。好！画是我的大事，有人讲我的文章写得比画好，有人讲我的书法比文章和画都好，还有人讲我的诗写得比画、文章和书法都好。欣赏各有不同，评价也非止一端。可我到底为一件什么大事来到人间的呢？譬如讲老天还很宽厚，假我三十年，我九十八岁了，对人类有什么贡献呢？做战士是不行了，首先上将就不批准，年龄超过了。可是我绝对有这个心愿，如果国家有难，我会铭记司马迁《报任安书》所说"常思奋不顾身，以殉国家之急"，要绝对有这样的胆量和勇气。可是对在座的诸位，这个大事可不然，你们所需要做的大事是什么？你们要深悟《孙子兵法》第一句话："兵者，国之大事，死生之地，存亡之道，不可不察也。"兵，关系着一个国家的存亡，关系到一个民族的生死，这是中华民族的头等

兵者國之大事死生之地存亡

之道不可不察也　孫子兵法句

歲在丙戌秋月挹沖齋　范曾

兵者國之大事死生之地存亡之

大事。我想我们每个人，在座的所有的将校，都应该是我们民族的脊梁。我们民族如果没有英武的军队，没有这"惊天地，泣鬼神"的阳刚之气支撑着这块大地，这块大地是不堪设想的。我经常从心灵深处对军队油然升起这样的敬意。

我们现在处的时代，还不是一个可以用成语"莺歌燕舞"来概括的时代，我们所处的时代还是个多难兴邦的时代。我认为我们要有一种忧患意识，在座的所有的将校对中华民族文化都有无旁贷的、捍卫的职责，要有坚守的道义，对民族文化要有崇高的信仰和永恒的皈依。为什么这样说？因为我们军队要保卫这块土地以及栖居在这块土地上的民族。对于这块土地以及栖居在这块土地上的民族来讲，最重要的是什么？我想最重要的是这个民族的语言和这个民族的语言所载荷的思想，这才是民族存在的一个最根本的东西。当一个民族的语言不存在的时候，这个民族会在世界上消失。公元前 2000 年，在地中海一带，有个很大的王国迦太基，这个民族被消灭了，语言也消失了，这个民族不复存在了。在两河流域苏美尔人的语言也消失了，他们现存文字也需要慢慢破译，这个民族也不复存在了。满清1644 年入关，明朝覆亡了，女真族统治了整个中国。他们在军事上占领了整个中国，可是在文化上他们也有缺憾：满洲的女真文在历史上消失了。在乾隆皇帝以前，朝廷里还不许用汉语，都用满话。所以现在你们看电视，看了玩玩可以，当时满清朝廷不可能讲那样的话。乾隆以后朝廷里才用汉语。满清在关外之时，努尔哈赤为政就虎视眈眈于中原，虎视眈眈于整个汉族政权。他们学汉人的典章、制度、语言、文化，以至于一些风俗。

进关以后，像康熙这样的皇帝深谋远虑，他知道统治这样一个优秀的民族、这样优秀的文化，不学汉文化是不行的了。他自己对汉文化就非常重视。《古今图书集成》是康熙时编的，《康熙字典》是康熙时编的。《康熙字典》就收罗了天下的汉字，计有四万七千零三十五个字。康熙少年时的朋友纳兰性德，就成为了写词的高手。纳兰性德在清代是名列前茅的大词人。在王国维的《人间词话》里最推崇的词人就是南唐李后主和清代的纳兰性德。因此，满人对汉文化重视的结果是，渐渐把自己的语言文化忘却了，而汉民族的文化保持下来了。

语言和它载荷的思想是这个民族存在的最重要的前提。一个民族的存在不是以表面上的肤色或者穿着的服饰来决定的。现在懂满文的只有一个小的民族——锡伯族。这个锡伯族，当时是被满族征服了，全民族必须讲女真话，结果现在锡伯族的人还懂女真语，可他们懂女真语没用，文化不够。现在故宫里，满文的资料堆积如山，没人看得懂。我们有满族的大文人，像启功先生。他虽然是满族人，但他不懂女真语，因此意义不大。有一次，我问启功先生，我说你也是爱新觉罗氏，他说："我不谈这个，我不要这个姓。"他从思想上、文化上彻底汉化了，他就是汉族的大文人。民族的意义是在这里。我们现在要捍卫中华民族的文字、中华民族的语言和这个语言所载荷的思想。季羡林先生不是讲了吗，"世界的文化三十年河东，三十年河西，未来的文艺复兴应该在东方，应该是在中国"。作为一个大学者他讲这话不是没有道理的。随着时代的发展，会越来越证明，中华民族的思想对全世界辐射的能量会越来越大。人们会越来越感到这个文化是多么的伟岸、多么的高华。好像在 2000 年时全世界各方人士遴选影响人类历史最伟大的十个人，中国的孔子位居第一名！这说明世界的学人有眼力，把他放在释迦牟尼和基督之上。我们这里很多上将、中将，还有少将，都是山东人。山东是值得引以为豪的地方。我还要提到你们政委赵可铭上将是湖北人，楚人。楚人在战国时是不得了的。楚国的面积幅员辽阔，大到什么地步？湖北、湖南全部，江西、安徽、河南、岭南、四川局部以至东吴一带全是楚国。当时如果要是苏秦能够胜，合纵能够胜的话，那"楚"就称帝；张仪的联横能够胜的话，那"秦"就称王。能够做大一统帝国的，当时也就是"楚国"与"秦国"。"唯楚有材，于斯为盛"。前不久赵上将到我家去，和我谈到湖北、湖南出了多少名人。湖南这个地方从宋朝开始，就是中国研究"帝王之术"的地方。什么叫"帝王之术"？"治国平天下"叫"帝王之术"。周敦颐，濂溪先生，湖南人；王夫之，船山先生，湖南人；朱熹、张栻也到湖南讲学；曾国藩，湖南人；毛泽东、刘少奇，湖南人。这样深厚的文化，需要我们认识、继承。

我们不是讲要和世界文化接轨吗？接什么轨？先了解自己的轨道是什么，然后你再去接轨，就怕连自己轨道还不知道就去乱接，一接就歪。上回赵上将跟我讲：现在湖南电视台搞"超女"，这"超女"难道是我们湖南的文化吗？这个怀疑我觉得对。为什么呢？所谓"超女"，以我个人的看法，不过是集体无意识，群体性起哄，没有任何的文化底蕴在里面。美国《时代周刊》为什么把"超女"作封面？他们没什么好意。他们认为这是中国群众参与意识的反映，或者认为这也说不定是民主化的一个步骤呢？如果民主是这样的话，这个民主一钱不值。所以我讲我们对自身的文化的了解是非常重要的。因此要建立民族精神，要建立民族精神的王国，这个民族精神王国有着"内圣外王"的气派。这个"内圣外王"和武器上的霸权不一样，这是种神圣的自尊。而这种自尊体现在文化上便是四个字：当仁不让。在建立民族精神的伟大使命中，在座的诸位将校们都应该是起着中流砥柱的作用。因此我又想起孙武在兵书上讲到的："将者，智、信、仁、勇、严也。"这个智、仁、勇在《中庸》里曾经讲到："好学近乎知，力行近乎仁，知耻近乎勇。"我想我们的将领如果身上都有这五个字，就不愧是全军的榜样、一个标尺。

现代战争没有智慧行吗？《孙子兵法》当然非常了不起，毛泽东的许多战略、战术的思想都源自这里，毛泽东从《孙子兵法》里得到许多启示。在今天这个高科技的时代，战争需要我们的将领有高度的智慧。仁，我们中国人民解放军当然是仁义之师，我们中国在历史上从来没有过一次本质性的侵略战争。从古到今，尤其是明成祖，当时他派郑和下西洋，从印度、阿拉伯一直到好望角，沿途和睦友好，赠送大明的瓷器、礼品，带回的是世界的友情，绝没有任何侵略和杀戮意图。在中国历史上有些开边的战争，譬如讲汉代，北匈奴对汉朝虎视眈眈，那么汉朝和南匈奴联合起来把北匈奴打掉。北匈奴经过几个世纪往西移，一直移到罗马，教皇都为之震惊；这个骑马的民族十分凶悍。可是中国保持了一个大的稳定的统一。秦始皇为什么修建长城？他的目的是为了保护一个平稳的农业社会，因为农业社会不需要动荡，它需要的是春耕、夏种、秋收、冬藏。一个农作物的生长周期就得一年，所以修建长城。修建长城以后，胡人不敢南下而牧马，士不敢弯弓而抱怨，那么一个安定的社会就形成了。所以秦始皇修长城今天还被我们认为是一个非常了不起的壮举。中国就这样形成了一个从喜马拉雅山到长城然后至海洋幅员辽阔的王国，一个比较完整的、自足的社会。

这个社会曾经有过开边，这开边那是为了把侵略者打出去。有时候打得远了一点，比如讲唐朝有个名将叫高仙芝，打得过分了，一直打到中亚去了，朝廷立刻把他召回来，谁叫你打得那么远的？不需要那么远。当时唐朝有个大诗人高适就在他的兵营里。有人讲成吉思汗打下了一个横跨欧亚的大帝国，可这与中国的历史实际上是没有关系的，在这里我们必须很郑重地来考证这段历史。因为成吉思汗的孙子忽必烈（元世祖）追封成吉思汗为元太祖的时候，元太祖已经死了二十六年，离他在中亚施暴有很长一段时间。成吉思汗当时在中亚打得很厉害，成吉思汗有个儿子叫察合台，察合台有个儿子，是成吉思汗的爱孙，长得彪悍、擅战，结果在战场被打死了，成吉思汗愤怒了：杀！把整个花剌子模的首都巴米安城人全部杀光。最近蒙古人在纪念成吉思汗，他们纪念是应该的，我们不会纪念的，为什么？他和中国的历史没有关系，从元世祖忽必烈以后和中国有关系了。因为从 1271 年到 1368 年忽必烈及其后继者毕竟在中国建立了一个近百年历史的王国、一个统一的王朝。我们不能否认元代已经成为中国历史的一部分，而内蒙古人现在也是中华民族整个大家庭里的一个少数民族。我为什么要讲这一点？

这就是要警惕有些别有用心的外国人讲中国是"黄祸",中国"威胁论",认为有历史见证,源于成吉思汗。其实,成吉思汗不是中国帝王,他被追认为元太祖,是孙子孝敬祖父,他和中国没有关系,这点我想我们必须认真弄清楚,我想这种观点也是被历史学界所认可的。

最近我发表了一篇文章《大丈夫之词》,因为我觉得在当今之世,在中国要强调"大丈夫精神"。"大丈夫精神"它的源头在哪?我认为源头我们可以找到东周列国时代。我这里举一些东周,尤其是战国时代的一些著名将领为例。贾谊在《过秦论》这样论道:"于是六国之士有宁越、徐尚、苏秦、杜赫之属为之谋,齐明、周最、陈轸、召滑、楼缓、翟景、苏厉、乐毅之徒通其意,吴起、孙膑、带佗、儿良、王廖、田忌、廉颇、赵奢之朋制其兵。"这里提到一些名将谋士,当时宁越、徐尚、苏秦、杜赫之属为之谋。"谋"是什么呢?就是参谋、参谋长。这个"为之谋"就是谋划。这个"谋战"也是我们中国兵书里特别强调的。战而无谋,有勇无谋,这怎么可以呢?"齐明、周最、陈轸、召滑、楼缓、翟景、苏厉、乐毅之徒通其意",这些人是做什么的?这些人是提供策略,这些都是"策士",有谋划,有策士。底下还有将领,有"吴起、孙膑、带佗、儿良、王廖、田忌、廉颇、赵奢之朋制其兵"。这些人都是后来名彪青史的名将。吴起是谁?吴起是楚国的一个将领。他视士卒如婴儿、如爱子。有个战士身上长了痈疽,吴起用嘴把脓血吸出来,治好他的伤,在历史上很有名。廉颇,大家都知道,大家读过《史记·廉颇蔺相如列传》,他是一个著名的将领,心怀非常坦荡,他自己怪罪了蔺相如，就"负荆请罪"。这里面像陈轸，这个人也很值得讲，因为在战国之时，群雄并起，才俊之士奔走游说于各国，帝王和这些将领谋士之间互相选择：士，可以选帝王，帝王也可以选士，因此有句话叫"朝秦暮楚"。"朝秦暮楚"说的是谁呢，就是陈轸。他早上还在秦国，晚上到楚国去了。春秋战国，是个需要巨人也能产生巨人的时代。下面我还会谈到当时的文化背景。这些人以"进不求名，退不避罪"为生命之准则，于是千百万战士"可与之赴深溪，可与之俱死"（《孙子兵法》）。"常思奋不顾身，以殉国家之急"（司马迁《报任安书》），这就是当时的将领。

我们应该追溯秉有这种品性的民族的深厚、不朽的历史。

我想中国的历史主要有四个来源，第一个来源就是"鲁文化"。"鲁文化"大家都知道，孔子、孟子、子思、曾子，这都是"鲁文化"。第二个来源是"齐文化"（稷下学宫），主要代表人物是管仲、荀子、邹衍、淳于髡。稷下学宫是齐桓公至齐威王的时候建立起来的，这个机构主要是研习和传播管仲的法家思想，再加上诸子的思想。譬如，邹衍是讲"五行之道"的。还有淳于髡，他是滑稽家，非常幽默。第三个来源是关中文化，主要代表人物是商鞅、韩非、李斯。第四个来源是"楚文化"，最重要的代表人物是老子、庄子、屈原。这四个文化互为补充，构成中华民族灿烂的文化。其中，主流文化当然是以孔孟为代表的儒家文化。所以我们把那些知识渊博、精通兵书、能够博通古今的将领，称之为"儒将"。其实，我们中国古代的文人们并不像我似的不会骑马。古代文人都要会骑马、驾车，孔子说君子要通"六艺"。"六艺"就是礼、乐、射、御、书、数。孔子至少会射箭、会驾车,中国古代很多文人都是文武兼备的。我们都知道李太白,一提到他就会想起他拿着酒杯在喝酒的样子。其实不尽然,李白十五好剑术,三十成文章,四十仗剑去国辞亲远游,离开长安,他肩挂一把宝剑,也是有一身武功的。在《大丈夫之词》一文中我介绍的大词人辛稼轩,那更是膂力过人,好武功,词写得真棒,打仗那么厉害。他带着几位壮士可以直闯金国的兵营,金国将领正在和叛徒张安国喝酒,他裹挟着张安国骑上马就走,旁若无人。其实晚清的时候像曾国藩,手下的将领胡林翼、彭玉麟、左宗棠、李鸿章、张廉卿、俞樾,都是大文豪、大文人。曾国藩的文章也非常漂亮,为什么从蒋介石到毛泽东,年轻的时候都非常欣赏曾国藩的文章?曾国藩不仅是晚清文坛之司命,而且他还是统帅三军的大将。

我画了张表,大家可以看看:

```
孔子 551B.C.
      |
    479B.C.


墨子 464B.C.  苏格拉底  464B.C.
      |                  |            柏拉图 427B.C.
    390B.C.            399B.C.           |       亚里士多德 384B.C.
                                       347B.C.          |
                                                      322B.C.

孟子 372B.C.
      |
    289B.C.
```

从公元前六世纪到公元前三世纪，在东方西方都是一个非常重要的时代。在这二百多年的时间里，东西方都构建了雄伟的思想大厦。现在研究国学的人又多了起来，我就请一些搞国学的人在一起，我说要用最简单的语言，请你们对国学下个定义，结果没有令人满意的答案。后来就"'国学'是什么"这个问题，我给了七个字的答案：先秦之学的生发。因为国学离不开先秦之学，我们讲四书五经，以至后来的十三经，它的根都在先秦，都在公元前六世纪到三、四世纪之间。这也许是个历史的安排，上天的安排。

公元前479年，孔子逝世。他去世后十年，即公元前469年，苏格拉底诞生。苏格拉底的诞生对古希腊的文明有非常重要的意义，因为后来的柏拉图和亚里士多德的思想都源自苏格拉底。没有苏格拉底，不可能出现后来伟大的思想者。当时苏格拉底向世人提问：道德是什么？"道德就是善的知识"。这句话我们仔细想想，想来想去没有比这个概括得更有意味的了。"善也是美"，这两句都是苏格拉底的名言。

到了他的学生柏拉图建立了雅典学园。我想大家都会看过意大利文艺复兴时代，一个大画家拉斐尔画的名画《雅典学园》。画面中间有个白胡子老头指着天，这是谁啊？这是柏拉图。柏拉图理论的核心是什么？是"永恒理念"。他说："人类用自己不朽的生命对永恒理念进行回忆。"这永恒理念人类本来记得的，后来忘记了，忘记了就需要回忆。这回忆需要一个方法——逻辑。逻辑这个词首先由柏拉图提出来，可是他没有完成。

到了他的学生亚里士多德的时候，完成了形而上学，完成了逻辑学。亚里士多德还研究物理学。柏拉图旁边另一个大胡子捧着一本书，这就是亚里士多德，他手里捧的书就是《物理学》。柏拉图指着天，亚里士多德指着地。亚里士多德认为我的老师的永恒理念论有点玄，我需要研究物理学，我需要用逻辑学来研究事物。所以亚里士多德讲："吾爱吾师，吾更爱真理。"柏拉图，我很敬爱您，可是我在学术上不一定同意您，作为您的学生我要向真理臣服。

　　亚里士多德的时代和中国孟子的时代差不多，亚里士多德大概有五十年和孟子同时活在这个世界上，和孟子同时的还有屈原和庄子。由于交通不便，信息不发达，鲁文化的讯息要传到楚国难得很，但是文化还是在艰难地传播，所以屈原还是深受儒家文化的影响。屈原在《离骚》开篇就讲："帝高阳之苗裔兮，朕皇考曰伯庸。"帝高阳是谁呢？帝高阳就是五帝里面的颛顼，屈原说我是五帝的后人，就可见当时儒文化的磅礴影响到了楚国。楚国最初是"筚路蓝缕"。《左传》载，周定王时，楚王攻打陆浑戎之后，就在洛阳附近阅兵示威于周定王，周定王派王孙满慰劳楚王，楚王就问中原的鼎有多重，"问鼎中原"的典故就来源于此。可是光问鼎不行，还要文化，要和"三皇五帝"拉上关系。包括屈原在内的楚国的贵族都有这种门第的思想。当然楚国也出现过儒家，代表人物叫陈平。楚国当时对儒学的思想也有相当的研究。我们在屈原的《离骚》里没有看到孔子的名字，但屈原提到"三后"。他说："昔三后之纯粹兮，固众芳之所在。"这个"三后"，也就是"三皇五帝"。他有这样的思想：知道周礼是一个多么好的东西，知道"三皇五帝"也是我们应该学习和继承的。墨子的时代和苏格拉底差不多,可墨子的时代,他前连不上孔子,后连不上孟子,他是宋国人,虽然他长期住在鲁国。这个墨子,他反对儒家,但是主要反对儒家的"繁文缛节"的"礼"。另外,对"五音繁会"的"乐",他也不赞成。他有"非战"的思想,有很多平民的意识,譬如反对厚葬、提倡非攻、反对战争。他具有一种人文主义的思想。可是,从影响上来讲,墨子远远赶不上孔子和孟子。

　　马克思曾经说过,古希腊是人类健康的童年。我们也可以说,中国春秋战国时代百家争鸣的局面,也是人类健康的童年。健康的标志是什么?我们一定要把这健康的标志说出来。这健康的标志就是一种独创性和原发性的思想大厦的构建。这一点非常重要,因为"古希腊是人类健康的童年"这一思想命题,是马克思高度概括出来的。因为一谈健康,别人会产生误解:古希腊也打仗啊,也和马其顿人打呀杀呀,《荷马史诗》的名篇《伊利亚特》《奥德赛》所讴歌的英雄,就是为了争夺一个美人,大动干戈!这怎么健康啊,这不健康啊。我讲的健康就是指具有原创性的、独创性的思想大厦的构建。因为他们有苏格拉底,有柏拉图,有亚里士多德。我们当然也要讲,后来亚里士多德的学生亚历山大,穷兵黩武一直往东打,打到波斯,大流士与之苦战,流血漂橹,战争是非常残酷的。我们讲健康的标志是指语言和思想,即人类历史上所留存下来的有意味的东西。金戈铁马,那可以作为军事博物馆、历史博物馆的陈列,可是对后人有永恒影响的一定是留传下来的思想和文化。

　　中国传统流传下来的思想和文化的经典,就是四书五经

以及宋以后的十三经。我想作为将领没有必要从《诗经》《尚书》《易经》《礼记》，然后《春秋》《尔雅》，一一诵读。唐代的文人为了提高自己的辞采，即文学修养，把《史记》《汉书》《庄子》《楚辞》（合称为"史汉庄骚"）这四本书放在床头、案头，经常诵读。我想这几本书应该放在案头。当然，诸位还要学很多的兵书。诵读"史汉庄骚"不仅使我们熟知了中国古代的历史，也使我们的文采有所提高。现在有许多人喜欢读我的文章，我的文章来源于什么地方？来源于"史汉庄骚"。我最近出版了一本专著《老庄心解》，对老子和庄子的思想做心灵的解读。《老庄心解》已经一版、再版、三版了。我一共写了八万字，把老子和庄子的思想做了一次彻底的分析，当然老庄不是儒家的思想，可是老子和庄子的思想对中国人的思维方式有很大的影响，在下面我会谈到。

杨振宁先生发表了一篇文章《〈易经〉对中国文化的影响》，谈到《易经》以及东西方人的思维方式差异。他说西方人的思维方式是一种演绎的、逻辑的、天人二分的研究方法。什么叫演绎的呢？就是通过一种假设去求证，得出结论再提出新的假设，再求证，再得出结论，这是个演绎的过程，这个过程必须用逻辑的方法。刚才我们讲过，亚里士多德建立了逻辑学，这个逻辑学对西方人太重要了。因为逻辑学是数学的核心。一个数学不发达的国家，科学技术不可能得到很大的发展。

有一次，我在清华大学讲演，我说你们是工科大学，我问你们几个问题，十八分之十二等于多少？有学生答曰：等于三分之二。好！答得好。我说二分之一加三分之二加四分之三加五分之四等于多少？要快！结果工科的学生也没有答出来，当时杨振宁先生和李学勤先生也坐在底下听。我说等于二又六十分之四十三，我说这不是我算出来的，这是汉代《九章算术》里面的题目。我们可以这样讲，中国的《九章算术》也好，《周髀算经》也好，它只是个算数的"学"，还不是本质意义上的数学，本质意义上的数学必须是逻辑的。我曾经问过大数学家陈省身先生。陈先生已经过世两年了，陈先生生前和我非常的友好。因为每次到南开我们都会谈很多事情。有一次，我问陈先生：我说你的数学这么好和中国的数学悠久传统有没有关系？他说大体上没什么关系。我相信他讲的是老实话。中国的数学为什么得不到发展呢？我们还要追到根子，就是中国的逻辑学不发达。

在战国之时，曾经出现了一些逻辑家，比如与庄子同时的惠施和公孙龙。这些人提出了一些逻辑上的命题，这些命题很有意味。毛主席第一次见到杨振宁的时候就问过他，一个木头棍子一天取一半，你什么时候能取完？杨振宁一听这个问题，觉得主席学问大了，因为当时杨振宁也不知道这个借喻来源于《庄子》。《庄子》里面惠施讲："一尺之捶，日取其半，万世不竭。"可是杨振宁非常聪明，他说从物质的分割性来讲，这将是一个无穷尽的过程。毛主席听了非常高兴。这个题目是谁提出来的？这是在《庄子》书上提出来的一个命题，你要注意这是二千三百年前提出来的，他说："至大无外，至小无内。"最小的东西没有里面，最大的东西没有外面。分子、原子、中子、质子还有里面，因此他不是最小的。我记得杨振宁先生曾经在一篇文章里提到，他说人类现在能够把这个头发的横切面排上一百万颗原子，这个原子之小可以想象，可是人类的科技还可以把这些原子排列组成图案，这仍是"至小无内"。宇宙，我们现在已经可测定一百亿光年的距离，可是一百亿光年以外还有呢？还有无穷远呢？这仍是"至大无外"。这个惠施也提出来了。

当时像庄子这种思想浪漫开放的人，他都认为惠施这些是荒唐之说。所以惠施经常和庄子有辩论。他们在濠梁之上，也就是河岸边上看见鱼在游，庄子说"鱼很快乐。"惠施就讲："你不是鱼，你怎么知道它快乐？"庄子说："你不是我，你怎么知道我不知道它很快乐？"这个庄子和惠施两个人老顶牛。后来，惠施死了，庄子非常悲痛，因为他失去了一个辩论的对手。庄子就举了一个例子，楚国有个工匠，挥斧挥得非常准确，一个人鼻子上点个白点，他运斤挥斧，把这个白点去掉，而不损肌肤。楚王很想看看这个绝技，可是这个挥斧的人说："非常遗憾，这个鼻子上抹白点的人已经死去了，因此我再也做不到了。"说明这个挥斧的人和这个鼻子上点白点的人都是非常有定力的人。庄子为什么讲这个故事呢，是讲惠施死了以后他再也没有辩论对手了。

这种逻辑家还有公孙龙，"白马非马"的命题就是他提出来的。"白马非马"这就是讲个体和整体的问题、一个具体的马和一个马的物种概念的问题。其实这个物和物种的概念，亚里士多德在《逻辑学》里曾经多次提到，亚里士多德长期进行论证。可是，中国的这些逻辑学家们提出的命题，却没有继续论证下去，因为他们受不到社会重视。在春秋战国之时有儒家、法家、道家、兵家、阴阳家，还有名家。这个名家就是逻辑家，逻辑家是比较小的派别。中国逻辑学不发展，数学就得不到发展；数学得不到发展，科学就得不到发展。这是一个很大的原因。一直到近代，严复翻译赫胥黎的《天演论》，同时他也翻译了西方的名学，他就用中国战国时代的名字——名学，实际上就是逻辑学。中国人才第一次看到了逻辑学是怎么回事。严复的文章非常漂亮。我认为如果将来有空的话，将领们也可以借阅严复翻译的《天演论》和《名学》，那是非常有意思的。

中国的学问是一种归纳法，归纳法是一种大而化之的，其论点直抵灵府。谈到宇宙本体，不像柏拉图讲的永恒理念，需要人类用不朽的生命去回忆，回忆还需要一个逻辑的方法。那么老子谈宇宙本体："有物混成，先天地生。寂兮寥兮，独立而不改，周行而不殆，可以为天下母。"天地没开以前是混混沌沌，不知道什么东西。可是呢，仿佛里面有东西，有什么东西呢？"视之不见名曰夷，听之不闻名曰希，搏之不得名曰微"，看不到，听不见，摸不着这东西。他讲"有物混成"，"独立而不改，周行而不殆"，是什么东西呢？老子说这个叫"大"，强名之为"道"，勉强给它个名字叫"道"。因此中国古典的哲学不是对宇宙本体不思考，它思考也和宇宙大爆炸以前的情况差不多，也是混沌的，是种绝对宁静而静止的状态。那个时候是既没有宇也没有宙。宇是什么？宇是一个横无际涯的空间；宙是什么？宙是一个无始无终的时间，宇宙就被解释为时间和空间。在《庄子》书上提出了宇和宙的问题。混沌未开是一个完全没有时间和空间的"时候"，用"时候"一词本身就错误啊。一个完全没有时间和空间的状态，这个状态其中依稀的东西是一个混混沌沌的，这种对宇宙本体的认识，到庄子时候，他觉得再想也想不通。因此他说："六合之外，圣人存而不论。"这种东西啊，我们既然想不通我就不论它，因此中国的学问是感悟的、是经验主义的。这种感悟的经验主义东西在某些领域是非常有用的。

譬如讲医学，西方的文化还没有东渐以前，中国医学就非常发达。如汉代张仲景《伤寒论》、明朝李时珍《本草纲目》，还有很多的医学著作，非常有影响。这些著作记载了很多草药，记载了很多治疗的医案。可是如果讲一个没有经验的人，就根据这医案去下药的话，一定会治死人。因为中医先号脉，然后望闻问切，看你的气色、看你的舌苔、看你病状，再号你的脉，这个过程完成以后，一个非常有经验的、高明的医生，他开的几服药下去就能起死回生；可是一个庸医同样号脉，脉相差不多，也很轻微，可是这个轻微是寒还是热啊，是表还是里啊，他分不清，于是也开几服药，这几服药开下去，虎狼之药，死了。我们很难讲一个明朝的著名中医的医术一定比现在中医差，不一定。可是，十四世纪到十七世纪，这个时候西方的医学绝对不如今天西方的，这是肯定的。因此，我想中国科学发展的落后来源于对逻辑学的不重视，来源于数学的不发达，也来源于传统的对机械的一种鄙视。对机械的鄙视在《庄子》的书里就表达得非常强烈。庄子讲了一个故事：孔子有一个学生叫子贡。有一天，子贡看见一个农民抱着水罐在浇水，他说："现在已经发明了桔槔，用力微而作功大，你为什么不用这个呢？"这个老农夫大为愤怒地讲，有机械必有机心，人有了机心人类便会堕落。因此,机械在中国古代被称作"淫巧",认为这是一种"淫巧之术"。

在中世纪以前,火药还没发明,那时候东西方的战略形势并不像现在这样。当时中国相当强大,一直到郑和下西洋。当时国力强盛,可是中国不知道西方战略的优势在渐渐上去:因为那个时候,西方已经开始把冷兵器转化为热兵器。热兵器从哪来的呢?我们不是讲中国有四大发明么?在南宋一个偶然的机会,不知道怎么把硫磺、铁砂等东西放在一起,就爆炸了,于是火药发明了。火药发明了以后,我们没用到武器上,元朝人用到武器上了,元朝人开始用铁铳,又叫做"火铳",由元朝人传到阿拉伯,由阿拉伯人再传到欧洲。欧洲可不轻视机械。他们有机心,对机械非常有研究,经过了几百年的研究,到了十八世纪以前,他们的冷兵器刀枪入库的时候,东西方战略形势的地位就起了很大的变化。可以讲东方的优势渐渐的不行了,"人为刀俎,我为鱼肉"的现象出现了。这就是为什么十九世纪末到二十世纪初,中国知识分子有一种强烈的意识,像康有为、梁启超要"变法维新"。鲁迅当时非常激动,他说要把古书、线装书统统烧掉。"变法维新"损害了统治者的利益,因此失败。"洋务运动"又是由张之洞、李鸿章这些官僚来弄,也成效不大。搞"洋务运动"、"变法维新"等等,都包含着中国知识分子迫切希望中国强盛的这样一个信念。

我谈到语言和思想的重要,那么现在人们就会问:范曾你刚才谈了半天的语言思想的重要,中国语言载负了一个有机械必有机心等等不利于自然科学发展的思想,可是我们不要忘记中华民族语言包含的内容非常丰富，它包含了很多社会的、人生的思想。问得好。我们现在提倡和谐的思想就是不可比拟的，在未来的世界，这些思想会发挥它的作用。对科技的成果，我想是非常容易"拿来主义"的。我看到新闻报道，讲中国的空军，其防卫力量和制控的力量，都有了很高的提升。中国飞机的质量，很快赶上世界的最先进水平。现在世界最新的战斗机到第四代，中国的战斗机，从第三代向第四代的方向发展。我想，中国人有这样的智慧，西方的那种逻辑学是容易拿来的，西方的科技是容易拿到手的。你想上个世纪六十年代，毛泽东就决定要造原子弹，当时完全没有任何外援，因为当时苏联也和中国分道扬镳了。邓稼先等科学家把原子弹造出来了。在原子弹爆炸那天，邓稼先其实心里很忐忑不安，可是他很平静地和杨振宁吃饭，突然传来消息说原子弹爆炸成功。杨振宁就问他，原子弹完全是中国制造的？邓稼先讲没有一点外国的支援。杨振宁就离开座席，他到僻静处激动地哭起来了。这就是知识分子的爱国情怀。当中国有了原子弹的时候，那我们和美国对话的权力就有了，尼克松和基辛格要到中国来，来看毛泽东，要建立中美外交关系。毛泽东的气势可用一个字：牛！凌晨三点钟会见，我的工作习惯就是凌晨三点钟。他就这脾气。尼克松、基辛格来看他的时候，老先生往那里一坐，这是派头！如果讲中国今天还没有原子弹的话，中国在世界上对原子武器发展和核查有发言权吗？没有发言权。杨利伟乘载人飞船上天，我当时正好在法国，当时法国要出版我的大画册。画册的主编到我家来第一句话就讲，中国已成为世界上第三号的航天大国，我为此自豪不已。我当时写了一首诗，在欧洲的华人报纸刊登出来了。我感到非常荣幸，陈炳德上将是我的老乡，我和将领们有心灵的沟通。后来聂海胜、费俊龙获得了第二次大的成功，我真的非常激动，我请三位航天员都到我家里来做客，我非常高兴他们都来了。陈炳德上将也多次到我家来。我感到这些人都是中华民族的脊梁，中国因为有了这些人，才有自立于世界民族之林的能力。和谐社会不是祈求就能得到的，和谐是自强不息的胜果。只有靠实力，和谐世界才有可能实现。

我在上个世纪末写过一篇文章《伟大的启示录》，谈到一个大历史学家对学术的贡献和影响，他的名字叫雷海宗，是我的恩师。雷海宗先生曾经在上个世纪三十年代对历史有估计，他说，在下个世纪五六十年代，也就是2050年左右，一个西欧大帝国会建成。这个预言渐渐被实现了：欧洲共同体逐渐形成。现在已经没有国界了，货币通用，而且还有共同建立宪法的可能，那岂不是一个国家了吗？在文中我饱含激情地这样写道：我说中国在东方的崛起，这标志着"弱肉强食"的结束，东西方能够"讲信修睦"。这个"讲信修睦"是《礼记·礼运》里的句子："大道之行也，天下为公……讲信修睦。"要讲信用，修和睦，那么大体上讲，天下为公的时代，或许正在2050年，那就不只是西洋大帝国的成立，而是东西合璧、化干戈为玉帛的地球大一统时代的来临，人类的历史曙光在前。那时人类将有共同的宗教，它的名字叫和谐，这个是我在上个世纪末提出来的和谐的世界性的观念。

"大丈夫"是中华民族自周秦以还民族脊梁的符号，也将是我们新时代民族性的灵魂，二十一世纪神舟六号载人飞船之上天，民心大振。微吾老书生，竟夕不眠，以待聂海胜、费俊龙之回归。至陈炳德将军宣布胜利完成之时，不禁老泪纵横。此无他，以十九世纪中叶以还，中华民族备受宰害凌辱。十九世纪末至二十世纪初中国知识分子热切期望西学东渐，然则西学之于武器而秘藏者，其渐可乎？鲁迅先生有云："中国自古以来就有埋头苦干的人，有拼命硬干的人，有为民请命的人，有舍身求法的人，……这就是中国的脊梁。"子曰："好学近乎知，力行近乎仁，知耻近乎勇。知斯三者，则知所以修身；知所以修身，则知所以治人；知所以治人，则知所以治天下国家矣。"（《中庸》）此中"知耻近乎勇"，则大丈夫立于世之根本。

我记得有一年，在法国，他们有个戏要上演，名字叫《中国人和狗》。广告上画了一个戴瓜皮帽的人旁边还有一个狗，这引起法国巴黎华人的愤怒，可是他们名望没我大，我写了一篇文章题目叫《我抗议》，欧洲所有的华人报纸都刊登了，人民日报网站刊登在首篇。在文章中我说：你们知道，法国有良知的人，不会同意你们的做法。当时英法联军侵略中国时，有个舰队队长写信给雨果，希望这个伟大的作家讴歌他们的胜利。雨果讲：你们是西方的两个强盗，你们破坏的是世界上的万园之园。当时圆明园是万园之园，大得不得了，它可以和埃及金字塔和古希腊的帕特农神庙相媲美。人类最伟大的创造，被你们无耻地劫掠，完全是强盗行为。我说这是你们法国的著名作家，他和中国人民的心是一致的。后来《中国人和狗》的广告被立刻撤掉，这个戏当然不能上演。

我们中华民族有自立于世界民族的决心，我们有伟大的文化需要我们保卫，我们也有信心赶超世界最先进的武器。我们就可以想到中国自古以来就有非战的思想，就有不战而屈人之兵的那种胸怀。如果讲我们没有充分的实力，我们怎么能够做到不战而屈人之兵呢！

　　我的讲演到此结束。

　　　　（本文是根据 2006 年 7 月 21 日范曾先生在国防大学演讲录音整理而成）

何期执手成长别

——陈省身先生人品论

　　赤橙黄绿、宫商角徵、芳草奇卉、甜蔗苦莲，那有色、有声、有香、有味的事物，斑驳错杂、陆离纷陈于前；宇宙洪荒、龙光牛斗、沧海广漠、崇山峻岭，那至大、至高、至奇、至妙的景象，穷方竟隅，并生遍列于后。迅雷激电、飘风骤雨、兔起鹘落，那是速度的光荣；晨晖夕阴、朝花夕拾、青丝白发，那是时间的慨叹。这一切，佛家说都是"空"，一切的描述都是皮相之判。然而这皮相的背后，有人偶开只眼，看到了"数"，他们之中的大智大慧者称为数学家。

　　景星祥云，移驻南开，这一天是伟大的几何学家陈省身先生执教五十年的庆典。一时间，欧西、亚太群贤毕至。他们其中有法国数学所所长，英国数学所所长，中国数学所所长杨乐，数学家严志达、胡国定、吴文俊等等。这都是用方程和数字构建不可思议的大厦的俊彦。陈省身先生端坐主席台正中，显得有些兴奋。这其间有一位对分数四则和乘除法略知一二的范曾——我奉陪末座，也十分自在地厕身主席台上。这不伦的地位，不是出于虚荣，而仅是由于陈省身先生的坚请。开会伊始，免不了冗长而多余的祝词、介绍等等。我有足够的时间探讨深奥的数学问题。右侧是南开大学副校长、数学家胡国定。我问他："什么是纤维丛？"胡国定说："数学隔行如隔山，我无法很快捷而准确地回答你这问题。"我在南通中学时代的低一年级的校友杨乐，坐在我的左侧。我们知道，在六十年代初他和张广厚因解一个什么了不起的数学问题，曾一跃而为国中光耀的数学新星。我转过头来问他："什么是纤维丛？"杨乐寡于言谈，不无嘲讽地笑着说："给你讲你也听不懂。"彼时大失所望的我被奚落的寂寞之感多于对数学的神秘崇拜之心。同时，因为都相互熟稔，三人相顾而嘻。不熟悉英文的我，听到主持的人念到范曾时，正傻坐着，微笑着。杨乐说："你讲话。"当掌声和目光都朝着我的时候，我才走向了话筒，开始了胡言乱语。

我第一句开头劈脸询问："今天会场上谁的数学最好是不用说了，但你们知道今天这大会上谁的数学最差？"全场哄堂大笑，因为台下坐的是全国各地的数学家、教授、博士生，最低的是数学系本科生。"从大笑中，我知道了你们的答案，当然很惭愧，是我。然而我要问你们，什么是数学？"这咄咄追问使会场顿时大为活跃，我不免回过头来看陈省身一眼，他正为我刚才的话笑声未止，瞪着他的一双大眼，揣度我又会出什么厥肆之词："数学，无色、无声、无香、无味，看不见摸不着，但它无所不在、无远弗届、无所不包，没有'数'的奇绝的构成，天地不是道家的混沌，便干脆是佛学的一片空白。"雷鸣似的掌声掩盖了我数学知识的浅陋。陈省身先生笑得前仰后合。这还不过瘾,我又问:"陈省身先生到底伟大在什么地方,我为讲演计,问过了胡国定先生,他作如此说;我又问过了杨乐先生,他作如彼说,总之一句话,不懂别问。啊!我举头望明月,我不懂你,但我可以仰望你,我不懂陈省身,但我可以仰望大师。"又是一阵激雨般的掌声,只见陈省身捂着脸哈哈大乐,主席台上各国的数学家都侧着身向他鼓掌。我想古罗马的西塞罗,或许曾经享受过类似的听讲者的热烈回报和感应。于是我奉呈一首七律:

> 纤维胡老说奇丛,便使神思入太空。
>
> 造化沉浮多幻变,天衣散合总趋同。
>
> 千秋大智穷抽象,一代学人沐惠风。
>
> 此世门墙无我地,宁园小坐说云峰。

又送上一幅祖冲之的画像。我冲着陈省身说:"他不懂几何,他没有你伟大。"对我的演讲有一位持异议的人来到身边,那是极负盛名的大数学家严志达,他是我南通的老乡。他说:"陈省身先生和祖冲之一样伟大,他们之间有一千五百年的遥远阻隔。"科学家的严谨和诗人的豪兴大体区别于此。但我告诉严志达:"外行话亦若童言之无忌,不能算数。"严公颔首。然后又和我谈竹林七贤,他是数学家中对国学最有兴趣的人。这一点,他和陈省身时有龃龉,颇似文人之较劲。

我与陈省身先生的相识应感谢杨振宁先生,没有杨先生的介绍,也许人间没有陈、范的一段因缘。而杨先生与我相识,则应感谢国家教委的介绍。杨先生问教委外事处的人，有一位年轻的画家范曾，我喜欢他的画，教委托我作一幅画送杨先生，当时我觉得很荣幸。画毕之后，杨先生竟然亲自到崇文门我的寓所来看望我。杨先生的坦率、真诚、博大、睿智感动了我。第一次相逢，便预伏着永结同好的君子情怀。我拿出了一张大纸请杨先生写几个字留念，他说他不习惯用毛笔，于是拿了一支钢笔，他想了一小会儿，写了下列的话："我很爱范曾先生的画，杨振宁。"字写得很小很小，而且笔划严谨不苟，于此我想起每逢展览会在签名簿上恣情放大姓名的人，不免用力过猛。文字的简洁，透出了杨振宁先生洗尽铅华的大朴无华。因为他研究的宇宙本质，在《老子》书中叫做"朴"。我又想起在数学上的"拓朴学"三字，那是奇美的名词，这名词是陈省身先生所译释。

陈省身先生一般对人客气，但"谦虚"，他似乎觉得多此一举，因为应谦虚的地方他早就做到了。譬如他说，从小不用功，功课不好，觉得数学好玩，在脑中驱之不去，以致上早操的时候，全校同学都做上肢运动时，他会出人不意地、刺眼地高举起一只脚。据陈先生告诉我，在体操场上很容易找到他，那出格的必无第二人。还需要如何才是"谦虚"！

当杨振宁在电视上讲到杨氏定理，他说这定理可以管到下世纪、甚至更远时，我只觉得神圣之自尊乃是任何伟大的人物不可或缺的高尚品德。有一年元旦，陈先生收到两张贺年片，地址一模一样，是巴黎雪夫汉街十一号，一封是法国数学所所长 Berger 的，一封是我的。陈省身大为惊讶，原来我与Berger 住在同一座古典大楼之中，我在 A 门，他在 B 门，于是又有了我与 Berger 的一段因缘。Berger 先生十分真诚地告诉我:"陈省身先生是大数学家,而我只是小数学家。"他还告诉我曾有一位日本的书法家写了一幅"天下第一"的中文牌匾送他,他不知其意,挂在客厅,后来有中国人来做客,告诉他意思,Berger 大笑取下,说:所幸来的人都不识汉字。

回国后,我告诉陈省身先生这件事。陈先生说:"他太谦虚,他是很杰出的数学家,至于大、小嘛,嗯,大体如此吧。"对于一位位居数学峰巅的人,他有着孔子"当仁不让"的担当精神。他决无丝毫的轻忽其他数学家之意,而数学上的〈或〉这样的符号,就不是在月旦之评中可上下其手的事,那是依象而言,那是真实的存在。在我的记忆之中,陈省身先生一般亲切的称谓是直呼其名,如葛墨林、陈洪,更亲切的称呼是不用姓,这样的人几乎我只听到过一个人,那就是杨振宁,他呼之为"振宁"。所有的人无一例外的都在背后称陈省身为"陈先生",包括杨振宁先生在内都如此地尊重他。从电话中的"范曾先生",到"范曾兄"到"范曾"绝对经历了二十年之久,其间的亲疏尺度,也有"数"。

我与陈省身先生的初次见面那是在 1986 年他第一次回国的日子里。杨振宁先生与他同时在南开,陈先生当时并无意回国定居。他步履健顽、神采奕奕,一双大眼形状与毕加索相似,但其中所储藏则大异其类。毕加索狡黠、凶狠、偏激、自私,而陈省身则慧智、谐谑、宽大、威严,可能所有的人在第一次见他之前都诚惶诚恐,宛如他的女婿朱经武先生先把微积分仔细地复习一下才敢见面。而我则不然,看还看不懂,遑论复习?

可是那初生牛犊不畏虎的精神是不缺乏的，加上两个人都爱开玩笑，亦若朱先生之谓"臭味相投"，中国文雅的说法为"葭莩相投"，比第一次见杨振宁似乎更多了相逢恨晚的境界。陈省身先生的相貌，按我对骨相的判断，异相也。除眼大有异彩外，耳奇大——长、厚、阔、深，四美具；挺拔、垂珠（耳垂如明珠），二难并，这样的杰出耳朵虽千万人无一焉。某人耳则大矣，然软巴巴地，宛似上帝以余料随意捏就。那街边之卖花生仁的老者耳正不小，气则庸凡。陈先生有垂胆之鼻，可见气息宏大、吐纳不凡，而先生之声有如钟磬一般洪亮清澈，远闻之如深山古寺的梵音法鼓，即使隔八间屋子，那频高速缓的声音都会慢慢传来。那他平生用得最多的一词"好极了"，任何人一听都为之雀跃，至于他称赞的"好极了"的对象则有考证之必要。譬如每年他生日，每次人们都会送涂着彩釉的陶质寿星老给他，以此聚积日多，排列于他的客厅橱上，俗不可耐。相信送来的时候，他一定说"好极了"，这三个字表示了大地般的宽容。你看恢恢地轮上面生长着大木巨柯，也生长着野草闲花，我们难道不觉得冥冥之中大地正在赞赏它们——"好极了"。

我决心将陈省身先生放置于他为南开所建的宁园里的这些粗俗的寿礼一扫而空，拿了奇石、东周青铜鼎、雕刻、仿清的硬木高几换下了那"好极了"的一切。然则扔了于送礼者不恭，于是我设"陈省身奖"，将寿星老作为奖品送给一次家宴中的所有客人：陈洪、葛墨林、张卫平、叶嘉莹，还有几位不熟知的数学家。不过有一绝对奇妙的想法来自我的倡议，让陈省身先生在像底唯一的一小块陶质犹露的地方签名，这一倡议使所有的人大为兴奋。到了为我签的时候才发现像底也上了釉，毛笔字上不去，我却奇想突发，这一位寿星老唯一的陶质却在头部，于是我请陈先生在那脑瓜上签字，先生大乐，欣然应命。这人间独一无二的陈省身先生的签名寿翁，至今立在我的书房。它变得那么高雅，那么珍贵。不约而同的是，陈先生仙逝之后我偶去叶嘉莹先生处，她几乎放在同样重要的位置。物因人贵，人们不能忘记那一晚高人雅士的欢乐聚会。

日与先生熟稔，对数学问题的探讨也渐插垂天之翅，游于无极之门，而我的疑问也越来越多，这印证了"十个智者回答不完一个愚者的问题"的欧谚。而对在数学上配称"愚者"的画家我，陈省身先生绝对做到诲人不倦、有教无类。

我问："人们大概不会知道你在想什么？"

陈省身："那我就可以胡说八道。"

我问："那你比别人为什么高？"

陈省身："我做得简洁、漂亮。"

我问："齐白石画到九十岁还有新意，您呢？"

陈省身："类我类我，我也有新的发现。"

我问："人们对大师之产生各有所说，你做何解？"

陈省身："一半机遇，一半天赋。"

我问："努力其无用乎？"

陈省身略停数秒钟，然后出人意外地回答："每一个人都在努力，与成为大师是关系不大的，成功和成为大师是两回事。"

这真是妙语惊人，而且越想越使人钦服，非大师不可作如是说。与此相应的问题，见于一次某记者对陈省身的采访。

记者："大师是怎么出现的？"

陈省身："唔——大师，大师——唔……"先生支支吾吾不知怎样才能使这位十个智者也回答不完的问题的提问者满意。"冒出来的"！在旁听得不耐烦的我真是冒出了一句妙语。

陈省身先生大为赞赏："对，范曾说得'好极了'，冒出来的！冒出来的！"

那记者的眼中露出了不解、茫然，先生习惯性地举起他的左手，做中止提问的示意。

古往今来，大师绝对是少数人、极少数人，即不可限以年月、树以指标、给以条件。他们不知何年、何月、何地、何因，霍然而起、伟然而生、卓然而立，那是无法解释的。以我之体会，大师必具条件有三：智、慧、灵。智，不光是好学可得，这并不有悖《中庸》"好学近乎智"的结论；好学者，只是"近乎"，而达到峰巅的"近"，宛若奥林克匹运动会短跑冠军刘易斯的成绩，恐怕得等一个世纪的努力才能打破。以此知这"近乎"不是"等于"。而慧，则是来源于先天之根性，佛学所谓"慧根"者也，生物学所谓 DNA 者也，那就是只属慧能而不属神秀的质的分际了。有智矣、有慧矣，而无灵，亦不足为大师。灵者，似有似无的感悟也，忽焉近在睫前、忽焉远在天边；灵者，如梦幻、如泡影，视之不见、听之不闻、搏之不得；灵者，迅捷而来、迅捷而去，绝对留不下一丝痕迹。而灵，绝对是古往今来一切大师不可或缺的光照。它是物质的存在，还是精神的本体？不去详为探讨了吧！灵，在阿基米德浴室的澡盆、在弗莱明贮葡萄球菌的平皿、在贝多芬的音符、在帕格尼尼的琴弦、在陈省身的公式，当然也在某些人的画笔。

灵，如晨曦清露、中夜细霰，远望之有、谛视之无。它浸润着智慧之域，带给人们天心月圆、花开满枝的胜景。

陈先生曾为天津的少年们题"数学很好玩"，这句话如出自平常人之口，那是索然无味的。而出自陈省身先生之口，那就包含了他的无限深情和他投身其中七十年的漫漫求索。"吾令羲和弭节兮，望崦嵫而勿迫"，在九十三岁高龄之后，他每天早晨四时起床，要解一个什么世界难题。而且他对下一世纪的数学家们提出了新的难题，为此他作了一场令人感佩的演讲。他的思维如静影澄璧，清晰而透彻，闪烁着青年人一般的好奇心和创造欲。在人类的历史上，还不曾有第二位数学家像陈省身先生一样，表现出岁老弥坚的弘毅精神和不屈意志。然而这是苦役般的劳动吗？非也！——"很好玩"。什么是天才？尼采有云："若狂也，若忘也，万事之源泉也，游戏之状态也，自转之轮也，第一之运动也，神圣之自尊也。"

我在《王国维和他的审美裁判》一文中曾引用之，这七点今正可验于陈省身先生之生命。"狂者进取，狷者有所不为"，陈省身已为人瑞，犹作登数学奇峰之旅，非"狂者进取"而何？"狷者有所不为"，对世上异端怪说嫉恶如仇，有学生杨君持种种特异功能之书呈于先生面前，先生大怒，推扔满地，下逐客之令，狷介之性时有令人骇异者。对人类文明发展中的垃圾绝对横扫，毫无商量。我告诉他："您做得对。"陈先生说："你认

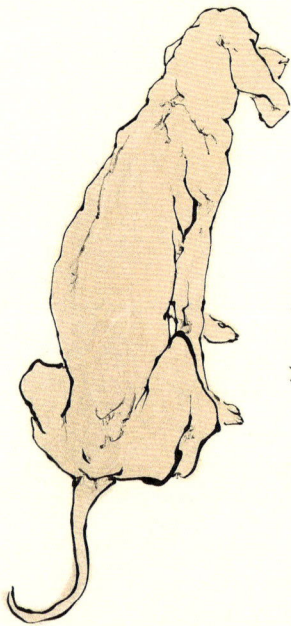

數學很好玩

歲在丙戌秋月憶陳省身翁談童年
無意於百科唯感數學趣也
無窮窝氏誌懷云
抱沖齋十翼范曾

为这样是可以的？"我说："当然！"陈先生谈话，有时滔滔不绝，有时要言不烦，全看其性质而定。最简捷的时候，往往是十分严重的问题，斩钉截铁，不假任何题外的修饰。有一次我邀陈省身先生和杨振宁先生于东艺楼我的画室小坐，谈得正高兴，走来几位物理学的博士生，滔滔不绝地向杨振宁先生问物理疑难，我听不懂，但从他们的表情和动作上判断出他们的语无伦次。从杨先生不太屑于回答的神态上，看出大师的忍耐力。正好坐在旁边轮椅上的陈省身先生大不耐烦，举起左手，"别问了，你们成不了爱因斯坦"。可见我的判断不错。后来我问陈先生发脾气的原因，他说其中一人既愚蠢而又狂傲，"这样不可以，振宁不会愿意回答这些问题的"。还有一次在叶嘉莹先生的八十寿宴上，有一位好为谐谑的先生于讲坛上侃侃而谈，直呼陈省身、杨振宁先生之名而有并驾齐驱、共赴绝域之概。陈省身先生高举左手作狮子吼："打住！我们老年人就是要少说话！"以上是我见到的陈翁三怒。这三怒非"神圣之自尊"而何？而尼采论天才的中间五点，亦皆陈先生穷奥溯源时的状态，这不只是陈省身先生所专属，古往今来之有大创造者，概莫能外的都有着这种天才的赤子之心、赤子之情、赤子之态。

记得陈省身先生七十五岁生日那天，陈先生彼时步履稳健，独邀我与叶嘉莹先生作一次小庆。听叶先生谈诗，当然是人生之至乐，我和陈省身先生都为之击节。我说："今日不可无诗，陈先生您先来。"陈省身先生不假思索，一句诗脱口而出："百年已过四之三。"我说："妙！妙！数学家片刻不忘数学，此其验矣。"叶嘉莹先生以诗评的口气说："的确好，宋人有'问向前犹有几多春，——三之一'。自有词以来，我以为用分数而入词者，可谓千年一遇，而又出于陈先生之口，简直妙得很。"于是我倡议每人作一首诗，第一句必用"百年已过四之三"以为庆贺，第二天交稿，因为陈先生点的珍馐尚未动箸，所以不作即席之吟。第二天写出后，叶先生对陈省身的诗一字不改，对我出韵的毛病提出了意见。后来这三首诗发表在《天津日报》，这是极有趣的人生诗篇。

佛家有云以逆境为园林。人生道路不会一马平川，不蹶于山者蹶于丘、不蹶于丘者蹶于石。重要的是自己如何对待坎坷，人们如何看待你的坎坷。我当然不例外地遇到了这样的逆境，同时我却能如此生活于逆境之快乐中，陈省身先生和杨振宁先生伸出了援手，是带给我无上快乐的两位科学大师。于是有了一场史所未见的"陈省身范曾教授谈美"的讲座，由物理学家葛墨林兄主持。这场讲座有着一个大的背景：

先是，有一位物理学家谈到科学和艺术是一个硬币的两面。且不谈这比喻的不伦，而其所举之例证，实在有悖科学之精神。杜甫有"细推物理"，便是第一个提出了物理学之名词；屈赋有"南北顺椭"字，屈原便发现了地球是椭圆形，"天问"成了世界上最早的天文学著作；渐江运用了数学，创对称之山水……等等，诡言谲说，不一而足。而画家们一夜间都深刻了起来，画出了一批十分费解的作品，而每张作品的背后都有着科学伟力的支撑。我断定是这位科学家使一向持重的恩师李可染先生勉为其难地画了生平一张最荒诞的题为《弦》的画，那是一根混乱而驳杂的粗细不匀的线，纠缠着。据说这"弦"已超过了多维空间，而和深奥的数学玄想联袂。陈省身先生请我去宁园看一本这位科学家的著述，他说这种科学与艺术的结合显得荒诞。他简捷地一语破的："屈原大概不会知道地球是椭圆的。"他告诉我，一会儿有两位天津科技馆的人来，你替我接待一下吧。果然有二位来了，显得有些深刻。我说：这位著书的科学家大概是出于科学上的寂寞，折腾出这样的学说，牵强、荒诞而无聊，我和陈省身先生都不会支持你们所想举办的展览。然而奇怪的是展览会上偏偏展览了杨振宁的油画像和陈省身的雕像，意思是他们支持这荒唐的游戏。这样的欺世手段，也许为的是蒙蔽群众，也许根本上别有机心。我以为由真正懂得科学和艺术是两片水域的人来谈美，是一件十分有意味的事，于是"陈省身范曾教授谈美"在南开园里拉开了帷幕。

　　陈省身先生站在数学家的立场上开始了他有趣而深入浅出的论述，他谈到数字是那么的美妙，不可言说。以一个神妙的故事为滔滔讲说的开端：十八世纪，在德国的一所学校，数学老师叫学生们回答 1+2+3+4……一直加到 100 等于多少；少顷，一垂髫小童站起来说："5050。"这就是后来微分几何的奠基人高斯。接着我似乎听出"数"竟有"无理"、"有理"之别，有延伸于一轴自东而西的有理数与无理数，还有驻足于一个平面上的复数。有永远纠缠着你的开方不尽的数，譬如 2，还有 1 开方之后生出一个符号 i，这就是虚数。接着陈省身先生谈几何，妙趣横生。理科学生们的兴高采烈的笑声，使我知道先生讲得精彩，也跟着不甚了了地傻笑。他说：数学是一个至美的境域，数是一个奇妙的精灵。演讲既毕，有一个好问的学生站起来问：

"你相信上帝的存在吗？"陈省身先生说："这也是我想向你提的问题。"在暴风雨般的掌声中，陈省身先生退出了会场。

接着我在朗诵了一段我的长诗《庄子显灵记》中《智者——爱因斯坦》之后，谈到陈省身在普林斯顿大学与爱因斯坦的友情，告诉同学们今天这样的科学家已硕果仅存，只有陈省身先生和爱因斯坦的邻居能如此了解爱因斯坦。我的讲演着重谈科学和艺术是两片水域，科学重理性而艺术重感悟；同时对甚嚣尘上的科学与艺术的"一币两面说"渐有披靡国中之势抱着忧虑之心，我以为这正是打着科学的旗号，为后现代主义艺术张目和鸣锣开道。一个怪力乱神的艺术乱世将会来到人间，而当这样的魔鬼一旦从魔瓶之中窜出，那艺术的灾难便永远不可收拾。我们需要的是筑起水火不能入、虎豹不能侵的铁的长城。因为一种荒诞信念的侵蚀对民族精神的动摇，比火和剑具有更大的危害性。和谐的追逐从古代的孔子、老庄到苏格拉底、毕达哥拉斯一直绵延至今，使我们生活于有序的地球和人间，而后现代的所有失序，都在危及着人类的平静，其中充满着斗争和矛盾、噩梦和呓语，甚至戕贼生命和残暴酷虐。后现代不是美妙的信仰、不是诗意的裁判，它带给人类官能的反感和心灵的损伤。呼喊和谐，回归古典主义，与大美不言的天地相往还、相对话，是陈省身先生和我谈美的宗旨。葛墨林兄作了精彩的总结，他要同学们记着这一天，这将是人生难再的幸福的回忆。

前文谈到的纤维丛，必有奇美在焉，了解纤维丛的机会终于来临。在一次研讨陈省身数学成果的大会上，吴文俊先生用他的南方口音讲，那是陈先生从宇宙取下了"一小块块"如何如何，整个会议除听清这四字而外，其他的公式都与我无关。参之杨振宁先生赞陈省身先生的诗："天衣本无缝，妙手剪掇成。"我想，宇宙的天衣无缝、自然本在那是陈省身先生理论的依据，也是他与宇宙对话的核心。这"妙手"应是冥冥中的目的。那是谁的手？是西方的上帝，还是中国的道、天、诸天？无法说，那妙手必凭借陈省身先生这样的数学家解析而后再行剪掇，剪掇出"一小块块"，重新把它略无缝隙地送回天宇。

有着童稚之气且好谐谑的陈省身有一次告诉我："范曾，我有钱了，以后请客不用你出钱，全部我来付。"

"你从哪儿弄来的钱？弄来多少？"我挑战式地询问。

"一百万美金，绝对够我们吃饭之用。"陈省身先生告诉我，第一届的邵逸夫奖决定授予他。

"哈，一言为定，你的这笔奖金，我们必须吃完之后，才允许你离开人间，一年我们吃它一万元美金，你还得活上一百年。"我大为兴奋了。

陈省身说："一百九十三岁，嗯，可以的，一万元美金太奢侈，人民币吧。"态度有些认真。

"哈哈，那吃它八百年，你比上古传说中的活了八百岁的彭祖还高寿。"两人相与大笑。

数学家和哲学家有着不解的因缘，至高至尊的数学与哲学的邂逅，使两者相得益彰。从毕达哥拉斯到莱布尼兹都是大哲，同时他们更是伟大的数学家。大数学家的所向无敌的武器是逻辑，他们距逻辑越近则距具体的数字越远。那能心算10位数28次方的印度妇女，是卓越的算术家，而不是实际意义上的数学家。计算机，能在比数学家快一万倍的速度下计算数字，但它不是数学家。陈省身先生平生不会使用计算机，也没有一次有求于计算机，他的玄想用不着它。南开大学要从数学经费中拨款购置一个硕大无朋的计算机，先生颇为不满。有人前来询探先生的意见道："你是我们的旗帜，只需要你表一个态就可购买了。"先生说："好吧，那就在旗帜上写'陈省身不要计算机'。"不只对计算机不感兴趣，在日常生活中，陈先生也很少数字之计算。陈省身先生有一次在天津凯悦饭店请客，付款时，几百几十几元，他来回计算，最后的得数才和发票仿佛。陈省身先生用实际行动教育了我们，不要以为数学家必须有前述印度妇女的本领。

有一天，陈省身先生与杨振宁先生来我家，用不少英语词汇在谈话。原来在商量这一百万美金的捐赠事宜，杨振宁先生提议的地方，陈先生都欣然同意。最后将一百万美金一元不剩地送光。我看到了两位伟大的科学家是如此平淡地对待这一百万美金，不仅平生所仅见，连我也不曾做到。所谓知识分子之"士节"，正在临财廉而取予义。大师风范，令人肃然起敬。以后所有的饭局，依旧在宁园的小餐厅进行。有时我从外边叫来淮扬系的"公馆菜"，正合陈先生口味，可恨葛墨林竟吃不出好来。我和陈省身先生对葛墨林品菜水平的低劣，不免微词，陈省身先生准备请客八百年一事倒是忘得一干二净了。对于自己的寿数，陈省身先生怀着永年的信心，一百岁决非上限。

更大的喜事临门了，国际小行星联盟批准了北京天文台的呈报，对陈省身先生授予殊荣，以"陈省身"命名一颗天外的小行星。陈省身先生说："有趣，很有趣的事。"似乎好玩之心胜于激动之情。因为在他的心目中，最关心的不是个人的荣辱，而是祖国的数学。他以为中国是可以成为数学大国的。为此，他竭尽精力，消磨了他生命的最后年月。

2004年夏，溽暑炎蒸，我内心有一种莫名的烦躁，有一件事十分紧迫地时时缠绕着心灵。这种感觉来得突兀，来得猝然，得快快动手，刻不容缓。我不相信神的启示，但很多事使我对冥不可知的天地抱着敬畏。这高天厚地究竟在发生着什么？它们之间那无形的业果，竟是那样不可思议。我立刻要画陈省身和杨振宁这幅大肖像画。这是陈省身先生2002年在一次偶然的谈话中提起的，当时我问是画肖像，还是画古人习用的行乐图格局，陈省身以为都可以，我答应了。此后，陈省身先生曾多次提醒我早动笔，也嘱葛墨林兄和裱画名师耿淑华催促，我总是告诉陈省身，叫他耐心等待。我相信真实的情感会使这幅画精美而生动，这是一幅世界科学巨人的对话，他们的友谊是科学史上的人文精神之典范：既有深邃博大、不可端倪的科学精神，又有温文尔雅、亲和诚信的东方风仪。

既开笔之后，我绝对是处于一种冷静的理智与奔突的热情相交会的状态。心往笔走，八龙蜿蜒，玉軹并驰。那时，天地精神奔来腕底，一笔一划，无非生机。当陈省身先生双眸既出，我就断定了此画的必然大成。那莹莹而欲动的眼神，包含了他阅尽人间繁华归于淡泊寡欲之境的崇高；包含了他探究宇宙奥秘、深入不测之域的睿智。当头部画毕，陈省身先生已跃然入目，如闻謦欬、如坐春风。一个半小时过去，由于激情，也由

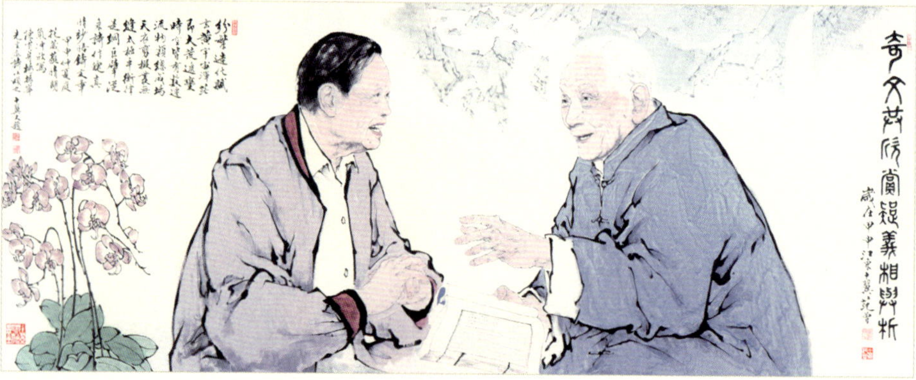
奇文共欣賞疑義相與析

于天热，汗涔涔而透衣矣。

然后画杨振宁先生，这时最是艰难，由于我从不打铅笔底稿，下笔乾坤已定，非有峻极的本领不可如此从事。杨振宁的眼神必须落在两米远的地方，必须与陈省身先生的眼神相碰撞。这不是寻常的一瞥，是世纪科学峰巅的晤谈，目遇而神授，堪称传神杰作。在此，我无意伪为谦揖，我想，是两位伟大的人物给了我灵感，即前文之所谓"灵"。

大画既毕，先请葛墨林兄欣赏，他当时的惊讶和快乐难以言表，不停地说："太妙了。"当晚他通知陈省身先生和杨振宁先生。第二天陈省身先生从天津赶到北京碧水庄园我的寓所，当轮椅推到这丈二匹的大画前时，先生大喜过望，几乎是高声地喊着说："伟大！伟大！"接着玩笑地补充说："我和振宁跟着这幅画不朽了！"我说："你正说反了，我跟着描画的伟大人物不朽了。"我从来没有看到过他如此的兴奋，比起那天上的小行星，这幅画似乎更"有趣"，"很有趣"。

第三天杨振宁先生带着一个留美的物理学博士来看此画。杨振宁说："陈省身先生画得太像了，我自己看自己，不如别人看我。"于是他问博士："你看像不像我？"博士说："太传神了，太像了。"杨先生的兴奋不亚于陈省身先生，当晚他传来了传真，激赏此画，尤其对画上题字"奇文共欣赏，疑义相与析"和诗：

纷繁造化赋玄黄，宇宙浑茫即大荒。

递变时空皆有数，迁流物类总成场。

天衣剪掇丛无缝，太极平衡律是纲。

巨擘从来诗作魄，真情妙悟铸文章。

备极赞赏，以为虽英之大诗人蒲柏之作无以过。

然而，不幸的事从天而降，六合的大雾笼罩着，天地一片茫茫，真个茫茫！巨人因心脏病倒下了。我从济南乘火车直奔天津医学院总医院。先生正在昏迷之中。奇巧的事发生了，当我站到病床边的时候，先生霍然醒来，睁开一双大眼，口中模糊地发出"范曾，范——曾——"的轻微声音，而且颤动着右手，似乎想抬起来握手。我紧紧地握着先生的手，他完全没有表情，一会儿又昏迷过去。他一生最后讲的两个字，就是"范曾，范——曾——"，这光辉生命最后的一抹余霞我见过了，那是平静的。天色渐暗，先生的心脏测仪上，由微波而划为一根线，一根绝对无情的线。

我和葛墨林、张卫平默默地将先生送进了太平间。时值隆冬，像地窟一样的寒冷，人们相顾流着无言的泪，更无语言，何须语言，夫复何言！

陈省身先生的女婿、卓越的物理学家朱经武先生说："他是带着快乐走的，有三件事：小行星的命名、邵逸夫奖，还有他看到了您画的这幅画。"

从淌着血的心灵里流出了一首痛定思痛的诗：

大雾茫茫掩九州，中天月色黯然收，
何期执手成长别，不信遐龄有尽头。
一夕宁园人去后，千秋寂境我悬愁。

遥看亿万星辰转，能照荷塘旧日鸥。

南开园的新开湖畔，深夜里一片烛光，上万的莘莘学子，举着闪动的蜡烛，向二十世纪最伟大的数学家告别。庄严肃穆，悄焉寂然，没有哭声，也没有抽泣。只有无法慰藉的哀思举起了崇高的无际光焰象征着他智慧的光亮，这光亮曾照遍人类的几何学圣地。

告别大会隆重而悲哀，人们都记得杨振宁先生对陈省身先生的崇高评价，记得他诗中将欧几里得、高斯、黎曼、嘉当、陈省身列为人类几何学的五座丰碑。卓越的数学家邱成桐先生说："我们以毕生的精力，也做不到陈先生十分之一的工作。"我想，这不是谦虚之词。

人们在哀乐声中仰望长空，夜色已浓，那一颗闪烁的行星——陈省身，已渐行渐远。

精禽正藉海云飞

——《南通范氏诗文世家》序

余自总角之年，渐识家学。每读堂中曾祖伯子先生联："揽辔登车，一世澄清须满志；读书闭户，万家忧乐尽关心。"中心勃郁，知君子之行藏，不唯独善其身，亦且兼济天下。先严子愚先生则谆谆以告先祖仲淹先生"先天下之忧而忧，后天下之乐而乐"、"宁鸣而死，不默而生"、"不为圣贤，便为禽兽"为千载家训，而每述及先祖仲淹少时"断齑画粥"，砥砺品学；既贵，设置义庄，赡养宗族，不禁为之泣下。盖凡国中之宗族绵延千百年而不堕者，必有大贤大哲之嘉言懿德，必有后继者之慎思笃行。至于诗文，"'有德者必有言'，非有言也，德之发于口者也"（苏轼《范文正公集·叙》），此南通范氏诗文之所以能传也。世之膏唇拭舌者，虽勉为诗文，其行而不远必矣。

范氏诗文之整理裒集可上溯百余年前。先是伯子先生从游桐城吴挚父先生于冀州，伯子羸弱发病，时正论列李白诗，并贻挚父子闿生。夫人乃劝曰："子不尝欲论次家集以问张（廉卿）、吴（挚父）乎？张则远且没矣，吴幸而近在，而子又多病，人事何可知欤？论古人何如论家集乎？"以此尽发所携以北来之

淮南江北海西頭雄踞峰巔百
越秋腹語鹽空民物渡深文隱
蔚昊穹愁康卿早卜鳴雛鳳
相國高懷識白鷗置驛蘇黃歸
李杜于今肯志苑通州

懷音祖伯子苑當世
丙戌苑音

稿，废百事而为之。吴挚父先生固文坛司命，观伯子先生所从事，唱然赏赞。挚父先生于范氏之家世与文学成就，了如指掌，谓伯子之先"盖出文正、忠宣，世次不相续，其始有家于通州者曰盛甫公，盛甫生均用，均用生廷镇，廷镇生秉深，秉深生禹迹，禹迹公讳九州，始以名德重于乡里。禹迹公子曰介石公，讳希颜，始为名诸生，介石公之子讳应龙，字云从，以明经高第拜庆云令"。至此，伯子先生所藏先祖手稿中始得见其诗作，苟自十翼上溯，则为余十二世祖。此前必有擅诗者，然已湮失无存矣。

余十一世祖范凤翼，字异羽，有《勋卿诗》。十世祖范国禄，字汝受，有《十山楼稿》。九世祖范遇（祖遇），字濂夫，有《一陶园诗》。八世祖范梦熊，字君宰；七世祖范兆虞，字韶亭，皆有诗作，与十二世祖范应龙诗杂处为丛稿，总三十六首。以挚父、伯子先生手眼，不难以其身世、阅历及诗风、词语辨其谁属，然终未为。十翼不自量力，经穷年推考，以为三十六首中，自有三种绝不相类之遭际与诗风。其一，沉郁深雄，平居忧思，多故国黍离之叹，必处颓乱之世，当为应龙襟抱；其一，拔剑苍茫，报国无门，必曾经军旅生涯，非梦熊莫属；其一，迂回悱恻，幽静深美，恰合兆虞心怀。然后循迹索寻惯用词与诗语之构成及五、七言之偏爱，无一首不入彀中。余仍忐忑，乃以询诸当代高手，咸以为妥切无误。至此四百年疑案冰消壤解。为千秋计，此丛稿三十六首虽各有主，然尚不作铁案定论，以俟后之来者。

六世祖范崇简，字完初，有《懒牛诗钞》；五世祖范持信，字静斋，少负才名而独无诗传，更无诗集。其所流传之诗两首，乃咸丰年间寇警，城垂破，期与高祖范如松死，乃口占两绝。曾祖伯子先生犹能背诵，其一云：

> 七十老翁何所求，要将一死抵封侯。
> 人间风雨飘零尽，赢得先庐作一丘。

其二云：

> 偃卧归来夜不惊，呻吟愁汝到天明。
> 分明一夕城垂破，又听街头卖饼声。

以七十三岁之老人，才思不钝、落笔散珠，欲以歌吟告别人间，诗意之人生致于偃蹇若斯，令人扼腕三叹，足见专政于乾隆年间之酷烈。先祖仲淹之"宁鸣而死，不默而生"为书生之意气，言人生必轰轰烈烈而不当寂然无闻则可，倘曲解为必以诗句抗斧钺，为引颈之牺牲则谬甚矣。乾隆大兴文字狱，《清稗类钞》所载沈德潜以题黑牡丹"夺朱非正色，异种也称王"而被戮尸，将其宦爵、谥衔并祭葬碑、乡祠木主一并废除。乾隆微服游于市，就一书肆翻阅书籍，时微风拂拂，吹书页上下不已。一书生见状，即高吟曰"清风不识字，何必乱翻书"，乾隆以为讥讽也，旋下诏杀之。此类故事，比比皆是。乾隆四十八年，完初公二十七岁，举国震惊之徐述夔《一柱楼诗集》文字狱正发生于通州如皋，遇难者近千人，绝大多数为无辜牵连者。徐氏被族，子孙姻眷杀戮殆尽。通州、如皋、扬州一带诗书世家谈文色变，焚毁诗文信札，此所以完初公"不令（静斋公）为诗或潜为之不以示人"之缘由，亦所以静斋公之无诗也。盖不欲少年才俊之静斋公迎刃而上，作无谓之开刀料，亦东坡翁"但愿儿孙愚且鲁"之意。苟无曾祖范伯子先生之博学强记，留下两首，则静斋公真寂寞后世，而吾乡范氏十三代诗稿亦有世次不续之疵矣。

　　高祖范如松，字荫堂，有《未信斋稿》，实为范氏诗文世家关键性人物，上承八代诗人之高风，下启范氏诗文鼎盛之局面。荫堂先生诗教有方，伯子、仲林、秋门三子皆以诗文闻于晚清，有"通州三范"之目。范伯子有《伯子诗》、范仲林有《蜂腰馆诗》、范秋门有《季子诗》，尤以曾祖伯子先生卓然起于江海，声名溢于神州，天挺环姿，为天下士所景从。祖父范罕，字彦殊，有《蜗牛舍诗》；叔祖范况，字彦矧，有《彦矧诗》及《中国诗学通论》。兄弟皆游学日本。其时国中学界咸与维新，彦殊曾以严几道所译赫胥黎《天演论》呈伯子先生。西学东渐，废置科举，国故式微，古诗文世家惟固守阵地而已。父亲范增厚，字子愚，幼承庭训，并随祖父范罕留学日本。敏悟于诗，十二岁于日本即有"深秋处处风如水，更听梧桐夜半残"之句。父亲平生作诗不辍，每写毕则俯吟仰唱，声调铿锵激越。吾之善于吟唱，皆为儿时嬉戏中得之也。父亲于壬戌（1922 年）于芜湖聆听谛闲老法师讲《法华经》，并皈依莲海法师，法名妙谛，故父亲终其身为居士。素食，诗多禅意，怀念母亲缪镜心先生之悼亡回文诗尤为情韵深美。父亲之诗从不发表，更无论辑集出版。吟咏数日，则藏之箱箧，不复示人。父亲之诗与并世诸公较，或不多让，其所以不欲张扬者，以吾观之，父亲或以为祖上多为诗坛巨擘，唯恐一字之失，贻笑大方，此谦揖之一面也；亦或以为知音寥落，歌者正不必自苦，自愉足矣，此矜持之一面也。1980 年余将往香港展览，乃语家翁曰："先世皆有专集，儿且欲为父亲诗印一小册，其可乎？"父亲俯思再三，允之。《子愚诗钞》印出后，父亲颇欣慰，余乃呈百本嘱以贻亲朋，父亲选一本供奉于母亲灵前，其时母亲已谢世九载矣。及父亲既殁，余于整理故物时，发现一牛皮纸严包之物，开之，则九十九本《子愚诗钞》于其中。父亲深情于诗，淡泊于名如此，今时古贤，不为过誉。

余大兄范恒，字志常，长余十三岁。二兄范临，字志匡，长余十一岁。皆早慧能诗，时家贫无以为乐，父亲子愚翁恒燃香计时以作联语、诗钟为戏，二兄清俊，时夺头标；大兄沉稳，每有佳句。独我幼稚，在旁作天真怪异语，每令父兄大乐不止。1945 年，大兄奔赴革命，二兄谋生香港，从此孤独无伴，时年八岁。念二兄之将行，乃书"南无阿弥陀佛"数字相赠，童心真纯，是颂是祷。今两位兄长皆为陈人，思五十余年前往事犹在目前，曷胜人生短暂、前尘如梦之叹。余原名范晉（后改作曾），字志纲，自幼濡染于诗文世家之氛围，颇多会意。一日，硕儒张梅安先生来家，指院中鸡冠花嘱为诗，余即口占"绿羽顶红冠，花开处处啼"。张公大惊异，顾家翁云："此子有厚望焉。"其时年甫七岁。少时即背诵屈原《离骚》、归庄《万古愁曲》、杨小坡《套曲》，其他如《诗经》、唐诗、宋词累千百首。善为七律、古风、长短句及曲赋，亦偶作新诗。有《范曾吟草》《范曾诗稿》《庄子显灵记》等行世，以不堕家风自励。世皆以画家视余，其实于诗癖爱尤深，家学积渐，不能自已。

中国术业恒以宗族为传承，其传至二、三代者，殆不胜指，然后易姓以弟子传。能以诗世家薪承火继延至十三代者，不惟中国文学史之所仅见，亦世界文学史所未闻。四百年中，名人相望，大师辈出，陶钧鼓铸，滂沛成气，兀为中国文化史之奇迹。要之，范氏之诗纵览之，不作无病呻吟之语、不为刻红剪翠之句，亦未见喎喎鬼唱之诗。大凡范氏作手，往往挟长风以长驱，进则有豪侠气、退则有高士气，而儒家经世、禅家感悟、道家睿语，皆若散花之近维摩，不着痕迹。世之评范诗者，不惟评诗，兼评品节，高风起于海澨，嚆呶振于濒洞。有国魂在，有诗灵在，有家山风物、故人情怀，此四百年间范氏以诗意融于人生。诗教乃灵性形上之教，非手艺人工巧形下之技。此中道理，盖非徒以幺弦孤韵、蝇声蛙噪相鼓吹标举者可望项背者矣。

历代诗评不可一一论列，今试举其荦荦大者，为后之来者佳境共赏，疑义相析。明末英烈史可法慕余十一世祖范凤翼高风亮节，著《范公论》以赞之。文云："天之生贤人、君子，固以为社稷苍生之庇，其用之大者，莫如以一君子为众君子之津梁，则太蒙范公之在吏部是也。"此指万历三十八年任吏部文选司主事时，阉党势炎，凤翼公擢用清流贤才，首推顾宪成、高攀龙，而士之虽持节而缄口者，咸赖公为埙篪。史可法，秉心至公而载笔不阿之大丈夫也，颂凤翼之英姿杰识，称"士之附之亦诚百物之于麟凤"，此评重于鼎彝，断非浮言。因忆通州旧居堂上有凤翼公之塑像，高可尺余，其威严仪态，直如宋之包拯。董其昌赞范凤翼诗"吏部文章真不朽，龙图忧乐本同参"，确非虚誉。董其昌每忆及昔日左迁外吏，佞人投石之困时，独"异羽（范凤翼）在天曹，违众援之，不遗余力。予得无溺，盖其直道任事每每如此，恒怀知己之感"。时范凤翼于吏部拜天官郎，故董其昌称"在天曹"。其对名士之护，真有孟子所谓"虽千万人吾往矣"之概矣。范凤翼之浩然正气，对通州范氏家风影响钜深，四百年来犹为后辈懿范。其诗文则如钱谦益之评"原本经术，贯穿古今，凿凿乎如五谷之疗饥、药石之治病；至于指摘利弊，分别贤佞，劳人之苦心与大人之伟略，侧出于笔墨之间"。以钱谦益之雄视古今，竟称"念先生积薪硕果，大江南北如晨星之相望，非余谁当叙先生者"，足见范凤翼其为海内大君子之尊崇，非止一二人耳。

大木不生于瘠壤。曾祖范伯子之出，以家学二百五十年之积厚也。其影响睫在目前者当为高祖范如松，其课子不惟经学子史，更重品节操守。范氏于宦途一显于明季范凤翼，兹后七代为诸生，究其根源非止一端。范凤翼之"坐东林党为民，追夺诰命"，自此引高不出，筑"退园"于故里。而其子国禄入清后不应举，又因修州志构奇祸。其后如前述完初公之不欲静斋公为诗文，皆高士不求闻达于乱世之志也。范如松子叔曾祖范仲林、范秋门既于科场获高第入仕途，临行则授以《作吏十规》，谔谔其言，申申其詈，如"地方善政不能举，逢迎上官则恐后，最可耻"，"为民父母第一戒贪，贪则心昧……最可耻"，"作官须知进退，若老马恋栈，阿时殃民，以至身败名裂，辱及君亲，最可耻也"。仲林、秋门为官皆廉洁有清誉，有由然也。

通州范氏诗文至范伯子驰逸绝尘，为明末以降二百五十年奇迹。伯子与陈散原并为同光诗坛领袖，两老相契，遂结儿女姻缘。姑祖范孝嫦嫁陈师曾，堪称文坛佳话。范伯子年轻时课弟于通州黄泥山之新绿轩，其腹笥之深，信非仲林、秋门可及，然于科场，自秀才而后累试不售。兹有一故事，可知其缘由。伯子少年时与张謇雇马游山，叠骑清谈，着鞭争胜，此乐何极。乐则乐矣，而于光绪元年张謇、范伯子乡试双双落第，张謇且于日记中怨谓"论时文者均得榜"。张謇之师海门赵彭渊大震怒，以为张謇尽弃前学，不重时文，何能仕进。范伯子以旷世之才，固不可为八股所囿，张謇贬斥时文，必受其影响。赵翁此一怒，使范、张从此于术业之专攻分道扬镳。范伯子以秀才名被天下，张謇以状元迹垂青史，而其友情至死不渝。伯子先生弥留之际，张謇赴沪探望，张謇于日记中有如此记述："十二月五日范执我手，附我耳语：'……子长我一岁，望节劳。我可死，子不可死。幸记之。'闻之心楚。三十年之老友，今无几个，年来图兴地方自治之基，肯堂预议论极多，亦甚资助力。今察其病状至危险……可痛也！论其诗文非独吾州二百五十年来无此手笔，即与并世英杰相衡，亦未容多让。"

对伯子先生诗文，晚清、近世硕彦高儒早有定评，兹录数则，以见一斑。论伯子诗之大悲怀也，有钱仲联先生云：

天雄星豹子头林冲——范当世。范伯子诗，为近代学宋一派所宗，吴闿生选晚清四十家诗，以伯子冠首。金天羽《答苏戡先生书》谓伯子贫穷老瘦，涕泪中皆天地民物……盖豪杰之士也，良非过誉。其《过泰山下》诗云"生长海门狎江水，腹中泰岱亦峥嵘",是何气概雄且杰!

论伯子诗之大气象也,有陈三立之慨叹:

苍然放块之气,更往复盘纡以留之。盖于太白、鲁直二家通邮置驿。(《三百止遗》序)

论伯子诗语言之奇谲超绝也,有汪辟疆云:

盘空硬语真能健,绪论能窥万物根。(《光宣诗坛点将录》)

费行简云:

兀傲健举,沉郁悲凉,匪第超越近世学宋诸家,其精者直掩涪翁,清末诗人岿然灵光。(《近代名人小传》)

论伯子诗之历史地位也,有曾克之激赏:

覃及胜清之末,肯堂范先生卓然起江海之交,忧时愤国,发而为歌诗,震荡翕辟,沉郁悲壮,接迹李杜,平视坡谷,纵横七百年间无与敌焉,洵近古以来不朽之作也。(《晚清四十家诗钞》序)

最概括而肯綮之评价当属吴汝纶:

文之道，莫大乎自然，莫妙于沉隐，无错中年到此，则天下文章其在通州乎？

又专评伯子先生《武昌张先生七十寿言》一文曰：

此作真可谓神奇，直当比方欧公而上之，非千年以内物，曾公及濂公最工之作，乃不过如斯。（《范伯子文集附家书三》转述）

引述至此，伯子先生于诗坛之声威固自可知矣。余纵览先曾祖诗，中心之感动，首在其不同凡人之心胸手眼，真所谓搓摩日月、折叠河山。其胆识接迹太白，确为的评。曾祖于李白、杜甫、苏东坡、黄庭坚之外又有意于李义山之绵邈邃密。其豪情逸怀，常与古人作异代游，游赤壁竟有"江水汤汤五千里，苏家发源我家收"之句，不可端倪，令人击节拊掌。读至"字里鲲鹏翻积水，眼中鱼鳖撼骄阳"，则更知曾祖确为摩荡文字、激扬情怀之巨匠。

要之，但凡一代之中、一艺之内，恒有异数者，不可以承传视，不可以流派限，不可以门户见，独立而不羁，特行而忘机。即以曾祖伯子先生诗文言，桐城耶？同光耶？宋诗耶？唐诗耶？佛道儒耶？狂士耶？剑侠耶？细看都无相似，让面目还他自己——范伯子。

当代国学大师钱仲联先生对南通范氏诗曾作如是说："清代惜抱大桐城古文之派，以迄今日厥传未绝，以言诗歌则南通范氏其执吟坛牛耳者哉。""南通范氏既高据诗界昆仑之巅，其一家之世业撰则又不止于诗也。"钱先生与余缘悭一面，唯于去岁先生九十五岁诞辰时曾奉一诗一画为贺，于电话中曾闻先生吴语，本拟今夏返里时过苏州专访，讵料先生遽然辞世，则先生之《南通范氏诗文世家·序》为其平生著述之最后一文。余感极而悲，疾书挽联一副，派专人送苏州，词云：

五百年必有王者兴，溯遗山以还，诗雄当推范伯子；
九六龄追陪古人去，怀北江而后，论哲莫过钱仲联。

自钱牧斋与范凤翼为莫逆，四百年来，钱、范两家，情深如此，亦足载之文苑史袂矣。

通州范氏以对科场仕途之不恋，十三代中朝廷高官仅一见；州县小吏亦不夥，即使为官亦极清廉。故而伯子有诗云："人言诗必穷而工，知穷工诗诗工穷。我穷遂无地可入，我诗遂有天能通。"范氏之穷，君子固穷也，非不能富，辞富而安贫也。故家风高秀，迥乎尘俗。通州范氏故宅位于城北，有唐光孝塔在侧，清风夜铃，古趣未远。庭院殊小，盈数丈而已，有明代古井一口，水清冽沁人，以研墨，色泽焕然。家翁尝戏语余曰："吾家之风水，有文曲星之高照，唐塔为笔，院井为砚，岂不宜有大块文章乎？"历经四百年，朝代递嬗，岁月迁流，其间兵燹、动乱频仍，文人世家惟数千册线装书幸免于难。楠莉见其浸湿霉坏，嘱北运京华，曝书之日，乃见吾家历代诗文秩然犹存。余大慰藉，抚卷感喟，有不可尽言者矣。一日，河北教育出版社社长王亚民先生携《范伯子诗集》来，谓刘梦溪先生所赠也。余语王君云：

"此余曾祖诗也。"乃尽示先世诗文。王君云："此奇迹也，何不出版，以昭吾中华不朽之文明？"遂经三年之搜集、标点、编辑，今初就，将付剞劂，思绪潮涌，虽为序如上，实不能述吾怀之万一。信夫范氏之诗文必将覃敷于海内，流播而靡穷。此非独范氏幸也，亦中华文化之大幸也。

一词圣典：至善

——谈中法两位思想往哲：王阳明与笛卡尔

　　中法两个文化大国，对当代以至于对遥远的未来的世界，将发挥他们无与伦比的伟大作用，而王阳明和笛卡尔两个名字也将与日月同辉，永葆厥美。在这两个名字上闪耀的是人类将永远守护的一词圣典——至善。

　　爱因斯坦曾说过："想象力比知识更重要。"对于科学家如此，对于哲学家更其如此。没有想象力的科学家，永远执象而求，跳不出实验室，也进不了形而上的殿堂。反是，但凡思维善于凭虚御风的科学家，则往往由科学而哲学，成为了在思想风云中特立独行的人物。牛顿、莱布尼兹、笛卡尔、斯宾诺莎直至哲思巅峰的康德莫不皆然。

　　西方的思想最终的构成是离不开具体而微的推演的，实验证明了的是定理，本然存在的是公理，有待证明的是假说。而这一切都离不开数学，笛卡尔以为用数学解释万类的存在与运转，是天经地义之事，而康德也将数学置于一个无可替代的至尊之位，因为他知道，离开了数学，科学与哲学则徒托空言，一筹莫展。

东方的哲人的思维似乎和数学没有多大关系，因为他们生活于一个玄思冥想的、大而化之的心灵境域，他们善用归纳之法直抵灵府。宇宙万有本在吾心，王阳明作如是想；另一些哲学家则以为天地未开之前便有"理"，朱熹作如此想。这是明代心学家与宋代理学家的区别，但是东方的哲学家没有实验室，是概莫能外的。他们凭的是遍列一切法相的如来智慧和深入法性深层的如有智慧，这虽是佛家用语，而中国儒学的哲人们却莫不如是。逻辑的演绎法和感悟的归纳法成为西方和东方思维的两条大河，从远古流到今天。

我们倘要寻找两位东西的大哲，且对世界有着绝对巨大的影响力的，我们只能问道西方理性主义的鼻祖笛卡尔和中国的心学祭尊王阳明。

十五世纪意大利文艺复兴在回归古典（希腊艺术、希伯来文典等等）和回归自然方面体现了人文主义的精神，然而距中世纪的神学和经院哲学的彻底颠覆还十分遥远。自然科学在涉及宇宙本体问题时依旧噤若寒蝉，异端裁判所的毒焰对伟大的天体物理学家布鲁诺的残害，是绝不包含当年耶稣的"原谅"的悲怀的。而较早于他的哥白尼，只是颠覆了一千八百年前亚里士多德地心说的谬误，而创立日心说，他诚惶诚恐，唯恐触犯教会，迟迟不敢发表，直到临死当天，他才有幸看到自己《天体运行论》行世。而较晚于哥白尼的伽利略，由于在天体物理学上支持了哥白尼，而被教廷宣判终身监禁，直到三百多年后的1980年罗马教廷才宣布取消了对伽利略的荒诞审判。历史上的很多神圣的宗教都做过一些不太神圣的事，对伽利略的审判，则是其中维时最长的特例。

布鲁诺的泛神论——"自然界即神"，在今天是一句极妙的诗意判断，而在彼时则触动了整个罗马教会，以为大逆不道。

笛卡尔离这些殉道的伟人并不遥远，他四岁时布鲁诺就戮，笛卡尔青年时代当会详知这段酷烈的惨剧。异端裁判所巨大的阴影，即使文艺复兴之后，依旧阴霾密布、淫威遍施，科学家们依旧在隙缝中求生存。

笛卡尔赢弱的身体和偃蹇的处境和王阳明有些类似。然而两人的社会担当不同，笛卡尔可以孤身一人，而王阳明则是千军万马的统帅。有一点相似的就是两人都经历过一次思想上的澡雪：一是理性的觉醒、一是自性的顿悟。

笛卡尔躲避着人群，大隐隐于市。他三十三岁上来到荷兰，家赀不菲，足可供他倚坐在温暖的小屋中，天马行空地思索。他发现古往今来的各种玄奥的大义微言或精灵古怪的离奇说教都是出自他人之口，以此，他悟到我们耳熟能详的、枉自轻信的，大体是酸腐的陈言，而并非确切的知识。

思想的强大，并不意味着声色俱厉，在那样严峻的社会条件下，为使自己的科学立足，还得有些生存的技巧和理论的技巧，智慧的笛卡尔，他不会放弃这样的生存艺术。

任何一个伟大的哲学家、科学家和艺术家，都会有一种灵魂深处神圣之自尊，他们会认为古往今来，一无成就（至少在他们创说处绝对如此想，譬如创说解析几何的笛卡尔、创说相

一词圣典：至善

237

对论的爱因斯坦），起跑之线正在脚下（事实不正是如此吗？）。在这样的孤独中，忽焉也会想起同侪相携的快乐而化为一种真诚的期待，笛卡尔甚至很愿意相信理性在每个人都是不折不扣的，在每个个体身上理性的本性并无二致。我也会经常谦卑地想到，如果每个画家画得都比我好，那我将是何等的幸福。

谦卑和伟大，异名而同性，孔子云："吾有知乎哉，无知也。"笛卡尔知道不能享年久长，他甚至仅仅希求："一步步提高到我的平庸才智和短暂生命所能容许达到的最高水平。"

"我思故我在"，是笛卡尔最富诗意的理性箴言。照我们东方的语意，直接的解释为：我思考，所以我存在。然则照笛卡尔所依据的自古希腊以来的语义，则应译为"我思考，所以我是"。这"我是"指的"有作用"，"存在"仅是"是"的一种、一个内容。"有作用"，是"存在"的根本意义。当然，"我思故我在"，在翻译上"达、雅"有之矣，而"信"则稍逊，但不是错误。以我之见，"我思故我在"，确实已然表达得相当妙，欲知其详，则可读笛卡尔《谈谈方法》的全部内容。笛卡尔以为理性与生俱来，思则有之，此则与王阳明有相通之处。笛卡尔认为人生来便固有天赋观念，一定要用理性思考，才能发现他们的存在。这和柏拉图所谓的人类用不朽的生命对永恒的理念的回忆如出一辙。只是柏拉图没有哪怕局部地实现这回忆，而笛卡尔却不厌其烦在能量守恒、解析几何、生理学、天体物理学诸方面观察、实验和探索，于上述诸领域厥有大成。他的方法是从最简易的事物起步，然后奔赴绝域。首先他"怀疑"（他人的判断并非我之判断）；其二，分类（不是东方式的"混沌"）；其三，秩序的思考（一点一滴地循序而前行）；其四，全面的审查（不使有含糊与遗漏）。这与《大学》中"博学之，审问之，慎思之，明辨之，笃行之"的高论不谋而合，只是二千五百年前中国人的认识方法，仅止于内心而不付诸实验，而笛卡尔是必须于实验之中证实后，始信其真实存在的。

中国人深知宇宙是一个无可穷其奥妙的存在，所以二千三百年前庄子以为以有限的生命去追逐无限的知识的危险性，提出"六合之外，圣人置而不论"的命题。而老子则更以为"其出弥远，其知弥少"。自佛家东渐，唯恐人类坠入"我执"（"烦恼障"，面对不可知的一切，空生烦恼）和"法执"（"所知障"，知道了很多，反成认识本质之障碍）。王阳明在贵阳修文县龙场悟道之前，不止是一位大儒，且对释、老二氏皆有深入之探求，然则他自视三教支离，乃置一棺材于侧，沉入深思，置死生于度外，这是一种彻底忘我的死亡体验。既悟，王阳明欢喜跳跃，从此打通六经，一归于本心。他的名言"吾性自足，不假外求"，心灵是宇宙本体的大存在，心外无物、心外无理，甚至心外无天。然而这顿悟的来源不是空穴生风，积养既厚，再不断"做功夫"，才可以达致这样的极境。从"混沌"中放出光明，这是东方感悟归纳法哲思的微妙法门。和笛卡尔邂逅之处是：笛氏同样视天赋观念为固有，王阳明则以为"不假外求"。只是笛氏视天赋观念是完满的绝对真理，对于天赋观念，笛卡尔曾作如是说，因为科学的分析与综合，要用一种工具来进行，这就是理性所固有的天赋观念。王阳明则以"吾性"已然自足完满，不需他山之石以攻玉。王阳明的心灵除去宇宙万类一体之外，别无他物，没有一个神灵居于其中。苟心已不动，天的存在、神的存在与我何有？笛卡尔则以为"把心灵看成有限的，把神看成无限的、深不可测的"（笛卡尔《给读者的序》）。在此，笛卡尔并不以为神是个"必然的存在者"（重点号为作者所加），如莱布尼兹所谓的以必然的方式存在着的最高存在者——上帝。笛卡尔的上帝是经过改造了的，他不只等于是天赋观念，是理性之工具，而且是理性之桥梁。理性是无法离开天赋观念独自行事的。这里，"完满的是者"（神）、工具、桥梁合而为一。笛卡尔的泛神论更接近于十八世纪康德所谓的可调节使用的"合目的性"。笛卡尔说："我相信，如果不设定神的存在作为前提，是没有办法说出充分理由来消除这个疑团的。"（《谈谈方法》）笛卡尔说："我发现，'我想，所以我是（即上述译为"我思故我在"）'这个命题所以使我确信自己说的是真理，无非是由于我十分清楚地见到：必须是，才能想。"（《谈谈方法》）

这里我们大体可以概括笛卡尔和王阳明哲思的两种表述，笛氏是"我思故我在"，王阳明则是"吾性自足"，不虑而知。

王阳明于《传习录》中称："人性皆善，中和是人人原有的。"这里引用了《中庸》的中和说："喜怒哀乐之未发，谓之中；发而皆中节，谓之和。中也者，天下之大本也；和也者，天下之达道也。"在王阳明看来，"中"即是天理，为什么称为"中"呢？是因为无所偏倚，就本体而言，那是莹澈无染的一面明镜。当心如明镜之时，一切的私欲如好色、好利、好名等使人陷入我执的烦恼障皆扫除荡涤，略无滞留。当此之时，心境廓然，寂然不动，就心灵的本性而言，是储存着根本善的处所，是天理之大本。这本是孟子《告子》篇和《尽心》篇的本义。《孟子》书中的仁、义、礼、智皆是善之胜果。孟子曰："仁义礼智，非由外铄（赋予）我也，我固有之也。"（《告子》）这是不假外求的本然的存在。孟子又曰："仁义礼智根于心，其生色也睟（范注：有了这根，外貌亦润泽）然。"（《尽心》）这善之根，会有所生发，成为了一个人的内、外的善的源头。所以王阳明说："何以有干，有枝叶，能抽芽，必是下有个根在。有根方生，无根便死。"（《传习录》）可见根本善实在是生死之大判，人而无善根，虽生犹死，那是良知泯绝的必然后果。而"心正则中，身修则和"，这"中"与"和"的大本达道，与仁者同在，而"仁者以天地万物为一体"，绝对是中和而宁寂的。正如康德所谓："本体什么也没有发生。"他讲的是宇宙本体，宇宙的变化以千亿年、万亿年计，以人短暂的生命看宇宙，那真是不能以一瞬。寂静的星空恒居不变，那是人作为短暂个体生命的观感，中国的儒者，自东周时子思便认为心与天本是合二为一的，至北宋河南洛阳程氏则更称"天人本无二，何必言合"，从人的本真之心而言，这根本善也是恒居不变的，就人类整体的遗传因子而言，这根本善也是固有而不变的。《老子》书所谓"静为躁君"（静应当君临这烦躁不安的世界），这静，便是本体的状态，它是无善无恶的。无善无恶，在王阳明看来便是"至善"。

"大学之道在明明德，在新民，在止于至善"（《大学》），"明德"指天理也，"明明德"指人心之趋向天理也，"新民"谓于生民布新而除旧也，"止于至善"则指终极之境。王阳明的"致良知"和"止于至善"是同一道理，王阳明进一步解释："性元无一毫之恶，故曰至善。止之，是复其本然而已。"（《传习录》）"致良知"是对人类至善之性的回归。这种对回归的呼唤，是王阳明一切"做功夫"的目标。

笛卡尔的一切"实验"是客观的科学方法，而王阳明的所有"功夫"则是内心的修炼方法。笛卡尔说："我的整个打算只是使自己得到确信的根据，把沙子和浮土挖掉，为的是找出磐石和硬土。"（《谈谈方法》）这磐石和硬土，便是人人均等的天赋观念。然而并不是每个人都能不凭理性的推绎会得到它们的，人们必须摆脱许多错误的看法，免得我们天然的灵明（指良知）受到蒙蔽，而不能听从理性。王阳明也以为人初生时，善原是同样的，他也与笛卡尔同样以为"良知是造化的精灵"。只是笛卡尔要通过一步步的理性的"格物"，要去伪存真；王阳明则首先得"灵明"地"致知"，发现"我的灵明，便是天地鬼神的主宰。天没有我的灵明，谁去仰他高？地没有我的灵明，谁去俯他深？鬼神没有我的灵明，谁去辨他吉凶灾祥？天地鬼神万物，离却我的灵明，便没有天地鬼神万物了。我的灵明离却了天地鬼神万物，亦没有我的灵明"（《传习录》）。与物无对，与物一体，本是庄子《齐物论》的根本，而王阳明的与天地鬼神万物一体的观念，正是庄子之思的衍化与发展。这种"致知"的功夫，不同释氏之养心，因为释氏不可以治天下。而王阳明对养心则作如此说："吾儒养心，未尝离却事物，只顺其天则，自然就是功夫。"圣人要顺其良知之发用，所以天地万物，没有超于良知之外者。王阳明的养心和孟子的集义养气，殊途而同归，而不是如《庄子》书中女偊，修炼成道之后，仅归于撄宁，遗忘一切。

从孟子到王阳明，所称之养气，乃指思想是快乐之源。养得的充足的浩然正气，正是纵横自在的、活泼泼存在的气。总之王阳明"良知"的修炼功夫，正存在于天地一体之中，当内心拔本塞源、集义养气功夫到家之时，心外更无一物。这是王阳明与笛卡尔虽起点一致而趋舍异路的根本区别。

笛卡尔把自己的心灵看成有限的，把神看成无限的，深不可测的，而王阳明则以为自己的心灵与天地万物同体，在那儿，没有深不可测的神。

在笛卡尔所处的十七世纪，虚妄依旧统治着人类的思想。而且在笛卡尔看来，人们忘记了即使最普通的常识，"思辨离常识越远，他由此产生的虚荣心大概就越大"（《谈谈方法》）。理性思维在当时无疑是一面人们通向真理的大纛。然而正如上文所述，笛卡尔需要学术和生存的智慧，他公然宣称，自己的所有研究只是为己之学，永远只求克服自己，只求改变自己的愿望，不求改变世间的秩序，这就给教会神学的卫道者先吃了一颗定心丸，给他们以原来笛卡尔不求有功，但求无过的错觉。笛卡尔又说自己不想生成金刚不坏之身，以求永年，也不想生出高飞远鹜之翅。他宣布："必须把我的一生用来培养我的理性。"那就是与世无涉的个人的事，同时他谦卑地告诉人们，那完满的"神"，才是永恒的存在。笛卡尔无异于告诉教会和那蜂螫跟潮的愚昧的人群，我并没有动摇你们的信仰。笛卡尔以羸弱不禁之身，只是在享受着自身的思想的快乐。笛卡尔说到自己的本质："只知道我是一个在思想的东西，或者是一个本身具有思想能力的东西。"（《谈谈方法》）然而笛卡尔有着内心神圣之自尊，他十分自豪地讲，他不会人云亦云，也不会自视开辟蹊径，"只是由于理性这样说服了我"（《谈谈方法》）。笛卡尔卧床微笑着，自信不希求尘世的高官显爵，只图过思想者的散淡生涯。我想，笛卡尔的理性是起于青萍之末的雄风，会霍然坐大；我也相信，那阿拉伯寓言中压垮骆驼的最后一根稻草，必是出于笛卡尔之手。而引起北美德克萨斯州一阵飓风的南美森林中的煽翅的蝴蝶也正是笛卡尔。正确思维的伟力在于他是真理。

其实，笛卡尔的"神"，已然在他的《谈谈方法》一书的附录中陈明："那被我们理解为无上完满的、不能设想其中包含任何缺陷或完满的限制的本体，称为神。"笛卡尔不会如莱布尼兹强迫理性去证明上帝为必然的最高存在者。笛卡尔的上帝非常接近中国人所称的"自然"——自在而已然的大存在，他的法嗣斯宾诺莎不久揭示：在笛卡尔那儿，上帝、实体、自然本来是一个意思。笛卡尔到底是有神论者还是无神论者，已不需作无谓的争论，即使称笛卡尔是二元论者，也欠公允。笛卡尔就是笛卡尔，他是一位真理的思考者。

王阳明也同样视自己的所有修为和思考是为己之学，然而王阳明身为朝廷之命臣大吏，自有无可推诿的担当，而作为入世的儒者，必有学术之外的目标；他的心学，只是为了拯救世道人心，以实现"人能弘道"的大愿。他的处境比笛卡尔更为险恶，朝中的宦官佞臣，是容不得如王阳明这样的正气凛然的君子的。他一方面要扫除山贼，为民除害；一方面，他丝毫没有懈怠对己、对人心灵的呵护，欲除人类心中之贼。《大学》中有一条公式："古之欲明明德于天下者，先治其国；欲治其国者，

陽明先生鑄像

乙丑冬月
克寧畫

動忍
去就
悟道于
龍場
山賊此心賊
逃逸
何容
皇宇亩無著
根于心
藏野
少荒涼
地
知漏
方
北十郊
王克寧題

先齐其家；欲齐其家者，先修其身；欲修其身者，先正其心；欲正其心者，先诚其意；欲诚其意者，先致其知；致知在格物。"而王阳明的伟大在于他强调"致良知"，应置于格物之前，他以为这乃是儒家《大学》的根本，或云是根本的学问。不能致良知，格物何用？又如何能意诚而心正？如何能达至修、齐、治、平？王阳明深信良知是不虑而知、与生俱来的，他是一面心灵的明镜，纤悉无遗地照见善与恶，当一切归于寂的时候是无善无恶的。"致良知"者，"止于至善"也，明镜高悬也。"无善无恶是心之体，有善有恶是意之动，知善知恶是良知，为善去恶是格物"（《传习录》），而这为善去恶的功夫，则是为了去尽恶的渣滓之后，回归本体。这儿，我们显见老子复归于婴儿、复归于朴、复归于无极的哲理在王阳明的"致良知"中的实现。王阳明"为善去恶"的格物与笛卡尔"去伪存真"的格物貌略似，而方法相去实远矣。笛卡尔的"格物"是严密的、有秩序的、自易而难的科学实证，是步步逻辑的前进，对研究对象认识得一清二楚。其困难的程度，据笛卡尔说，不亚于从一块未经雕琢的大理石取出一尊狄雅娜像或雅典娜像。而王阳明则是静思，宛若禅宗之于蒲团打坐，不是心外的"格物"。王阳明有一则故事，他曾对着竹子思考一周，穷格其理，竟然劳思致疾，这才悟到朱熹的"格物致知"不是根本的功夫，根本的功夫在于颠倒过来，先致知而后格物，倘若心外犹存一物，便不得良知。一切都不在心外。《传习录》曾记载："先生游南镇，一友指岩中花树问曰：'天下无心外之物，如此花树，在深山中自开自落，于我心亦何相关。'先生曰：'尔未看此花时，此花与尔心同归于寂，尔来看此花时，则此花颜色一时明白起来，便知此花不在尔的心外。'"有了王阳明如此对"吾性自足、不假外求"的致良知的认识，乃知天下之物，本无可格者，不能如"世儒教人事事物物上去寻讨，却是无根本的学问"(《传习录》)，所以王阳明特别强调："格物之功只在身心上做。"(《传习录》)以此知笛卡尔"格物"乃是科学上的功夫，王阳明之"格物"乃是心灵上的功夫。笛卡尔之为近代理性主义之鼻祖，对西方科学之发展，厥功至钜；而王阳明之"致良知"，则是人类心灵救赎的不二法门，与科学之发展杳不相关。

我们这儿顺便一提南宋朱熹的理学与王阳明心学之大分，朱熹的名言："未有天地之先，毕竟是先有此理。"(《朱子语类》)理在心外，这儿的理略类老子所谓的道或自然，而王阳明则以为"心即理"："要使知心理是一个，便来心上做工夫，不去袭义于外。"于此朱熹将"心"、"理"二分，而王阳明则合"心"和"理"为一，王阳明不唯有别于朱熹，亦有别于西方之大哲。西方哲人自柏拉图之"永恒理念"、笛卡尔之"天赋观念"、康德之"合目的性"、黑格尔之"绝对精神"，终是想在匆匆分离合合的大宇宙中寻找一个可以统摄万有的东西。至于如莱布尼兹死心眼式地命理性去证明上帝是个具体的存在之物，大体是不对的。智慧如杨振宁先生，固当今世界最伟大之物理学家。有人问他，你认为上帝存在不存在。杨振宁说："当我们研究微观世界，他们是如此的恰到好处；天地大美是如此不可言喻时，我内心的感动，很接近宗教的情绪。"他又说："十九世纪英国的麦克斯韦方程，改变了人类的生活。如果没有麦克斯韦方程，

一词圣典：至善

247

今天从麦克风到航天事业都不存在。然而麦克斯韦并没有发明什么，他仅仅是发现了这个方程，其实在没有地球和人类之前，麦克斯韦方程便存在于宇宙之中。"以我之见,这就是所谓的"天机",麦克斯韦便是天机的泄露者。古往今来一切的科技里程碑的建树皆是天机之泄露，然则，人类所能泄露者仅是天机的亿万分之一，即使如此，人类的生活已然无数次的翻新，不只是生活的方式。数学巨人陈省身甚至说："今天的人类和五百年前已不是同一种动物。"钟山逸叟《封神演义》上的所有神奇人物，今天任何一个儿童都超越了他们的本领，譬如顺风耳、千里眼，今天皆归入小儿科。科学带给人类的进步和幸福与同时带给人类的沉沦和灾难正遵循着笛卡尔的能量守恒铁律前进，正负抵消，方能守恒。看来天机的泄漏，是祸是福，尚有待我们进一步考证。

西方的理性主义和科学的发展同步，甚至哲学家起着导夫先路的引领作用，然则科学的发展是一个无穷极的领域，好奇心永远是科学之母，即文首所引爱因斯坦所谓之"想象力"。每一位杰出的科学家都带着各自的想象力来到人间，于是科学还会前进。而前进了竟如何？人类在此陷入了困境，因为不是所有的发明都富于"善"的色彩，"恶"的色彩正与之比权量力。后工业时期来临之后，人们对所有的苦果（如汤因比将其列为人类十大危机之首的原子弹等）视为理性思维使然。然则，理性思维本身是没有任何过错的，理性思维如果说与宇宙本体同在，便是无善无恶的。宛如本体什么也没有发生一样，理性思维本身什么也没有发生，思想者快乐，所以他思想。笛卡尔所呵护的良知，是人类在认识领域的去伪存真而朴素的求真精神，本身便是人类美德之所在，笛卡尔以为人生在世所能得到的快乐，没有比这更美妙、更纯洁的了。对于纯真的科学家，宗教的异端裁判所，才是恶的势力，正是他们将科学家送上死亡境域，而成为祭祀中的鼎鼐。笛卡尔本人只图改变自己而无济世之想，他万万没有料到，他成为了新世纪人类的智慧之旗，同时他以一己之善，教导人们热爱真理而厌恶虚妄，这是何等高尚而令人崇敬的生活与学术的态度。

至于王阳明，他以"致良知"为核心的学说本身便是一种为己之学，他希望每一个人内心万理灿然，他追逐一种大中至正之道。知行合一，正是遵循良知行事，苟如此，则人人可为圣贤。"知者行之始，行者知之成"，为圣之学只一个功夫，知行不可分为两事。在孔子看来，"人能弘道，非道弘人"（《论语·卫灵公》），这先儒之语，正是为己之学的极境，而人们对孔子"上智下愚不移"（《论语·阳货》），误识孔子为等级制度的维护者，实质大错矣；王阳明说孔子之意是：不是不可移，正是不屑移。他看清了"道心惟微，人心惟危"的本义，因为道心——本体是无声无臭的，什么事情也没有发生，故称"微"；然而倘人之心灵，没有澈然大朗，黑窣窣的，一行事便错在其中，故称"危"。

笛卡尔以为上帝（如上所述，并非实体）在创造世界的时候，也把世界印在我们的心中。但并不是所有的人都能一生下来就知道，天赋观念是无所不能的理性的工具，是宽广无比的理性的桥梁，他是我们设定的神，没有它，我们永在迷雾之中，罔知所遭。但是，理性思考之伟大，在于它能使用工具，走上桥梁，而且与天赋观念意合而神侔。我们再一次重述笛卡尔的名言："必须是（依凭天赋观念），才能想（走向本体的真理）。"

天赋观念（我们设定的神）是"完满的是者"，让我们不完满的理性，不断地趋近于它。

在王阳明的"致良知"之说中，我们似乎看到在本体认识上与笛卡尔的一致。而笛卡尔对人性中所固有的天赋观念，充满着对所有人的信赖，他说："……因为拿理性或良知来说，既然它是唯一使我们成为人、使我们异于禽兽的东西，我很愿意相信它在每一个人身上都是不折不扣的……同属的各个个体只是所具有的偶性可以或多或少，它们的形式或本性并不能多点少点。"（《谈谈方法》）正如王阳明看到市廛往来皆为圣人，而人人看王阳明亦为圣人一样。人苟无作圣之心，便与禽兽无异，便投生在世上千百年，也不过做了千百年的禽兽。王阳明以为，尧、舜、禹、伊尹、商汤、伯夷、周文王、周武王、孔子在纯乎天理上是完全一样的，分量或有异，而在足色的精金上则无二致。笛卡尔和王阳明在相隔百年后在很多论述上，正所谓英雄所见略同。

王阳明的"为己之学"、"致良知"之说，其实是利他、利众、利社稷国家之学。他晚年援引庄子当年批评儒家的"内圣外王"四字，而从正面运用它，以为这是知行一体，合内外之学的儒家的至境，也是王阳明晚年为人行事的准则，而他对人类心灵救赎的大愿，也必将成为走向大同世界的一条通道。

当二十世纪的维特根斯坦慨叹哲学家已无事可做的时候，西方近代理性思维的鼻祖笛卡尔则在云端投下了善意的讪笑。

因为在对本体的、从善的追逐上，哲学家永远有事可做，人们担心的不在于此，而在于理性之果的应用者如果怀着囊括四海之意、并吞八荒之心，那么危机就近在咫尺。

中法两个文化大国，对当代以至于对遥远的未来的世界，将发挥他们无与伦比的伟大作用，而王阳明和笛卡尔两个名字也将与日月同辉，永葆厥美。在这两个名字上闪耀的是人类将永远守护的一词圣典——至善。

2010 年 5 月于法国巴黎

准将的肩章

——记戴高乐将军

　　1940 年对法国而言，是一场可怕的梦魇。法西斯希特勒以坦克、装甲车和闪电的战术席卷西欧。波兰首当其冲，抵抗软弱，败绩而亡。在挪威的英法军队败北，首都失陷，而攻打丹麦，只放了几炮国王就投降，说："我们要安徒生，不要民族英雄。"荷兰、比利时欲苟活于乱世，发出中立的信号，希特勒嗤之以鼻。踌躇满志的希特勒误以为囊括四海、并吞八方的雅利安人的帝国指日可待，乃绕道马其诺防线，驱兵直指巴黎城下，法兰西第三共和国风雨飘摇。

　　战争是离不开火焰的，烈火中可以飞出凤凰，也会烧焦了乌鸦。法兰西第三共和国张皇失措，总理雷诺在巴黎未被围之前所作的最后一件英明的决定是：让由上校晋升为准将的戴高乐十天后以战争部次长之职于 6 月 9 日飞赴伦敦。法国投降派以贝当元帅为首占了上风，这位第一次世界大战中凡尔登战役的英雄，一失足成千古恨。德国人从法国博物馆里，将第一次世界大战时德国人签订投降书的一节车厢取出，放在巴黎城外让贝当受辱，签下了城下之盟。在贝当落笔的这一刻，他便被钉上了历史的耻辱柱。越数日，不愿与投降派同流合污的雷诺，黯然辞去总理之职。接替他的是诡计多端、寡廉鲜耻的赖伐尔。6月14日上午，德国的坦克进入巴黎，法国政府迁往波尔多，又迁到克勒蒙菲朗，后又迁维希，这就是臭名昭著的叛国政权，然而这个政权已然失去他的合法性。其时北非和西南非法国领地军政则陷覆巢之势，军心浮动、群龙无首，有的倾向于抵抗，有的则与贝当元帅藕断丝连。曾服役于北非的吉罗将军，爱国抗敌是无疑的，然而他恃才傲物的性格包含着软弱的一面，而戴高乐的傲慢则来自毫无私心的对法国尊严的始终不渝的维护。因此在表现上吉罗的立场有些摇晃，至少对贝当、赖伐尔的政权没有戴高乐式的决绝。而吉罗与美国的关系，更为戴高乐所不取。1943年吉罗赴美滞留，亦不似戴高乐在英国之有所作为。罗斯福则别有打算，他以为在战后吉罗必有用途，譬如让他加入一个貌似"民主"而软弱可控的政权，这毕竟比不属于任何国家的、独立不羁的戴高乐便于驾驭。

戴高乐是心中只有"法兰西"三字，而置生死于度外的伟大人物，他丝毫不在乎自己的准将军衔。当形势危急时，在太平之世以为重要的一切头衔都无关宏旨。戴高乐就说过，圣女贞德不过是一个平民女子，而她却是自由法兰西的象征。自1940年到1944年五年中戴高乐艰苦卓绝的奋斗，不仅使法国本土的地下抵抗斗争统一到他的麾下，而且使自由法兰西战士与所有的地下英雄们合二而一，其中包括共产党。这表现了将军的高瞻远瞩，他排除了一切党争的偏见，目标直指：自由的法兰西——战斗的法兰西——独立自主的法兰西，这是全法国人民的未来！也只有凭借法国自己的力量解放法兰西，才是法国这一伟大民族夺回光荣和自尊的唯一道路。当戴高乐有了自己的坦克部队、飞行大队和一支浩浩荡荡的步兵师团和无可数记的地下武装时，法国从战败国走向胜利的光明才突破阴霾。这是不依赖盟国的王者之师，也只有这样，罗斯福、丘吉尔、斯大林才不再忽视法国的存在，尽管他们都是反法西斯的巨人，但政治家各有谋略也属难免。譬如罗斯福也曾动过舍戴高乐而取吉罗将军的念头，俾可兵不血刃地帮助盟军夺取巴黎。但这和戴高乐的民族自尊格格不入，严遭拒绝是必然的。

　　1945年2月罗斯福、丘吉尔和斯大林举行的雅尔塔会议，排斥戴高乐，不让其参会。这主要是罗斯福的方针，丘吉尔不是阻挡的主力，斯大林有些打算，心中想着未来世界有一个桀骜而不驯的戴高乐，也不失一种牵制美国的力量。而罗斯福和斯大林的想法异曲而同工，出于和苏联抗衡，也想把法国当作可掌控的重要砝码。倘若每个人都像戴高乐表里一致，当时盟国的很多问题容易解决得多。戴高乐将军终于震怒了，这雷霆万钧的震怒使杜鲁门（罗斯福四月去世）、艾德礼（丘吉尔下台）、斯大林不得不在戴高乐高大的身躯前俯就。波茨坦会议不仅确定法国对德国的占领，而且成为联合国的五大发起国之一——中、美、法、英、苏。

　　法国人民从艰难颠厥之中崛起，厕身世界大国之列，读者诸君可以岁月先后回顾以下伟大的历史场景，这些场景是戴高乐将军对法兰西无限忠诚的标尺，也是使法国走向胜利的里程碑。

场景之一：1940 年 6 月 18 日，戴高乐向丘吉尔借用英国 BBC 电台发表他具有历史性的讲话，不啻是一篇讨伐法西斯德国的檄文，他告诉法国人民：

"这是最终的结局吗？我们是否必须放弃一切希望呢？我们的失败是否已成定局而无法挽救了呢？不，绝不！"

"无论发生什么事，法国的抵抗的烈火不能熄灭，也绝不会熄灭。"

场景之二：1944 年 6 月 6 日，诺曼底英、美等盟国组成的两栖部队的登陆堪称历史上最宏阔的战争。德国法西斯自以为固若金汤的诺曼底防线，在盟军前仆后继的冲锋前彻底溃塌。而此时戴高乐 1944 年所组织的法国陆军则奋起追击，戴高乐号召所有的法国地下抵抗组织配合作战。他们早非散兵游勇，而是集体的，有组织的、有计谋的阻断道路，摧毁桥梁、铁路，剪断电线，使德国救援诺曼底的部队如盲人骑瞎马，四处被击。盟军总司令艾森豪威尔对此有热情的赞颂，称法国地下战斗组织和法兰西自由运动的战士，所起的作用抵得上十七个盟军的兵团。英美对诺曼底登陆行动一直保密，直到前一天才告诉戴高乐。在他们看来，法国人浪漫的本性，保密工作容易出纰漏，戴高乐对此毫无怨词，而是热烈地赞扬盎格鲁——撒克逊人为了实现自己的计划才能卓越，登峰造极。戴高乐的赞词暗示：只要丘吉尔对法国不抱成见，那将军不会因诺曼底登陆计划的保密耿耿于怀。

戴高乐当时向全法国发表了激动人心的讲话：

"最后的战斗开始了，当然这是法国的战争，也只是法国的战争！……凡是法兰西的儿女，不论他们在哪里，也不论他们是谁，他们唯一神圣的义务是尽一切力量打击敌人……在我们血和泪所凝成的乌云后面，现在正在重新出现象征着我们伟大的太阳。"

巨人已看到法兰西经历了法西斯蹂躏之后，迎来的是辉煌的胜利和民族的光荣。

场景之三：盟国大军兵临巴黎城下，戴高乐对艾森豪威尔提出不容商量的建议：巴黎必须由法国的军队首先进城，即勒克莱尔的第二装甲师担负解放巴黎的任务。艾森豪威尔作为军人，有他的正义感，做准备同意戴高乐建议的姿态。然而美国总统罗斯福则心存戒备。罗斯福不愿意法国成为一个自己解放自己的大国，而希望美、英成为法国的解放者，这无疑令戴高乐将军怒不可遏。罗斯福为了实现他的目的，甚至梦想让投降派重新召集议会的计划成功，据说是他唯恐戴高乐成为"独裁者"。罗斯福以"民主"政体的旗号，掩盖着号令天下的霸权主义。戴高乐却深知党派各怀鬼胎，营利为私的议会斗争当此国家存亡的关头，非徒无益而有害。当务之急是用实际行动维护法兰西的伟大和尊严。

希特勒已经下了彻底毁灭巴黎这座举世无双的名城的命令，巴黎城命悬一丝，目下最重要的是对法西斯展开猝不及防的攻势，以挽救巴黎，艾森豪威尔不再犹豫，急令勒克莱尔第二装甲师开进巴黎，戴高乐亲率车队与之会师后，巴黎终于解放。受命毁灭巴黎城的法西斯分子肖尔蒂茨不愿成为千古罪人，拒绝执行希特勒的命令，向法军投降，并拆除所有绑在宫殿、桥梁、铁塔、博物馆的数十万吨炸药。这一方面是保命，也不排除这个法西斯分子良知未泯。但据说他后来因此而功罪两抵，减免其刑罚，他却得意过头，自诩为反希特勒的英雄，不亦过乎？戴高乐对此目笑存之，不以为意，宽容永远是将军的美德，因为他是一位虔诚的天主教徒。

法国民众的怒火，指向了为虎作伥的叛国者，每天法院上报的法奸死刑者，有三分之二被戴高乐赦免死刑，改为终身监禁。被剃光头的女性大体是巴黎沦陷时的媚德者，绝不是莫泊桑笔下的"羊脂球"，游街时群众怒目视之，而嬉笑诟骂、前后跳腾者大体是登徒子而非抗德英雄。最难办的是对贝当元帅和赖伐尔的审判。贝当正襟危坐，沉默寡言，陪审团以十四票对十三票判其死刑。戴高乐念其年事已高，且怀其于第一次世界大战时的功勋，免其一死，改为终身监禁。而赖伐尔则巧言令色，百般辩说，证明维希政权不只无过，亦且有功。然而在叛国的铁证前他难逃一死。颇有幽默感的是他在被枪决时高呼"法兰西万岁"！怀有圣人之心的戴高乐将军对这些战时在泥淖中爬行的败类，也有恕词，以为他们还没有完全忘情于法兰西。当然，宗教的慈悲和法律的尊严并不矛盾，在米开朗琪罗的名作《最后的审判》中也有地狱。

场景之四：坚守法兰西尊严的立场，则是决定将军一切行动的不二原则。1944年12月法军攻克斯特拉斯堡，这是被德军划入自己版图的阿尔萨斯的首府，将军认为这次胜利无疑是法兰西民族精神的象征。然则德军以前后包抄之势围困斯特拉斯堡，艾森豪威尔以保存法军实力为由，嘱将军撤守。盟军指

為了醫
治這體
軀弱傷的
法蘭西
我們應
該團結
如今這
法蘭西萬歲
戴高樂語乙酉年范曾

挥权在艾森豪威尔，然而戴高乐为法兰西的光荣计，军令有所不受。尽管总司令从军事战术出发，他的撤军之令不无道理，但在民族的尊严和耻辱之间唯一的选择是焦土坚守并击溃德军。在将军的号召下，将士无不沫血饮泣，法兰西的勇士们彻底打垮了德军，使之溃不成军。接着戴高乐挥师向德国本土进发，无论如何，法国必须占领德国法西斯的领土，这是此后法、英、美、苏共管德国的前提。将军的卓识远见于此令人拊掌！今天协和广场上阿尔萨斯碑的一块遮羞布永远被掀掉，使人们回忆起将军当机立断的勇气和英明，油然产生无限的崇仰之情。

场景之五：1944 年 8 月 25 日晚在巴黎的市政大厅戴高乐将军发表了他激动人心的解放宣言：

"巴黎！被敌人蹂躏过的巴黎！横遭破坏的巴黎！受尽千辛万苦的巴黎！巴黎，到底是解放了！巴黎是自己解放了自己，巴黎是他自己的人民在法兰西军队的协助下，在全法国、战斗的法国、唯一的法国、真正的法国、永远的法国的援助和支持下解放的。"

戴高乐重新点燃了凯旋门上的圣火。将军从香榭丽舍到协和广场到巴黎圣母院一路过来，倾城倾国，几百万的人群簇拥着自己的领袖，这欢呼声今天在戴高乐纪念馆里依旧震响——这是永远难忘的法兰西的记忆。

次年 11 月 11 日戴高乐在一次烈士追悼会上，再一次呼吁："为了医治遍体鳞伤的法兰西，我们应该团结如手足，如手足！"这时他深知当此百废待兴之际，法国唯一能维系统一意志的是"我以整个法国的名义来履行我的使命"的政府，在将军无私的、

259

凛不可犯的言辞前，所有想乘光复之机而分一杯羹的政客们都应自惭形秽。

戴高乐对第四共和的失望和建立第五共和的伟绩，都是战后复杂的政治斗争史。这其间戴高乐经受了一切凶险的人生波涛，譬如叛变、骚乱、暗杀和政治掮客们的诽谤。在第五共和期间有几位法国的伟人德布雷、马尔罗、埃德蒙·米什莱，是戴高乐将军忠贞不渝的战友，他们的名字将与第五共和流芳千古。

淡泊寡欲、不务浮名，是将军的性格。在他退休之年，法国国家和人民都希望授予他无限崇高的荣誉，甚至法兰西元帅。但他坚持准将是他的最爱，这准将的肩章上曾烙印着法兰西的痛苦和灾难、斗争和崛起、光荣和尊严。他表示只接受准将微薄的薪金。廉洁无瑕的一生，非圣人而何？归去来，归去来，回到科隆贝教堂村，他陪伴着深爱的妻子伊冯娜，走在法兰西的土地、旧居的芳草上，他归根结底是法国人民的儿子，而绝非凌驾于他们之上的独裁者。

也许将军一生最大的遗憾是他安排的1970年底的中国之行，戴高乐所领导的法兰西正是第一个与中国在1964年建交的西方大国。他希望与毛泽东会见，他也希望看看长城、西安和北京。他对这"一个比历史还要古老的国家"深怀好感。周恩来总理对法国驻华大使艾蒂安·马纳克说："我们对戴高乐将军怀有最大的敬意。"然而天不假年，1970年11月9日在他写回忆录的时候，心脏病猝发，突然去世。这是世界历史的遗憾，倘若东、西方这两位巨人果真相会，那么也许会改变世界的格局。

此时打开将军故去十八年前，戴高乐曾经交给蓬皮杜一封只许在他死后启封的信。将军只想静静地死去，而拒绝一切厚葬。他的坟茔则尽可能简单，墓石上只写"夏尔·戴高乐（1890——　　　）"。墓地必须在他的女儿安娜安葬地之侧，世界上没有一位伟人的坟墓和最普通的村民在一起。有一个亭子在墓边，亭中二十四小时有宪兵站岗，这是四十多年来，法国人民对戴高乐将军的永恒的怀恋和无限的敬意。

我们记得戴高乐将军和他的爱子菲利普·戴高乐在诺曼底登录前的告别，也许壮士一去不复返。今天九十高龄的菲利普·戴高乐海军上将可谓不负家翁的厚望，用中国的赞词为：将门虎子。

我拜托将军的忠实追随者，前巴黎大区省长、九十三岁的沃塞尔先生将一幅我的水墨画戴高乐将军肖像赠送给菲利普·戴高乐，因此有了以下两封往返的信件，它们将永存人间。

菲利普·戴高乐

海军上将

议会名誉议员

此致：北京大学中国画法研究院院长

范曾大师

亲爱的大师，亲爱的院长先生：

　　我与太太在医院盘桓了相当时日后回到家中，太太则仍然滞留医院的病榻，我惊喜并骄傲地发现我们的朋友吕西安·沃塞尔省长送来大幅戴高乐将军的肖像作品，她是如此光彩照人而形神兼备，更兼充满和谐、审美情趣与苍劲有力的中文书法题跋，足徵世间任何文字皆不能望其项背，使我写此信时感到惶恐，但却依然坚持以九十高龄亲笔手书，以对您给予我的莫大荣幸和满足表达由衷的感谢。

　　以此，我及家人便幸运地拥有来自如此伟大的国度的大师之杰作，戴高乐将军于1964年正式承认了那个伟大国家，然其内心则在早年初获世界历史知识时便于此坚信不疑。

　　我把您的照片置于画作的背面珍藏。这是出自悠久的文化世家的伟人的肖像与杰构。您于全世界的绘画、诗歌、文学诸领域及高等学府皆享有盛名。

　　再次对您的隆情美意深表谢忱，亲爱的大师，亲爱的院长先生，请接受我极深厚的友谊和极崇高的敬意。

菲利普·戴高乐

2011年10月10日

尊敬的菲利普·戴高乐上将阁下：

奉读来函，曷胜欣慰，殷殷之情，深为感动。

今与沃塞尔先生赴令尊之居停、坟茔、纪念馆仰瞻，由于您的关照，所有的工作人员都热情的接待，足徵将军您和令尊大人在人民心目中备受敬爱的崇高地位，我们的感受是甚难一言以尽的。

八百年前中国的英雄和诗人文天祥有句云："天地有正气，杂然赋流形，在地为河岳，在天为日星，于人曰浩然，沛乎塞苍冥。"令尊于此当之无愧，作为一位世界的伟人，他淡泊寡欲的胸怀和奋不顾身的勇气，将永远长驻人类的历史，如常青不败之树。

朴素、单纯反衬出崇高伟岸的坟茔，使人有说不尽的怀想。伟人生前属于世界，而死后他唯一的个人心灵愿慰藉令堂与令妹，这是一片纯洁而宁静的人性的清溪，大地葳蕤的草木陪伴着他，这就是圣人的归宿。古往今来，有此功、此德、此品的将军，舍令尊其谁，集哲人、伟人、圣人于一身的元戎，舍令尊其谁？

亲爱的将军阁下，在令尊坟茔前，我深深地鞠躬，这是东方文人至高的敬意，我捡回居停飘落的一片红叶，留作此行的永恒纪念。

此颂

秋祺

范曾

2011.10.14

罗丹的意义

　　十七、十八至十九世纪，法国的雕塑界可谓高手如林，其中罗丹（1840–1917）是无可争议的昆仑之巅。远承希腊，开示当代，导夫未来，是一位艺术长河中百川来汇而又流布久远的独一无二的人物。伟大的艺术来自伟大的人格，今试述焉如下。

　　罗丹在心底深处有"神"的观点，他不是任何教派的信徒，但他对宇宙本体的无穷奥秘心怀敬畏，在宇宙之前他深感自己的渺小和微不足道。宇宙之中没有实体的上帝，但有的是无可穷尽的、人类永远无法解释的睿智。从名山大川至露珠小草都与罗丹同体。这一点认识，罗丹和中国二千三百多年前的庄周"齐一说"，和一千年前中国大哲程颢、程颐的"天人本无二，不必言合"，和五百年前的大哲王阳明的"与万物为一"的思想如出一辙。

　　宇宙——自然，亘古以还自在而已然地存在着。正如九百年前的朱熹说："未有天地之先，毕竟是先有此理。""理"是造成天地万物、日月星辰的终极根据。笛卡尔的上帝，不是实体。他的学生斯宾诺莎讲：吾师之上帝是经过吾师改造的理念。卢梭严肃地讲：我相信上帝，我崇拜上帝，我跪在他的脚下。其实卢梭的上帝就如同中国的"自然"，那是他寂静乡居时，仰望星空，驰骋遐思的产物。

宇宙的无可穷尽性，便是上帝存在的理由。罗丹说："我的意思以为宗教并不是一个教徒喃喃诵经的那回事。这是世间一切不可解而又不能解的情操。"(《罗丹艺术论》)

罗丹把对大千世界的猜测、憧憬、智和爱的向往，以为是妙不可言的羽化而登仙的境界。他不胜感动地说："在这种意义下，我是信教的。"这种内心的感动，使罗丹纯洁的心灵高翔于世俗的泥淖之上，他可以凭虚御风摆脱艺术上的循规蹈矩，奔逸绝尘。

罗丹力图将他内心的苦闷化解为乐天知命的人生，这苦闷已在他雕塑的每一根肌肉的表情上展现，让雕塑诉说是罗丹的绝技。那是罗丹对人世充满了东方佛教的大悲怀，宛如佛告诉人们，来到世间便是来到无边的苦海。但佛希望人们消除烦恼、得大自在，人们在欣赏罗丹的雕塑时一定会有一种感觉，这痛苦已然过去，比自己独坐孤室被痛苦所缠的情境，无异于大解脱。

罗丹唤醒人类心灵所固有的善，这是与生俱来的。当一个人善的时候，他一定真诚。如果人类一旦失去"诚"，世上一切皆无。中国大哲先师孔子之孙孔伋讲"诚外无物"，而在罗丹的艺术，则表现出他毫无保留的、竭诚尽忠地展现他内心之"真"。

自然万有，它们顺适自然、它们更无机心，因而自然是绝无伪态的。二千三百年前柏拉图以为：自然万有是永恒理念（宇宙本体决无偏私的真理）的摹品，而艺术则是摹品的摹品。这段话将是一条艺术的不二法则。罗丹的所有关于艺术的理论第一的信条即是如此。他说任何自然景色中之最强烈的"真实性"，是构成事物特性之源，一切都无可隐遁："因为在他中正坦白的视察之下，一切隐秘无从逃遁。"（《罗丹艺术论》）

这里，罗丹有一种对大自然无限虔诚的敬畏之心。他说："总之，我完全服从自然，从没想去支配自然，我唯一的野心，就是对于自然的卑顺忠实。"（《罗丹艺术论》）在罗丹这真诚质朴的语言面前，一切的狂肆之言和傲慢之态都立刻显得实质上的猥琐和卑微。当然罗丹所讲的自然，包含着内心对自然的透析理解，他以为这时的内心也正是自然的一部分。一千五百年前，中国南朝伟大的文论家刘勰在他的《文心雕龙》之中有名言曰："思理为妙，神与物游"、"物色之动，心亦摇焉"、"目既往还，心亦吐纳"，这种以自然为本的心物互动，正是古往今来一切艺术大师走向成功的康庄大道。罗丹认为美的极致只可能是自然："天下没有方法可以使自然变得更美。"（《罗丹艺术论》）难道以为一池残荷不如碧叶连天的夏塘更美吗？其实大自然生发存亡的所有过程都是天地熔炉的"合目的性"，而人类往往自作聪明，以为自然改造之后才美。层峦耸翠的境域中，建造一个红色刺目的亭子，还自以为"万绿丛中一点红"呢！这不过是酸腐诗人的手眼，不会为艺术大师们所一顾。中国古代文人画家往往称"江山如画"，其实能做到"画如江山"，已属不易。

罗丹决不容忍艺术上的丑恶："艺术认为丑的：是假的，造作的，不求表情、只图悦目的，强作轻佻，充为贵侈、作欢容而无中心之喜悦，装腔作势、故意眩人，或胁肩谄笑，或高视阔步，却无真情，徒具外表。总之，一切欺诓，都是丑恶。"
（《罗丹艺术论》）

　　然而罗丹的宽厚博大之心，总倾向于对辛酸的悲剧（其中甚至包含朋友的欺诈行为）的原谅，这与上述对丑恶的憎恨似有矛盾，其实罗丹的伟大正在于此。他有着一颗常人不及的"佛心"，我们记得印度的《妙法莲花经》中曾提及如来佛便是一片覆之弥广的流云，它祥霖博施，无一不及，无论树木花草、罂粟之果；无论善良禽兽、毒蛇虺魊。能原谅敌人，就近乎十字架上的耶稣和相信"放下屠刀，立地成佛"的释迦。卑鄙是坏人的本性，而怜悯卑鄙，则更需格高境大。

　　罗丹的《地狱之门》正是他博赡学养、宽大胸怀、恻隐之心的至崇至高的的杰构。倘不是低劣的行政长官的干预，人类美术史上，这或者会是一件无与伦比的杰作。

　　这座包含了一百多组雕塑的宏阔巨构，今天我们只能看到简略的初稿和几尊雕塑的成品。坐落于比隆庐花园内的《三个幽灵》是立于《地狱之门》顶端的组雕，三人略类筋疲力尽、摇摇欲坠的行尸。人们会想到他们悲苦的生平，其间定有种种行止上的劣迹，然而当他们三人头部几乎相碰以支撑身体时，观众心头同时会喟然兴叹，地狱之门正向他们张开，那里有食肉的饕餮、恶毒的凶焰的火舌，观众的憎恨转向了同情。与此组左侧立像类似的是罗丹十年前所作之亚当雕塑立像，头夸张向左肩倒去。失乐园后，人间等待他的是何等的困苦痛楚，不言而喻。罗丹想告诉观众的是与释迦相同的人间世是无边无岸的苦海。《思想者》这一伟雕原来是《地狱之门》组雕中最引人注目的一件，它搁置在《地狱之门》上格的中央。思想者有着古希腊法尔内塞大力神雄强的肌肉，而当这巨人陷入深思的时候，那就走向了永恒的沉静。这是永远无法想透的人生、宇宙的大问题，宛若一个亘古已存的大问号。他的肌肉会在冥思苦想中消损，然后形销骨立。思想在升腾、骨肉在朽烂，这不啻是人类所有思想家的缩影。

在《地狱之门》中有一组《乌果林和子孙们》，可能在描写人性的矛盾上达到不可思议的地步。因于禁塔中的暴君乌果林在饥饿中匍匐于子孙身上，兽性的饥饿和人性的不忍激烈地斗争，乌果林浑身肌肉的表情是战栗的。当然按中国古哲王阳明的"知行合一"说，乌果林一动食子之念，便是食子之始，知与行不会有稍纵分离，因此当乌果林动食子孙之念的瞬间，他便应被打入万劫不复的地狱。但是凭罗丹的恻隐之心，他并没有表现乌果林极致的残忍，人性中人与兽的矛盾使他堕入痛苦之深渊，其惊心动魄的程度超越了但丁《神曲》中的描写和卡尔波对同一题材的塑造。卡尔波的《乌果林和子孙们》中乌果林似乎正咬噬自己的中指，这并不意味着人性和兽性的矛盾。在罗丹《地狱之门》中还有《吻》这一不朽名作，激情中有沉思，所有真正相爱过的人都或许有过同样的体验，那是好景不长，人生难再的无可名状的惆怅。爱到深时便是悲，这是悲喜孪生的生命法则。在地狱之门中有这样一对情侣，简直是罗丹的神来之笔。

罗丹不似他的前辈吕德热衷于英雄主义的描写，即使在罗丹唯一的描写英雄从容就戮的《加莱义民》中，表现内心的视死如归是罗丹的唯一追逐，动作迟缓而坚定不屈，使观众更生敬佩之情。

在法国，与罗丹差不多前后的雕塑大师有卡尔波、乌东、巴里、达卢。有的还是罗丹童年时已伟然巨匠的吕德、沙瓦纳，而略后于罗丹的马纳尔，则为罗丹所激赏。更遥远的则有十六世纪的古戎。所有这些大师，都无疑足标美术史而名垂千古，然而失之毫厘之间，他们就瞠乎罗丹之后。艺术上的微妙法门最是重要，我很难仔细说出我对先贤轩轾之评，仅仅因为我看罗丹的雕刻，内心不是感动而是悸动，不是暗自神伤而是怆然泣下。

我们将罗丹放到更遥远的历史长河中看一下他的地位。罗丹曾说："如果我敢说起我自己，那么，我的一生，是在雕塑上的两大倾向——菲狄亚斯与米开朗基罗中间彷徨着。"（《罗丹艺术论》）在谦卑中包合了罗丹的当仁不让的自信。菲狄亚斯是罗丹心目中的神祇，相隔二千四百年，与之为异代知己。罗丹说："当我说出这个名字，我不禁想起全部的希腊雕刻，菲狄亚斯的天才便是其中的最高最美的表白。"我信任大师的评价是超越所有辞典解释的，此无它，因为这是苍天赋予大师的无上权力。那么，罗丹是如何评价米开朗基罗的呢？他说："米开朗基罗是不会有错误的！应该要懂得他。我便用功研究，终于明白了。"

古希腊的雕塑性格近乎太阳神阿波罗，公允、和平、理智达于至极至美之境。被罗丹誉为"神品中的神品"的米罗岛的维纳斯可为代表，而菲狄亚斯《带头盔的人》和波利克里托斯《年轻的运动员》则无疑是他二百年前的不朽前驱。然而到了米开朗基罗，他则无法扼制自己风格的凸显，从而与古希腊的平

百年
世事不勝
悲

庚已
軍神
夏寫
羅丹
和和
正義
民情
枯骨
秋興
以
撤英
句百年
戰爭
黃苑雪

静、中和之气分庭抗礼。米氏的雕塑永远表现出肉体与意志的挣扎，肌肉在表层的凸显还在其次，重要的是肌肉内部由于力量迸发出的苦痛。当耶稣躺在圣母怀中的时候，那肌肉的松弛宛若地震后沙石岩浆的平静。

"彷徨"二字形象地解读了罗丹的风格，平静、中和时，如名作《思》则倾向古希腊；而激烈感奋时，如《亚当》《乌果林与子孙们》则倾向米开朗基罗。只是古希腊的和米开朗基罗的在两方面都较罗丹为内敛。究其缘由，罗丹的雕刻的瞬间是过程之中，而不似希腊和米氏为运动中的瞬息停顿。

宅心仁厚的罗丹，有着巨人的心魄和圣者的祥和，他对来自愚昧卑佞之徒的在艺术上的诋毁和攻击，只当耳边之风，报以同情的微笑。在他的作品中透露出的消息：在人类中最注意的，似乎是因于肉体中的灵魂的莫名的烦恼……向着幻梦超越飞扬。这也许正是罗丹的艺术飞向永恒的原因。在这一点上，罗丹与中世纪的大师用悲愁的情怀拥抱人生，可谓殊途同归。艺术不是无源之水、不是无本之木，它的根须来自远古、上古、中世纪，艺术不像思想家那样决绝，相互间那样冰炭不容。

罗丹对法兰西民族的爱、国家的爱和精神的爱，最终的指向是对整个人类的爱。在罗丹那里没有被蔑视的微贱的心灵，他们和一切高贵的、博雅的心灵同在。正如十七世纪伟大的理性主义之父笛卡尔所视：天在创造生命的时候，将世界都整个烙印于他们的心灵；也如中国的大哲王阳明所说：街肆所有的人看到他是圣人，而王阳明看到这芸芸众生也皆是圣人。

罗丹以他的睿智，看出菲狄亚斯是包容全人类的梦境的空前绝后的天才，是不可逾越的。二千五百年对宇宙而言不过是瞬息，后之来者不一定超越前者，因为在艺术上只有一条永恒不变的真理：衡量艺术的标准只有好和坏，而不是古和今、不是旧和新。

罗丹以为伦勃朗的深沉而浓郁的色彩背景中有一种无比自由的境界，包藏着大师"最深的神秘"。当人们将罗丹与伦勃朗比较之时，罗丹谦逊地说："（把我与伦勃朗相比）真是大不敬！与伦勃朗，这艺术上的巨匠相比！你想怎么配，我的朋友！伦勃朗，我们不能以任何人去和他比拟。"（《罗丹艺术论》）印度诗圣泰戈尔有云："当一个人大为谦卑的时候，就是他接近伟大的时候。"唯大谦卑，有真伟大，此其验矣。

十七、十八、十九世纪法国的雕塑大师们，以他们不朽的作品为整个时代留下了不朽的标志，它们已然是法兰西和全人类共同的遗产，它标示的不只是虚幻的精神，而是人类未来共缔大同世界的巨大力量。人们会永远记住罗丹的《地狱之门》、吕德的《战歌》、乌东的《服尔德》。

公元前三世纪中国伟大的诗人屈原曾在《离骚》中有云："驷玉虬以乘鹥兮，溘埃风余上征。"人类在二十一世纪必须从一切卑琐的、深为罗丹痛恨的虚荣和欲望中解脱，从而获得真正的精神家园和人们所遗忘的真理。

明年即是中法两个伟大的东西方文化大国建交五十周年。半世纪以来，人类总体而言乏善可陈，然而往者不谏，来者可追。我坚信中法两国文化的交融将为未来的世界树立光辉的榜样，

我深深祈祷人类的未来。再不见战争的硝烟和残垣颓壁，而是
艺术的鲜花和太平天下。

2013 年 7 月 31 日于巴黎。

米开朗基罗的天才

艺术上真正伟大的天才是不会嫉妒别人的，相反的，常怀怜悯和同情之心俯视艺苑群伦，唯一的希望是芸芸众生能在艺术上达到或超越自己。当米开朗基罗在惊叹提香绘画之色彩时说："如果提香的素描再好一些，那他将是第一的画家。"言外之意，谁都知道。米氏对自己的艺术是当仁不让的。在十五世纪至十六世纪他永远站在意大利艺术的峰巅。米氏二十五岁时为圣彼德教堂所雕刻的《哀悼基督》，是一件奠定他不朽的历史地位的杰构。其中圣母年轻、慈爱、美丽，和她怀抱中的被磔刑而从十字架上移下的耶稣，完全跨越了时间的限制。年龄不重要，慈爱而却年轻贞洁的玛利亚和已在天堂的耶稣、她的圣婴，所形成的对比会使人忘记对时间的苛求。这座雕塑，成为了米氏步入大师行列的第一件不朽之作。而他二十九岁时为佛罗伦萨市议会广场所作的《大卫》，成为了整个文艺复兴的里程碑之作。他不只使《大卫》替代了疯狂的宗教改革家萨伏纳罗拉的遗韵，而以实体的雕塑重树了人们心中的偶像，使佛罗伦萨城从此有了坚强不屈的生命。这件作品使米氏无疑的登上了世界雕刻史的皇座。五十一岁的达·芬奇，无疑是米氏强大的对手。然而，良知征服了他对米氏的些微不恭，他站在《大卫》雕像前不胜感慨，不得不承认《大卫》雕刻，可以与自己的绘画相媲美。

上面提到伟大天才的艺术家是不知"嫉妒"二字的，然而当他们发现另一个天才的时候，有时会自嘲式的赞叹。当司汤达的《红与黑》面世之时，由于无戚戚之名，在书店中积尘，无人问津。而当巴尔扎克读到之时，给司汤达写了一封信称："我妒嫉你的天才。"这是何等崇高的评价，巴尔扎克的信公开发表后，司汤达一夜成名。这是一个天才对另一个天才的"无上评"、"无等等评"，是巴尔扎克高尚人格的体现。纵然茨威格在《巴尔扎克传》中，不无对巴氏的贬抑描述，但我们记得的是雨果在巴氏坟前的悼词："我们今天知道了什么是永恒！"

不知妒嫉的还有李太白。李太白无疑是天才中的冠冕，然而他来到黄鹤楼，读到崔颢的诗："昔人已乘黄鹤去，此地空余黄鹤楼。黄鹤一去不复返，白云千载空悠悠。晴川历历汉阳树，芳草萋萋鹦鹉洲。日暮乡关何处是，烟波江上使人愁。"以太白的眼力，知道那是在他面前横亘了一座不可逾越的大山。太白自嘲云："一拳打倒黄鹤楼，两脚踢翻鹦鹉洲，眼前有景道不得，崔颢有诗在上头。"太白才不会认输呢，他来到了金陵凤凰台，不由自主地脱口吟出："凤凰台上凤凰游，凤去台空江自流。吴宫花草埋幽径，晋代衣冠成古丘。三山半落青天外，二水中分白鹭洲。总为浮云能蔽日，长安不见使人愁。"其迂回盘旋、陈迹眼前、三致其意、感慨悲叹，固有过于崔颢的黄鹤楼诗，伟

楚史聖哲

咸章甲午
敝逸水
閱湖春
羅德
真
江東范曾

大的天才只知超越中的惬意，不知妒恼中的无奈。

在米开朗基罗的心目中，永远树立着古代希腊雕刻大师菲狄亚斯的不朽形象，他景仰古希腊雕刻的英雄主义，它们透出的博大、肃穆和神性。这在他的《哀悼耶稣》中我们似乎可以从凝重的衣褶上体会到这一点，而米开朗基罗的崇拜裸体，以为人在上帝面前应该呈现赤子的原型，这当然是古希腊精神对他的影响。米开朗基罗在他六十岁到六十六岁时奉教皇保罗三世之命，创作他平生最伟大的壁画《最后的审判》，米氏已垂垂老矣，但坚韧不拔的意志力和崇高的信仰支撑他羸弱多病的身体。他极少睡眠、不拘饮食，不许任何助手在他画上动一笔。他紧关西斯廷教堂的大门，拒绝任何人参观。竟至拉斐尔乘夜深人静之时买通钥匙的掌控者，潜入偷看米开朗基罗作画，一时在罗马传为丑闻。而米氏画上天国的人物全都赤身裸体，这引起了上自教皇下至司礼官的惶怖。教皇一方面向往着这幅不朽的名作使自己也跟着名垂千古，而恶毒的谗言——甚至说米氏将耶稣和圣母都画为裸体，是异教徒的叛逆，这使教皇不知所措，因为他深知米氏的倔脾气，不会轻动画面任何部分。这桩公案一直延续到教皇保罗四世，事隔十年因为《最后的审判》中的裸体又一次引发了社会上好事者的喧哗，其中的异教徒越是欢呼，则米开朗基罗越是惶恐。为人卑污的威尼斯的阿列迪诺，是米氏的天敌，他致书教皇谓世界上最大的礼拜堂里，画上没有尊严的天使（指圣衣裹得结结实实的、面目麻木的人像），而且剥去了所有天国的装束。

在米开朗基罗的画上，基督的善良化为对恶德的指责。不是文质彬彬地散布福音，而是英雄式的对所有该下地狱的恶棍的严厉呵斥。

最后保罗四世取折中主义的做法，便是在所有的裸体人物（包括耶稣）加上遮羞布。事情还没有结束，米开朗基罗死后三十年，直到1596年克莱芒八世教皇还想铲除《最后的审判》。啊，人类文明的奇迹，销毁于愚昧的权力之手，是何等的可怕、可悲！

米开朗基罗出身于佛罗伦萨博纳罗蒂的贵族世家，他一生也以贵族出身自豪。然而到他惰怠的父亲一辈，家道早已中衰，而飘零的世家子弟的恶习，在米氏家族中似乎有增无已。从父亲到兄弟到侄辈都躺倒在米开朗基罗的身上，他经常过着衣食发愁的生活。甚至待到米氏声名显赫之时，米氏依然一直受着家族重负的奴役。直到他弥留之际，他的没有出息的侄儿们虎视眈眈于他的财产，甚至教皇都觊觎着他的画稿、草图、珍贵的雕刻作品。当他灵魂升入天堂时，他一无所有。

他一生侍奉过十个教皇、若干亲王和红衣主教，从这些人得到的金币，比起米开朗基罗的伟大作品，那真称得上沧海一粟。

他被美第奇家族（列奥十世教皇和克里门特七世教皇）和罗维尔家族（朱理二世教皇、朱理三世教皇）争夺，岂只是希望米开朗基罗成为驯服的小羊羔。在他们心目中，米氏的雕凿和画笔足使自己名垂千古。当然，米开朗基罗有些作品，而且足以流芳百世的是被逼出来的。如美第奇陵墓上的晨、暮、昼、夜，朱理二世陵上的摩西。

米开朗基罗缺少的是人间之爱，而他的爱，有几位不是出于肉欲，而是出于幻觉中爱的需要，把对象夸张渲染，而实非其人。而真实的却是柏拉图式的爱，只有与贵族出身的女诗人维多利娅·科隆娜，保持着神圣的相互慰藉。而科隆娜也真实地爱着他，然而即使是科隆娜去世时，米开朗基罗也没有吻她的前额和面颊。米氏一生崇拜但丁、薄伽丘和彼得拉克。但丁的《神曲》，不啻是米开朗基罗《最后的审判》的文本。米氏的对科隆娜的爱，也与但丁之于贝雅特丽齐相仿佛。

2015 年 6 月 30 日，在罗马的维托利亚宫举办我的画展《文明对话》，意大利总统塞尔焦·马塔雷拉先生亲临展览开幕式，在宣布开幕后，总统亲授"意大利共和国大将军"勋章，悬于我胸前。我决定将展览会上的一幅《米开朗基罗》画像送给意大利，总统非常兴奋。这幅画将永远在意大利总统的礼品陈列馆悬挂。

为了这次真正的《文明对话》，我还画了十三世纪来到中国的意大利旅行家马可·波罗、十七世纪来到中国的意大利天主教传教士利玛窦、十九世纪被恩格斯誉为不可逾越的意大利小提琴家帕格尼尼和十四世纪被马克思誉为中世纪最后一位诗人和近代第一位诗人但丁和他精神上的情人贝雅特丽齐。这是我自这一年三月开始创作的几幅新作。

值得一提的是，我所赠送的《米开朗基罗》像，获得了意大利人的普遍好评，因为这是意大利作为文明古国的骄傲。人们也许忽略了我对米氏形象的复原工作。文章开始谈到天才是不会妒嫉的，而遭妒嫉则是必然的。在米开朗基罗十六岁才华

米开朗基罗的天才

279

崭露的时候，就深受美第奇家族亲王罗伦佐青睐，这引起了十七岁的无耻的师兄托里吉亚尼的仇恨，他狠命地将米开朗基罗的鼻骨打断，使米氏终生对镜自惭。托里吉亚尼逃遁得无影无踪，连罗伦佐亲王的马队都未追获，从此这个名字在历史上消失。

我不愿在我的《米开朗基罗》画像上再现这使人愤怒的劣性留给米氏一生的创痛，所以画面上米氏是典型的坚挺的罗马人的鼻子，没有任何人发现这一点，证明了我所画的米氏水晶似的眼睛已把观众征服——我作为艺术家的幸福正在于此。

附录

大丈夫之词

——范曾先生的徽号

薛晓源

2007 年 1 月,北京大学出版社出版了范曾先生的专著——《大丈夫之词》。这部严谨的学术著作不胫而走,竟然成为畅销书,多次再版,引起了知识界的普遍关注。

《大丈夫之词》收录范曾先生近年撰写的论文八篇,涵盖文史哲艺诸领域,其中道一以贯之是范曾先生拳拳的爱国之心。这部著作展现范曾先生澎湃的爱国主义激情、昂扬奋上的道德理想主义追求、清新俊逸的美学风格。这部著作蕴含了诗学的意境、史学的浩瀚、哲学的睿智、艺术的典雅,一言以蔽之,这部著作较为集中、形象、典型地展示了范曾先生的学术胸襟、美学追求和道德文章。

范曾先生的绘画展现“大丈夫”审美意境。

范曾先生家学渊源,是范仲淹的后人,“先天下之忧而忧”是范氏家族的庭训。范曾先生自从艺以来,一直把讴歌赞美中国的仁人志士作为己任,“吾心所仪”,为中国的脊梁传神写照。

在先生的笔下我们看到行吟泽畔的屈原、忧国忧民的杜甫、悲天悯人的范仲淹……在《大丈夫之词》这部著作中，我们看到范曾先生新近创作的绘画作品：辛稼轩、八大山人、王国维……一个个生动的形象跨越时空昂然屹立在我们面前。

范曾先生的运思拓展"大丈夫"知性的意境，散发出睿智之光。

范曾先生在文中较为系统地梳理了"大丈夫"称号的起源、历史沿革和文化传统，对"大丈夫"的本意和引申意进行了系统地阐发。范曾先生说："在中国要强调'大丈夫精神'。'大丈夫精神'它的源头在哪？我认为源头我们可以找到东周列国时代。""春秋战国，是个需要巨人也能产生巨人的时代……这些人以'进不求名，退不避罪'为生命之准则，于是千百万战士'可与之赴深溪，可与之俱死'。'常思奋不顾身，以殉国家之急'。"关于"大丈夫"的内在的本质，范曾先生如是评论："'大丈夫'一词，于《孟子》一书中有结论性的评述：'富贵不能淫，贫贱不能移，威武不能屈，此之谓大丈夫。'"

范曾先生对"大丈夫"之境进行了诗意裁判，散发出诗性的光辉。

范曾先生认为："中国古典诗歌自上古以来就有着言志述怀、依仁见义的传统。"诗词的表现形式有多种多样，范先生尤为赞许的是诗词表现出"大丈夫精神"、表现出"华夏脊梁"。他说："这类诗词大体出于有深厚文学修养、道德修养而且亲自加入攻城野战、斩将搴旗的战斗的杰出人物，他们的诗悲壮激越、震撼人心，不愧英雄本色。"他拿水作为比喻，用水的波平如镜和汹涌奔腾来隐喻大丈夫辛稼轩的进退屈伸，既形象又生动，使人浮想联翩，神思渺渺。

掩卷深思，我们会发现范曾先生对"大丈夫"的精神境界进行了广度的推演和深度的拓展，使"大丈夫"精神具有审美的意境并闪烁诗意的光辉。在《大丈夫之词》中我们不仅看到"把吴钩看了，栏杆拍遍"的千古英雄辛稼轩，也看到笔墨清醇、心雄万丈的画坛巨擘八大山人，还看到"江水汤汤五千里，苏家发源我家收"、驰逸绝尘清代诗坛的同光体领袖范伯子；我们又看到自沉昆明湖、为理想"虽九死其犹未悔"的文士王国维，我们也看到了名披世界的卓越的数学家陈省身、物理学大师杨振宁以及航天英雄杨利伟。在范曾先生眼里他们都有赤子的心灵、卓越的追求、丰硕的贡献，他们都是立于天地之间堂堂正正的大丈夫。范曾先生说："我感到这些人都是中华民族的脊梁，中国因为有了这些人，才有自立于世界民族之林的能力。"

范曾先生的身体力行，丰富和深化"大丈夫"的道德意境。

在构建和谐社会的今天，范曾先生认为应该重新认识和扬弃传统。他说："我想学习古人，要特别学习他们那种感激之心、敬畏之心、恻隐之心和知耻之心。"感激、敬畏、恻隐、知耻是国学的精华要义，是大丈夫应有的品德。范曾先生对祖国和民族的深情，实现和丰富了"大丈夫"的道德意境。1986年范曾先生捐建南开大学东方艺术大楼，2008年范曾先生向汶川地震灾区捐赠一千万元，2010年范曾先生向玉树地震灾区捐赠一千万元……中央新闻纪录电影制片厂拍摄人文纪录电影《范曾》里有如是评价：范曾先生是提倡回归古典、回归自然的时代英雄。法国总统萨科奇在授予他"法兰西最高荣誉军团骑士胸章"时称："法兰西向您致敬，您当之无愧。"英国以亚当·斯密、詹姆斯·瓦特、麦克斯威尔为校友标榜的格拉斯哥大学授予范曾先生名誉博士时，安顿·马斯凯特里教授说，"授予范曾教授格拉斯哥大学名誉博士学位是格拉斯哥大学的荣誉"，尊称范曾先生为"当代国画大师"。

（原载《光明日报》2011 年 7 月 2 日）

附　记

时光荏苒，弹指间范曾先生所著《大丈夫之词》已付梓十载。虽然出版社多次重印，仍有不少读者向编者写信索求，坊间多有售罄。

十年期间关于大丈夫的议题先生不断有雄文诞生，增订再版势所必然。原文八篇不动，增新文五篇，计十三篇，陶醉之余，汇编一册。先生阅后莞尔，表示满意，并新绘潘天寿先生像以壮生色。中华书局闻讯后，欣然接纳，遂成梨枣之缘。

编者　薛晓源

2016 年 6 月 28 日